Daniel Weißbrodt

Regensburg am Schwarzen Meer

2 400 Kilometer auf der Donau

Engelsdorfer Verlag

Bibliografische Information durch die Deutsche Nationalbibliothek:
Die Deutsche Nationalbibliothek verzeichnet diese Publikation
in der Deutschen Nationalbibliografie; detaillierte bibliografische
Daten sind im Internet über http://www.dnb.de abrufbar.
ISBN: 978-3-95488-097-3

Aus literarischen Gründen und zum Schutz von Persönlichkeitsrechten sind einige Namen verfremdet und einige Begegnungen vom Autor geringfügig verändert worden

Hergestellt in Leipzig, Germany, EU
Fotos: www.danielweissbrodt.de/lesen
Lektorat: Anna Kuschnarowa
Umschlaggestaltung, Karten, Satz und Layout: Michael Kewitsch
Autorenfoto: Anke Duensing
ISBN: 978-3-95488-097-3

www.engelsdorfer-verlag.de

Leipzig
Deutschland
Krakau
Frankfurt
Prag
Regensburg
Morava
Slowakei
Váh
Donau
Inn
Wien
Bratislava
München
Österreich
Budapest
Ungarn
Duna
Drau
Zagreb
Kroatien
Milano
Sava
Sarajevo
Adria
Rom
100 km
300 km

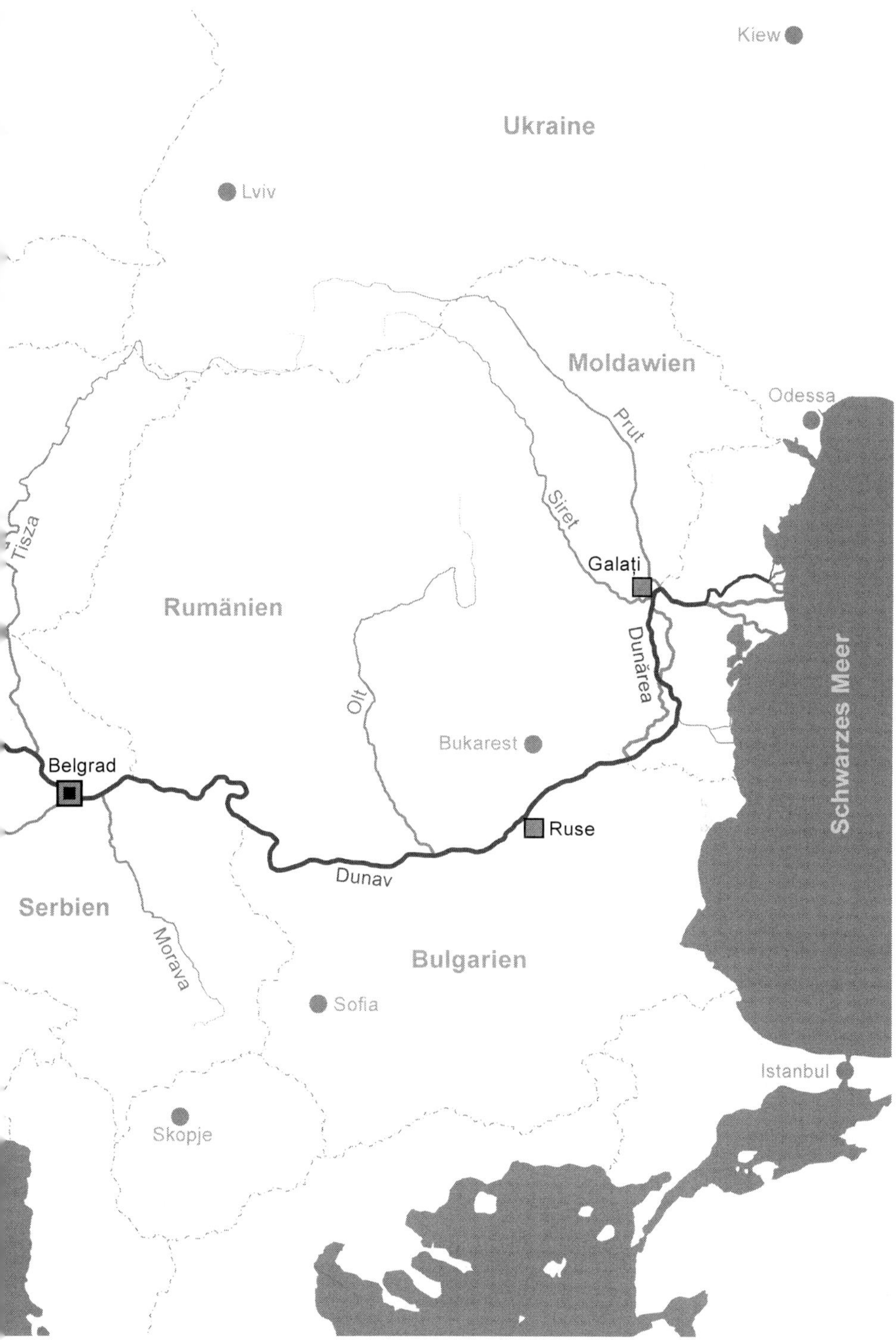
Kiew
Ukraine
Lviv
Moldawien
Odessa
Prut
Siret
Tisza
Galați
Rumänien
Dunărea
Olt
Schwarzes Meer
Bukarest
Belgrad
Ruse
Dunav
Serbien
Morava
Bulgarien
Sofia
Istanbul
Skopje

Sommer 2008

Tschechische Republik
Regensburg (km 2380)
Geisling
Straubing
Kachlet
Erlau
Vilshofen
Obernzell
Passau
Deutschland
Inn
Dürnstein
Grein
Linz
Melk
Ybbs
Österreich
50 km
100 km

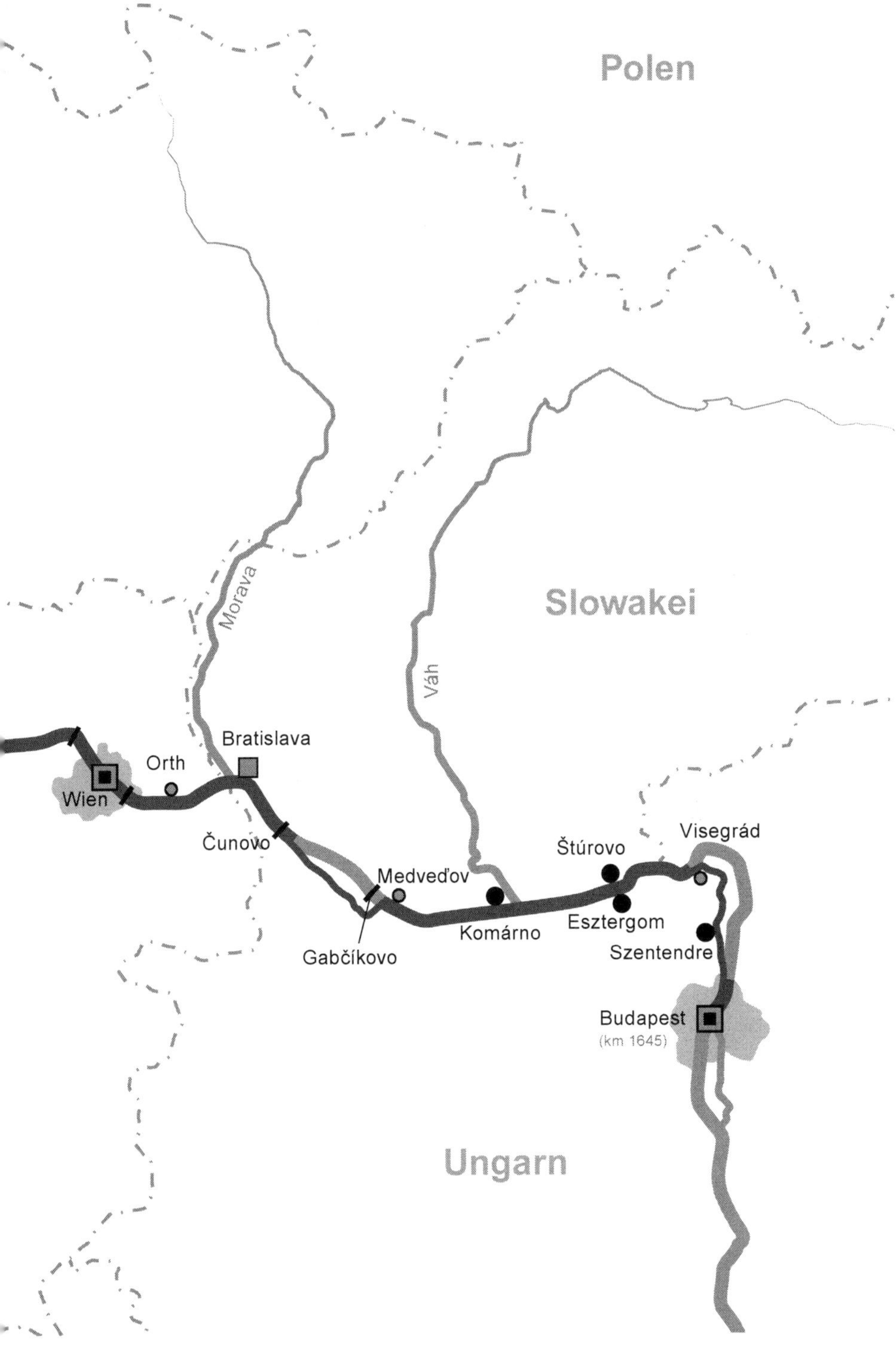
Polen
Slowakei
Ungarn
Morava
Váh
Bratislava
Orth
Wien
Čunovo
Medveďov
Gabčíkovo
Komárno
Štúrovo
Esztergom
Visegrád
Szentendre
Budapest
(km 1645)

Ein Mietshaus im Leipziger Westen, vier Stockwerke hoch und gebaut in den 1880er Jahren, Gründerzeit, Backsteinziegel und Stuck. Hinter dem Haus ein gepflasterter Hof mit ein paar Blumenkästen und einer Bank, drei Garagen und eine ehemalige Autowerkstatt.

Die Treppe zum Boden über der Werkstatt ist steil und das Geländer verbogen, die Stufen sind verrostet und die Tür ist nur angelehnt. Unter dem schrägen Dach riecht es nach Holz und nach Öl, Staub flimmert im Licht, das durch die Ritzen zwischen den Ziegeln fällt, und auf einem Regal verrosten Schraubenschlüssel und ein Hammer unter einer Staubschicht.

Hinten im Halbdunkel liegt auf grauen, alten Bohlen neben einem zerbrochenen Stuhl und einem rostigen Eimer noch immer das Boot. Es ist ein Faltboot, viereinhalb Meter lang und achtzig Zentimeter breit, mit grauem Gummiboden und dunkelblauem Verdeck, mit hölzernen Leisten und Spanten, und auch das Paddel ist noch da. Auf dem Kielbrett ist ein kleines Schild angebracht, auf dem steht »VEB Mathias-Thesen-Werft, Deutsche Demokratische Republik, 1984«, und auf dem Verdeck ein Aufnäher, »Kolibri IV«. Es hat zwei Sitze aus Sperrholz und ein kleines Ruder aus Aluminiumblech, es ist verstaubt und der Stoff ist mit einigen, schwarzen Stockflecken gesprenkelt, aber es scheint intakt zu sein und das hölzerne Gerüst ist honigfarben und sieht stabil aus.

Das Boot gehörte einer Frau, die schon seit ein paar Jahren nicht mehr im Haus wohnt. Sie war von unbestimmbarem Alter und hockte oft stundenlang auf dem Hof, mit Kreide schrieb sie in Schönschrift seltsame Botschaften auf das Pflaster, sie ordnete Zweige und Kiesel zu Mustern, murmelte unverständliche Sätze und sah mich und die anderen Mieter mit bösen Blicken an.

Irgendwann hatte es gebrannt in ihrer Wohnung, aus den Fenstern kam schwarzer Rauch und ein Feuerlöschzug stand vor dem Haus. Danach war die Frau verschwunden, niemand weiß wohin, wir haben sie nie wieder gesehen und nichts mehr von ihr gehört.

Am Abend sitze ich im Sessel, vor mir ein Glas Rotwein, und überlege.
Seit Jahren liegt das Boot auf dem Boden und die Frau wird wohl kaum wiederkommen, um es abzuholen. Und selbst wenn, dann kann ich es mir ja trotzdem einfach mal für einen Sommer ausleihen, denke ich, sie wird schon nichts dagegen haben, und ich nehme den Atlas aus dem Bücherregal.
Mit dem Boot möchte ich also fahren, aber wo oder wohin?
Es ist nicht weit bis zur Elbe, aber das Stückchen Fluss von Torgau bis Hamburg sieht ganz klein und kurz aus auf der Europakarte und ich suche weiter. Die meisten deutschen und mitteleuropäischen Flüsse nehmen den Weg nach Norden, in die Ostsee oder in die Nordsee. Rhein und Weser, Oder und Wisła.
Ich suche weiter.
Die Donau fließt nach Südosten und an ihr – mit 2 857 Kilometern ist sie der zweitlängste Strom Europas – liegen von Deutschland bis zur Ukraine zehn Länder. Kein Fluss auf der Welt hat mehr Anrainerstaaten, alle paar hundert Kilometer kommt eine neue Grenze, ein neues Land, und das, denke ich mit dem Atlas auf den Knien, das könnte interessant werden.
Es ist das gleiche Wasser, an dessen Ufern die Menschen in Regensburg und in Wien, in Budapest und in Belgrad, in Ruse und in Galaţi leben, aber wie leben sie? Verbindet sie der Fluss, macht er sie zu Nachbarn oder sind die Sprach- und Landesgrenzen stärker, und was wissen und denken sie überhaupt voneinander?

Mit dem Faltboot auf der Donau, das klingt gut, denke ich, auch wenn ich kein geübter Sportler bin und genaugenommen bin ich überhaupt kein Sportler, ich arbeite im Archiv, ich sitze den ganzen Tag am Schreibtisch und wenn ich einmal in der Woche einer Straßenbahn hinterherrenne, dann ist mein durchschnittliches Pensum an Bewegung auch schon erreicht, doch die Strömung wird mich mit sich tragen wie ein Blatt. Ich kann paddeln und ich kann mich treiben lassen, ganz wie ich will, denn der Fluss fließt schließlich ohnehin.
Verfahren kann ich mich wohl kaum, aber ich bestelle mir trotzdem einen Wasserwanderführer vom Deutschen Kanuverband, »Die Donau und ihre Nebenflüsse«, und stelle mir vor, wie es wohl sein wird in Österreich und in der Slowakei, in Ungarn, Kroatien und Serbien, und im Wikipedia-Artikel »Donauschifffahrt« lese ich: »Die gesamte Donau ist inzwischen selbst für unerfahrene Bootsführer leicht befahrbar. Was noch fehlt, sind ausreichend Marinas«, aber einen Platz zum Anlegen, den werde ich schon irgendwo finden.
Bei Regensburg erreicht die Donau ihren nördlichsten Punkt und die Stadt liegt nur etwas mehr als dreihundert Kilometer südlich von Leipzig. Von Regensburg bis Belgrad sind es 1 210 Kilometer und wenn ich am Tag sechzig Kilometer fahre, dann dürfte das in drei Wochen eigentlich zu schaffen sein, denke ich, wenn die Bootshaut überhaupt noch dicht ist und das Boot fahrtauglich.

Ein paar Tage darauf trage ich mit meinem Nachbarn das Boot zum nahen Kanal, wir legen es ins Wasser und es schwimmt.
Ich steige ein und paddle ein Stück. Das Boot trägt mich und wiegt sich in den Wellen, es reagiert auf jede noch so kleine Bewegung, es schaukelt und ich fahre auf eine Brücke zu. Das sich in den Wellen brechende Sonnenlicht spiegelt sich an der Unterseite des steinernen

Bogens und auf der Brücke steht ein etwa vierjähriges Mädchen, es hält sich am Geländer fest und winkt mir zu. Vorsichtig lege ich das Paddel ab, halte es mit einer Hand fest und winke mit der anderen zurück.
Links und rechts stehen Bäume und Gebüsch, der Verkehrslärm ist leiser als an den Straßen und auf den Bürgersteigen, Vögel fliegen am Ufer und ich bin ganz nah am Wasser und spüre seine Kühle durch die Bootshaut.
Zerbrechlich wirkt das Boot, zierlich wie ein Spielzeug mit seinem schmalen, hölzernen Gerippe und der dünnen Haut, die sich glatt und straff darüber spannt, aber es trägt mich. Leicht wie ein Korken schwimmt es auf dem Wasser, mit den Pedalen steuere ich das Ruder und die Bootsspitze neigt sich nach links und nach rechts, ganz wie ich es will.
Abgesehen davon, dass mir Wasser ins Gesicht spritzt und das Verdeck nass tropft, wenn ich das Paddel ungeschickt eintauche, abgesehen davon, denke ich, scheint Bootsfahren eigentlich ganz einfach zu sein.

An einem Vormittag im Juli sitze ich im Auto und fahre nach Süden. Ab und an regnet es aus tiefhängenden, grauen Wolken und nur gelegentlich scheint ein kleiner Fetzen blauer Himmel hervor.
Im Kofferraum liegen die beiden wasserdichten Packsäcke, in denen das Faltboot steckt, und der Rucksack mit dem Gepäck. Zelt und Schlafsack, Isomatte und ein kleiner Gaskocher, Topf, Tasse und Besteck, Notizbuch und Füller, Wörterbücher und der Wasserwanderführer.
In Regensburg baue ich oberhalb der Steinernen Brücke, einer mittelalterlichen Brücke mit vielen, kleinen Bögen, das Boot neben den ausgetretenen Stufen einer Treppe auf, die hinab zum Wasser führt. Danach knote ich Seile an Bug und Heck und binde sie an zwei alten,

eisernen Ringen fest, die zu diesem Zweck zwischen den Steinen eingelassen scheinen, und lege es ins Wasser. Das Boot steht in der Strömung, das Wasser fließt und rauscht an ihm vorüber und will es mitreißen, aber die Leinen halten es fest.

Ich setze mich auf die Treppe. Das Wasser fließt schnell, viel schneller als ich es erwartet hatte, und im Fluss schwimmen Äste und Zweige, die rasch vorübertreiben. Die Donau ist etwa hundert Meter breit und spiegelt den graublauen Himmel.

Ich hole das Gepäck aus dem Wagen und belade das Boot. Als ich fertig bin, liegt es tief im Wasser.

Ich muss das Auto zur Mietwagenstation bringen und weiß nicht, ob ich das Boot einfach so hier liegen lassen kann. Wenn es irgendjemand losbinden würde, dann wäre die Fahrt zu Ende, noch bevor sie begonnen hat.

Zwei etwa fünfzehnjährige Jungs sitzen am Ufer, sie tragen schwarze, weite Kapuzenshirts und Jeans und halten jeder eine Colabüchse in der Hand, sehen aufs Wasser und schweigen.

Ich gehe zu ihnen.

»Hallo«, sage ich. »Wisst ihr, wie lange ihr noch hier sitzen werdet?«

»Weiß nicht«, sagt der eine etwas gelangweilt. »Warum wollen Sie das denn wissen?«

»Könntet ihr ein Auge auf mein Boot haben?«, frage ich ihn. »In spätestens einer Stunde bin ich wieder da.«

»Na klar«, sagt der andere. »So lange sind wir auf alle Fälle noch hier. Machen Sie sich mal keine Sorgen, wir passen schon auf. Machen wir doch, oder?«, sagt er und stößt seinen Freund in die Seite.

Der nickt.

»Ja, das machen wir, geht klar.«

Ich fahre zur Autovermietung und stelle den Wagen auf dem Parkplatz ab, werfe den Schlüssel in den Briefkasten und gehe entlang des Flusses zurück zum Boot.

An der Steinernen Brücke strömt das Wasser durch die engen Bögen und die breiten Pfeiler scheinen es ein wenig zu stauen. Oberhalb der Brücke ist das Wasser geradezu glatt, durch die Bögen fließt es ein wenig abfallend und unterhalb schäumt und sprudelt es in Wellen und Strudeln.

Wenn das mal gut geht, denke ich.

Die Jungs sitzen auf der Treppe direkt neben dem Boot.

»Danke fürs Aufpassen«, sage ich und gebe ihnen fünf Euro. »Das war wirklich sehr nett von euch!«

Sie sehen mich und den Schein verwundert an.

»Danke, das ist krass! Echt krass!«, sagt der eine. »Wohin wollen Sie eigentlich fahren?«

»Nun, so genau weiß ich das auch nicht«, sage ich. »Erst einmal immer flussabwärts jedenfalls und dann werde ich ja sehen, wie weit ich es schaffe. Bis Belgrad wäre schön. Das sind ziemlich genau 1 200 Kilometer.«

»Und da haben Sie alles drin, was Sie brauchen?«

Er deutet auf das Boot.

»Ja«, sage ich. »Hoffentlich.«

»Krass! Machen Sie so was öfter?«

»Nein«, sage ich. »Vor fünfzehn Jahren war ich zwar mal mit Freunden in den Masuren paddeln, aber das waren Seen und schmale Kanäle, in denen das Wasser steht. Auf einem Fluss bin ich noch nie gefahren«, sage ich und steige in das Boot. Es zittert in den Wellen und Wasser schwappt über das Verdeck, es schaukelt und ich bin mir nicht sicher, ob das Ganze nicht vielleicht doch einfach nur eine ziemliche Schnapsidee gewesen ist.

Immer wieder schlägt das Ruder zur Seite und ich kann es mit den Pedalen nicht zurück in seine Position bringen.

»Sagt mal, könntet ihr das Ruder festhalten, wenn ich losfahre?«, frage ich die Jungs, die auf der Treppe sitzen und mir interessiert zusehen. Sie nicken und beugen sich über das Wasser, halten das Ruder fest und ich binde die Leinen los.

»Scheiße, ist das alles schwierig«, sage ich.

»Haben Sie Angst?«

»Ja, klar habe ich Angst. Ich habe eine Scheißangst. Aber irgendwie wird es schon gehen, macht's gut, Jungs, und vielen Dank!«, sage ich und stoße mich vom Ufer ab.

»Regensburg, Steinerne Brücke. Durchfahrt im 2. Joch von rechts, das erste Joch ist nur für Bergfahrer!«, steht im Wasserwanderführer. Ich weiß zwar nicht was ein Bergfahrer ist, bin mir aber ganz sicher, dass ich keiner bin und steuere auf den zweiten Bogen zu. Das Wasser reißt mich mit sich und ich paddle nicht mehr, sondern versuche nur noch, das Boot allein mit dem Ruder zu steuern, ohne die Geschwindigkeit weiter zu erhöhen. Die Bootshaut schrammt über den steinernen Wellenbrecher, der knapp unter der Wasseroberfläche liegt, und ich erwische das zweite Joch, das Wasser trägt mich hindurch und ich umklammere ängstlich das Paddel.

Unterhalb der Brücke gerate ich in einen Strudel und das Boot dreht sich. Hilflos treibe ich im Wasser und auf der Brücke stehen Menschen und sehen zu mir herunter.

Das war's, denke ich, gleich saufe ich hier ab.

Aber dann benutze ich doch vorsichtig das Paddel und als das Boot wieder in der Strömungsrichtung liegt, beginne ich, flussabwärts zu fahren.

Meine Knie zittern. Keine Angst, sage ich mir immer wieder, ich darf einfach keine Angst haben, das wird schon, aber ich glaube selbst nicht recht daran.
Nach einer Weile wird das Wasser ruhiger. Noch immer fließt es schnell dahin, nun aber ohne Wellen und Strudel, und ich verlasse die Stadt.
Ich hatte mir das alles ganz anders vorgestellt, sicherer und einfacher, aber das Boot wird nicht von einer gleichmäßigen und ruhigen Strömung langsam mitgetragen, es vibriert in den Wellen und Strudeln, es will sich drehen und abtreiben und es schaukelt, Wellen kommen von der Seite, von hinten und von vorn und hinter einer überspülten Buhne wird es von einer Gegenströmung herumgerissen. An der nächsten geeigneten Stelle halte ich an, denke ich, auch wenn im Wasserwanderführer keine Zeltmöglichkeit verzeichnet ist, aber ich will so schnell wie möglich wieder ans Ufer, ich möchte an Land sein und festen Boden unter den Füßen spüren, doch links und rechts ist das Ufer mit großen, lose übereinandergeschichteten Steinbrocken befestigt und ich sehe keine Bucht und keinen Steg. Hier kann ich nicht anlegen.
Hinter den steinernen Dämmen stehen Bäume und weit kann ich nicht sehen, ich sitze im Boot und es ist eine Art Froschperspektive, vor mir das blaue Dreieck der Bootsspitze und davor der Fluss.
Nach einer Stunde sehe ich ein paar Angler neben einem kleinen, qualmenden Grill am Ufer stehen.

»Komm her!«, rufen sie. »Es gibt Fisch!«

Aber es geht alles viel zu schnell und schon bin ich an der kleinen Bucht vorbeigefahren.

»Ich muss weiter«, rufe ich zurück. »Ein andermal bestimmt!«

»Gute Reise!«, rufen die Männer, lachen und winken.

Kurz darauf steht in einer Bucht ein Mann in T-Shirt und kurzen Hosen neben einem Wohnmobil, er ist etwa Mitte dreißig, hat die Hände in die Hüften gestemmt und sieht über den Fluss. Ich steuere ans Ufer und schlittere auf eine flache, steinerne Rampe, springe aus dem Boot und der Mann hilft mir, es ein Stück an Land zu ziehen.
Ich habe wieder Boden unter den Füßen. Er fühlt sich gut an, fest und hart und unnachgiebig, und erleichtert setze ich mich ins Gras. Etwas mehr als anderthalb Stunden bin ich unterwegs gewesen und zehn Kilometer gefahren.
Als das Zelt aufgebaut ist, bittet mich der Mann in den Wohnwagen und stellt zwei Flaschen Bier auf den Tisch.

»Ich arbeite in Regensburg«, sagt er. »Meine Frau lebt mit den Kindern in Baden-Württemberg und im Sommer wohne ich unter der Woche hier im Caravan. Das ist billiger als im Hotel und viel schöner sowieso. Fahren muss ich ohnehin, da kann ich auch den Wohnwagen nehmen, und hier drin habe ich alles, was ich brauche. Küche und Fernseher, Dusche und Bett«, sagt er. »Und du? Wo kommst du her? Und wo fährst du hin?«

»Heute Nachmittag bin ich in Regensburg gestartet«, sage ich. »Und wohin, das kann ich noch gar nicht sagen. Ich glaube, ich habe mich ein bisschen überschätzt. Eigentlich wollte ich bis Belgrad fahren. Vielleicht komme ich bis Budapest, vielleicht auch nur bis Wien.«

»Morgen musst du den linken Nebenarm nehmen, hier, siehst du, etwa fünfhundert Meter flussabwärts«, sagt er und breitet eine detaillierte Landkarte der Bucht auf dem Tisch aus. »Nur ein schmaler Kanal führt auf den See und kaum jemand kennt diesen Ort. Dort ist es ganz ruhig und idyllisch, ein Vogelparadies. Ein paar hundert Meter weiter geht's dann wieder auf den Hauptstrom, das ist überhaupt kein Umweg, doch das solltest du auf keinen Fall verpassen«, sagt er und holt zwei neue Bier aus dem Kühlschrank.

»Belgrad«, sagt er und setzt sich. »Ich wusste gar nicht, dass Belgrad an der Donau liegt.«

»Ich auch nicht«, sage ich. »Aber bevor ich losgefahren bin, habe ich mir erst einmal den Flussverlauf im Atlas angesehen und einen Wasserwanderführer gekauft. Wien, Bratislava, Budapest, das kennt man ja. Aber danach…«

»Ja«, sagt er und nickt. »Budapest, dann Schwarzes Meer. Viel mehr weiß man eigentlich gar nicht.«

Draußen dämmert es und die Tür des Wohnwagens steht offen, wir hören die Vögel zwitschern und das Rauschen und Murmeln des Flusses und nach einer Weile bedanke ich mich für das Bier, verabschiede mich und lege mich ins Zelt.

Auf der dünnen Isomatte ist es hart und unbequem, neben dem Zelt raschelt irgendetwas im Gras und der Wind rauscht in den Bäumen, gelegentlich ist das Motorengeräusch eines Schiffes zu hören und erst nach einer ganzen Weile schlafe ich ein.

Am Morgen ist der Caravan verschwunden und ich hole Gaskocher, Topf und eine Wasserflasche aus dem Boot. Der kleine Dreifuß ist schnell aufgebaut, blaue Flämmchen brennen leise fauchend aus den Düsen und kurz darauf kocht das Wasser sprudelnd im Topf.

Mit dem Kaffeebecher in der Hand gehe ich ein paar Schritte hinab zum Ufer und sehe über den Fluss. Ein Schlepper fährt vorüber und Wellen klatschen ans Ufer.

Ich will nicht wieder in dieses wacklige und schaukelnde Boot einsteigen und stattdessen koche ich mir einen zweiten Kaffee, aber auch der ist irgendwann ausgetrunken und ewig kann ich ja nicht hier sitzenbleiben, denke ich und habe großen Respekt vor dem Fluss. Paddeln ist wahrscheinlich ein bisschen wie Bergsteigen und der Fluss ist viel stärker als man denkt. Aber was kann ich jetzt anderes tun, als wieder ins Boot steigen und es aufs Neue versuchen?

Kurz kommt mir der Gedanke, dass es ja recht hübsch hier ist, und ich sehe mich um. Wenn ich einfach hierbleibe?

Aber dann ziehe ich doch das Boot ins Wasser und steige mit zitternden Knien ein, fahre los und die Strömung nimmt mich auf.

Nach einer Weile gewöhne ich mich an die Geschwindigkeit und an die Kraft des Wassers und der Fluss kommt mir schon nicht mehr ganz so bedrohlich vor wie gestern Abend.

Die Strömung scheint geringer zu sein, es ist nun eher ein gemächliches Dahintreiben und mir fällt auf, dass sich das Boot viel besser steuern lässt, wenn ich paddle. Wenn ich schneller bin als die Strömung, dann können mir die Strudel fast gar nichts anhaben, dann fahre ich einfach über sie hinweg, und nur, wenn ich mich treiben lasse, hat das Ruder eine gewisse Trägheit. Dann muss ich es schon eine ganze Weile, bevor sich die Spitze des Bootes in die Richtung dreht, in die ich fahren möchte, wieder gerade halten, sonst fahre ich Schlängellinien. Aber eigentlich ist es genau so, wie es auch jeder Fahrschüler in den ersten Stunden lernt. Wenn man nicht kurz vor der Motorhaube auf die Straße sieht, sondern dorthin, wo man auch hinfahren möchte, dann bleibt man nach einer Weile von ganz alleine in der Spur.

Ich überquere den Fluss und biege in den Seitenarm. Dort fließt das Wasser nicht mehr, es steht, und ein Milan schwebt weit oben am blauen Himmel. Algen und ein paar Plastikflaschen treiben im Wasser und es ist ganz still. Nur die Vögel zwitschern und auf einem abgestorbenen Baum sitzen ein paar Kormorane mit ausgebreiteten Flügeln reglos in der Sonne. Das Ufer ist nicht mehr mit grauen

Steinblöcken befestigt, stattdessen steht dort Schilf, in dem Spatzen lärmen, und ein paar Seerosenblätter schwimmen auf dem Wasser.
Der Nebenarm verläuft parallel zum Strom, nach ein paar hundert Metern gelange ich über einen schmalen Kanal wieder zurück auf den Fluss und auch im Hauptarm hat die Strömung nun nachgelassen.
»Km 2373,1 – Beginn des Rückstaus der Staustufe Geisling«, steht im Wasserwanderführer.
Das Buch ist sehr hilfreich. Alle Orte, Brücken und Zeltmöglichkeiten sind auf hundert Meter genau verzeichnet, dazu kommen kurze, nützliche Hinweise und Flussverlaufsskizzen, die Staustufen sind sogar mit kleinen Karten versehen und am Ufer stehen links und rechts Schilder, weiße Zahl auf schwarzem Grund, die die Flusskilometer anzeigen.
Die Donaukilometrierung beginnt in Sulina am Schwarzen Meer mit dem Kilometer 0 und folgt dem Fluss aufsteigend bis zu einer steinernen Tafel mit der Inschrift »Donau 2779« am Zusammenfluss von Brigach und Breg bei Donaueschingen.
Eigentlich ist das alles ziemlich gut eingerichtet, denke ich, beinahe wie eine Straße ist der Fluss ausgeschildert, Schleusen werden auf blauen Tafeln angekündigt und Bojen – links sind sie grün, rechts rot – markieren die Schiffsrinne. Nach einem kurzen Blick in das Buch weiß ich immer, wo ich bin, und ich stoppe die Zeit und rechne aus, dass ich mit fünf bis sechs Kilometern in der Stunde vorankomme.
Links und rechts verbirgt ein mit kurzem Rasen bewachsener Damm das umliegende, flache Land und nur ab und an sehe ich die roten Ziegeldächer eines Dorfes oder die Spitze eines Kirchturms und links auf einem Hügel steht die Walhalla.
Ein paar Kilometer weiter steht das Wasser ganz. Die Donau ist nun kein Fluss mehr, sondern ein See, breit und ruhig. Ich kann mich

nicht mehr treiben lassen, ich muss paddeln, um voranzukommen und schaffe nicht viel mehr als drei bis vier Kilometer in der Stunde. Am blauen Himmel schweben nur noch ein paar kleine, weiße Wölkchen, die Sonne scheint und es ist warm geworden, Schweiß steht mir auf der Stirn und ich glaube, ich bekomme langsam einen leichten Sonnenbrand.

Ein großes Schiff kommt mir entgegen, dick und breit und lang. Vor sich schiebt es eine weißschäumende Bugwelle her und es kommt schnell näher. Das Schiff fährt in knapp hundert Metern Entfernung an mir vorüber und ich sehe die Wellen auf mich zulaufen. Sie sind einen guten halben Meter hoch und ich drehe die Bootsspitze in Richtung Flussmitte, so dass ich direkt in sie hineinfahre. Das Boot schaukelt, es hebt und senkt sich, liegt aber stabil im Wasser. Kurz darauf brechen sich die Wellen am Ufer und kommen zurück. Erst nach ein paar Minuten hat sich das Wasser wieder beruhigt und langsam, denke ich, langsam lerne ich, wie alles funktioniert, mittlerweile kann ich mir tatsächlich sogar schon beinahe vorstellen, in den nächsten drei Wochen im Boot unterwegs zu sein, und es ist nicht mehr weit bis zur Staustufe Geisling, der ersten von insgesamt dreizehn Donauschleusen in Deutschland und Österreich.

Die Skizze im Buch habe ich mir zwar immer wieder angesehen, verstehe sie aber nicht.

Am Horizont taucht eine graue Betonmauer auf, die sich über die gesamte Flussbreite spannt, flankiert von Türmen und großen Gebäuden, und ich binde das Boot an der ersten der eisernen Leitern in der langen Kaimauer am linken Ufer fest, klettere hinauf und sehe auf einem kurzgeschnittenen Rasen ein Schild stehen. »Zur Schleusung über Sprechstelle melden. Weisung über Lautsprecher abwarten«, steht darauf, aber ich gehe erst einmal nach vorn. Dort steht ein Turm mit einer verglasten Kanzel, der aussieht wie ein Flughafentower, und über dem breiten Doppelflügeltor der Schleuse leuchtet eine rote Ampel. Hinter der Anlage ergießt sich das Wasser neben dem Schleusenbecken rauschend und donnernd über eine etwa fünf Meter hohe Staumauer.

Ich gehe zurück und neben dem Schild hängt an einem Pfahl unter einem kleinen Dach ein altertümliches Telefon.

Ich hebe den Hörer ab und es klingelt.

»Grüß Gott!«, sagt eine Männerstimme.

»Guten Tag!«, sage ich. »Ich möchte geschleust werden, mit meinem Paddelboot, geht das?«

»Jaja, das geht«, antwortet der Mann. »In fünfzig Minuten kommt ein Frachter. Wenn die Ampel auf Grün schaltet, fährt zuerst das große Schiff in die Schleuse, danach rufe ich Sie aus und dann kommen Sie in die Kammer.«

»Danke!«, sage ich und lege auf.

Das scheint ja doch ganz einfach zu sein und gar nicht so kompliziert wie ich befürchtet hatte, und ich setze mich unter einen Baum in den Schatten und warte auf das Schiff.

Nach einer knappen Stunde kommt der Frachter und legt an der rechten Kaimauer an, ich stehe auf und sehe zur Ampel. Das Tor zur Schleusenkammer öffnet sich und die Ampel schaltet auf Grün, das Schiff fährt hinein und ich klettere die Leiter hinunter, steige ins Boot und mache die Leinen los.

»Das Ruderboot jetzt bitte in die Schleusenkammer einfahren!«, ertönt es aus einem Lautsprecher und ich paddle los. In der Kammer halte ich mich an einer in die Mauer eingelassenen Eisenleiter fest und hinter uns schließt sich quietschend und rumpelnd das schwarzstählerne Tor.

Das Schiff neben mir ist die »Doria«. Unter der Brücke liegen die Kabinen, in den Fenstern hängen Spitzengardinen, stehen Blumentöpfe und kleine Gartenzwerge aus Ton. Die »Doria« sieht beinahe so aus wie ein stählernes, weißgestrichenes, schwimmendes Einfamilienhäuschen und auf dem flachen Dach steht ein frischgeputzter, silberfarbener Mercedes.
Nach einer Weile beginnt der Wasserspiegel zu fallen. Langsam und Zentimeter für Zentimeter und Meter für Meter sinken wir immer tiefer. Die Mauer neben mir ist nach einer halben Stunde etwa fünf Meter hoch, nass und mit Algen bewachsen, und die Leiter, an der ich mich festhalte, ist glitschig. Aus kleinen Vertiefungen in der Wand tropft Wasser.
Das vordere Tor öffnet sich und wieder schaltet eine Ampel von Rot auf Grün. Hinter der »Doria« schäumt grünlichweiß das Wasser auf und sie fährt hinaus. Nach einer Weile, als sich das Wasser wieder beruhigt hat, folge ich ihr. Der Fluss fließt nun wieder, über etliche Kilometer steht dichter Auwald an beiden Ufern und als er sich lichtet, kann ich am linken Horizont schon hellblau die Berge des Bayerischen Waldes erkennen.
In einer Bucht mit Kiesstrand und einem schmalen Streifen Wiese, umgeben von Wald, baue ich das Zelt auf und zünde ein kleines Feuer an. Es ist ganz still, nur ein paar wenige Vögel zwitschern und das Feuer knackt leise. Ich sitze auf einem Stein und sehe über den Fluss und auf das gegenüberliegende Ufer, wo die Bäume in der Abendsonne leuchten. Ein Schwarm kleiner Fische steht im klaren Wasser in Ufernähe, ein Biber schwimmt an der Bucht vorbei, er scheint mich nicht zu bemerken und aus der Ferne ist leise das Motorengeräusch eines flussaufwärts fahrenden Lastkahns zu hören, das langsam näher kommt.
Am Bug der »Phoenix«, der Name steht in lateinischen und in

kyrillischen Buchstaben an der weißen Schiffswand, hängt die deutsche, am Heck die weiß-grün-rote bulgarische Flagge. Vor das Schiff ist, wie ein Anhänger an einen LKW, ein Schubleichter gekoppelt, ein voll beladener Lastkahn ohne Brücke und Motor, eine schwimmende Wanne aus rostrotem Stahlblech.
Ich sitze am Ufer und habe Muskelkater in den Armen und den Händen. Die Finger, die den ganzen Tag das Paddel gehalten haben, krümmen sich auch jetzt am Abend noch und es fällt ein wenig schwer, sie gerade auszustrecken.
Ich habe einen Sonnenbrand und morgen, denke ich, morgen werde ich mir in Straubing Sonnencreme und einen Hut kaufen, mache mir ein paar Notizen und schreibe die Erlebnisse der ersten beiden Tage in meine Kladde.

In der Staustufe Straubing, lese ich am Morgen im Wasserwanderführer, wird nur die Großschifffahrt geschleust, für Kanufahrer gäbe es stattdessen eine »leicht bedienbare Bootsgasse«, was immer das auch sein mag. Aber ich kann die Skizze im Buch schon etwas besser verstehen als gestern und fahre zur Bootsgasse neben der Schleuse.
Eine Öffnung ist mit einem Brett versperrt, neben dem Brett hängt an einem Pfosten eine Kette wie an einer altertümlichen Klospülung und auf einem Schild steht »Bootsgasse. Bitte ziehen«. Ich ziehe an der Kette, das Brett senkt sich und macht den Blick frei auf eine vielleicht zwanzig Meter lange, steile Rinne, etwa zweieinhalb Meter breit, durch die nun Wasser fließt. Die Bootsgasse.
So muss ich wenigstens nicht darauf warten, dass ein großes Schiff kommt, mit dem ich geschleust werden kann, denke ich und fahre vorsichtig hinein. Der Bug senkt sich, das Boot gleitet durch den Kanal und Wasser spritzt mir ins Gesicht, es ist ein bisschen wie

Achterbahn fahren und kurz darauf schwimmt das Boot fünfeinhalb Meter tiefer im Fluss.
Jetzt sind es genau einhundert Kilometer bis zur Schleuse Kachlet und bis zum Beginn des Rückstaus fließt das Wasser nun auf achtzig Kilometern frei. Zwischen Straubing und Vilshofen liegt das letzte, größere, unverbaute Stück Donau in Deutschland.
In Straubing scheint eine flache, steinerne Rampe ein guter Anlegeplatz zu sein, aber seltsamerweise liegt die Rampe verkehrtherum im Fluss. Ich muss wenden und gegen die Strömung auf sie hinauffahren. Doch das geht ganz leicht und ich muss nur ein wenig schneller sein als die Strömung, schon lässt sich das Boot erstaunlich gut manövrieren und ich schlittere nicht mehr mit der Fließgeschwindigkeit über die Steine, sondern gleite ganz langsam und sacht ans Ufer. Nicht die Rampe liegt also verkehrt im Fluss, sondern ich bin bisher in die falsche Richtung an Land gefahren.
Der Bootsrumpf sitzt auf, ich springe heraus und hole mir, zum ich weiß nicht wievielten Male, nasse Füße.
Alle zwei bis drei Stunden fahre ich an Land und Wellen schwappen ans Ufer, das manchmal fest, manchmal sandig und manchmal schlammig ist, ich muss aussteigen und das Boot ein Stück weit an Land ziehen, ich stehe im Wasser und trocken bleiben die Füße beim Ein- und Aussteigen eigentlich nie.
Ich gehe hinauf in die Stadt und auf der Straße hinterlasse ich die feuchten Abdrücke meiner Sandalen, die in der Sonne schnell wieder trocknen.
In Straubing kaufe ich Sonnencreme und mache mich auf die Suche nach einem Sonnenhut. Am besten wäre ein ganz einfacher und billiger Strohhut, denke ich, aber ich weiß nicht, wo man so etwas bekommt.

In einem Laden in der Innenstadt gibt es Herrenhüte aus Filz, Schiebermützen und Jägerhüte ab fünfzig Euro und in einer Drogerie eine Art gehäkelte Omahütchen mit schmaler Krempe, die aber nur fünf Euro kosten. Auf dem Wasser sieht mich ohnehin niemand, denke ich, nehme ein Hütchen und lasse mir eine Tüte geben.
Dann gehe ich weiter und sehe ein Geschäft für billige Kleidung, eine Discounter-Kette. Dort gibt es Strohhüte für drei Euro und ich kaufe einen, werfe die Tüte mit dem Omahut schnell in den nächsten Papierkorb, gehe zurück zum Boot und fahre weiter.
Es ist eigentlich ganz hübsch, denke ich, mit dem Boot unterwegs zu sein. Straubing ist ein schönes Städtchen, aber ich wäre nicht auf die Idee gekommen, extra hierher zu fahren, um es mir anzusehen. So aber, ich fahre am Tag nur dreißig oder vierzig Kilometer, halte ich in Orten, die ich, reiste ich anders, schneller, nie kennenlernen würde.
Manchmal, wenn ich im Zug sitze und aus dem Fenster sehe, wünsche ich mir, auszusteigen und in die Städte und Dörfer zu gehen, die links und rechts der Strecke liegen. Wer wohnt denn da und wie lebt es sich dort? Doch kaum ist der Wunsch gedacht und formuliert, ist der Ort auch schon wieder verschwunden. Hier, auf dem Wasser und im Boot, ist es anders. Ich kann anhalten wo ich will und habe nicht das Gefühl, zu schnell zu reisen. Ich kann mir Zeit lassen und selbst wenn ich ungeduldig werde und möchte, dass es schneller vorwärts geht, muss ich mich dem Fluss beugen. Er ist ohnehin stärker als ich.
Wasserwandern, Flusswandern ist tatsächlich ein sehr passender und guter Begriff für diese Art der langsamen und dabei keinesfalls langweiligen Fortbewegung. Ich fahre auf dem Fluss mit der Geschwindigkeit eines Fußgängers, schon mehr als eine Stunde bevor ich ankomme, sehe ich die Dörfer und Städte links und rechts des Ufers liegen, und nach zwei bis drei Stunden Fahrt tut mir ohnehin

der Hintern weh, trotz des Kissens auf dem Sperrholzsitz, und ich muss eine Pause einlegen und irgendwo anhalten und aussteigen. Hier, am Oberlauf der deutschen Donau, liegen oft nicht mehr als fünf bis zehn Kilometer zwischen den Ortschaften und ich fahre ans Ufer und binde das Boot fest, spaziere durch einen Ort und kaufe mir eine Flasche Wasser und Brot, Obst und Gemüse oder setze mich in ein Café.

Seit ich unterwegs bin, habe ich den ganzen Tag über Hunger, ich könnte permanent essen und in einem kleinen Laden kaufe ich mir eine Tüte Haselnusskerne und eine mit Rosinen, lege sie neben den Sitz und greife während der Fahrt immer wieder hinein.

Am Abend ziehe ich das Boot an Land, binde die Leinen an einen Baum und steige das Ufer hinauf. Hinter dem Damm liegen Wiesen und Felder und in der Ferne ein paar Dörfer. Ich hole die Packsäcke und baue das Zelt auf, als ein Mann zu mir kommt. Er ist etwa fünfzig Jahre alt, er trägt eine Jeanslatzhose über einem karierten Holzfällerhemd und ausgetretene Gummistiefel.

»Ist das Ihr Land, auf dem ich zelte?«, frage ich ihn.

Er nickt und geht ein paar Schritte in Richtung Fluss, betrachtet das Boot, das am Ufer liegt, und nickt erneut.

»Dees basst scho«, sagt der Mann. »Vor zwanzg Johr war da Fluuß no saudreggad! Do is da beim Fischn des Scheißbabbierl an da Schnur hänga bliebm.«

»Da ist es jetzt besser«, sage ich.

»Unsaoans hamats zwengdem Wassergebührn naufbrummt, damit de z'Straubing jazd a anständige Kläranlag ham. Saudeia is da Scheißdreeg seither. Ois is so deia wordn«, sagt er. »Des geht nimma lang guad! 20 000 Mark ham mia doomois zoihn miaßn, dass uns an Kanalisation ogschlossn ham. Aba an Grabn hama

trotzdem soiba aushebm miaßn. Zwoahundert Metta ham mei Nachbar und i ausgrabn!«
Er macht eine wegwerfende Handbewegung, dann deutet er auf den Fluss und grinst.

»Mia han aba trotzdem drin gschwumma«, sagt er. »Trotz an Dreeg. Der hod uns ned scheniert. Des san fast dreihundert Metta und i bi jedn Tag auf d'Nacht oamoi durche gschwumma. Oamoi hi und wieda retour. Jedn Tag.«
Dann geht er.
Der beinahe volle Mond geht groß und orangerot hinter einem Hügel auf und spiegelt sich im schwarzglänzenden Wasser der Donau.
Ein Feuer zünde ich nicht an. Es sieht zwar schön und romantisch aus, aber hinterher stinken die Klamotten doch wieder nur tagelang nach kaltem Rauch.

Seit fünf Tagen bin ich auf dem Fluss unterwegs und am Nachmittag sehe ich am südöstlichen Horizont eine Brücke, die sich über die Donau spannt, am Ufer stehen Kirchtürme und mehrgeschossige Häuser. Passau liegt bunt und glänzend in der Sonne, die Fassaden der Häuser leuchten gelb und rot und ockerfarben, an Kaimauern liegen weiße Ausflugsschiffe und Angler stehen am Ufer.
Ich halte nicht in Passau, die Stadt ist mir zu groß und zu unübersichtlich. In den kleineren Orten und in den Dörfern gibt es meist bessere Anlegestellen für mein Boot und der Weg zum nächsten Laden ist auch einfacher zu finden. Immer auf den Kirchturm zu und dort ist dann meistens auch ein Geschäft und eine Kneipe oder ein kleines Café.
Hinter Passau mündet von rechts der Inn in den Fluss. Das grünbraune Wasser der Donau und das kalkgrautrübe aus den Alpen fließen eine Weile nebeneinander her, dann vermischen sie sich.

Das Land wird bergig, hohe Kuppen fallen steil zum Ufer ab und ich suche ein Schild, das die Grenze markiert. Ab dem Kilometer 2 223 ist das rechte Ufer österreichisch, aber ich sehe kein Schild und fahre über die erste der vielen Grenzen, die die Donau passiert, ohne erkennen zu können, wo sie verläuft. Einerseits bin ich ein bisschen enttäuscht, andererseits finde ich es ganz großartig, dass es keine Kontrollen mehr gibt und ich einfach von einem Land in das andere wechseln kann, ohne dass sich irgendeine Behörde dafür interessiert.
In Erlau spielen ein paar Männer Fußball und neben dem Sportplatz baue ich das Zelt auf. Als ich fertig bin, ist auch das Spiel zuende, die Männer gehen vom Platz hinüber zum Vereinshaus und ich frage einen der Fußballer, der vor dem Haus steht, ob ich vielleicht bei ihnen duschen könnte.

»Wasserwanderer?«, fragt er und ich nicke.

»Dahinein«, sagt er und deutet auf die Tür.

Eine Dusche! Heißes Wasser! Seife! Das abfließende Wasser unter meinen Füßen ist graubraun. Ich schließe die Augen, lasse das Wasser über mein Gesicht laufen und habe mir nicht vorstellen können, wie sehr man etwas derart Alltägliches und Gewöhnliches genießen kann. Danach trockne ich mich ab und ziehe saubere Sachen an, ich fühle mich geradezu unglaublich wohl und setze mich auf die Bank vor dem Vereinshaus.

In einer knappen Woche bin ich 175 Kilometer gefahren. Noch immer habe ich einen leichten Muskelkater in den Fingern und in den Ober- und Unterarmen, aber es tut nicht weh, es ist beinahe nur wie die Erinnerung daran, dass ich seit ein paar Tagen paddle, mich bewege, mich anstrenge.

Mittlerweile weiß ich, wo ich was im Boot verstaut habe, und auch das Be- und Entladen und das Auf- und Abbauen des Zeltes geht schon viel schneller als noch in den ersten Tagen. Ich bin geschleust worden und ich weiß nun auch, dass mich die Wellen der großen Schiffe nicht zum Kentern bringen werden. Mit dem Gaskocher kann ich mir Kaffee kochen und Büchsensuppen warm machen und in den Dörfern kaufe ich mir Milch und Brot, Obst, Gemüse und Wasser. Es macht immer mehr Spaß und ich freue mich, noch zwei Wochen unterwegs zu sein, öffne mir eine Flasche Wein, lehne mich zurück und schaue in den Abendhimmel, trinke und bin ganz und gar zufrieden mit der Welt.

Am Morgen scheint die Sonne, keine Wolke steht am blauen Himmel und noch ist die Luft frisch und kühl, aber auf dem Wasser gibt es keinen Schatten und es ist heiß.
Am späten Vormittag sehe ich kurz vor Obernzell ein in Ufernähe ankerndes Motorboot im Fluss liegen, in dem eine Frau und ein Mann sitzen, etliche Kajaks sind unterwegs und am Ufer stehen zwei Männer und ein paar Kinder unter einem Banner mit der Aufschrift »Start«. Die Kinder in den Booten sind etwa zehn Jahre alt und tragen Schwimmwesten, sie sitzen ganz alleine in ihren Hartschalenkajaks und paddeln mit voller Kraft.
Ein Junge startet auf gleicher Höhe mit mir, er legt sich ins Zeug und versucht mich einzuholen. Ich sehe zu ihm und paddle auch schneller. Seine Klassenkameraden am Ufer feuern ihn an und eine Zeitlang bleibe ich gleichauf, lasse mich dann aber zurückfallen und er gewinnt knapp. Als er die Ziellinie erreicht, legt der Sportlehrer die Hände zum Trichter an seinen Mund.

»Du kannst dir die Silbermedaille bei der Siegerehrung heute Nachmittag um vier auf dem Schulhof abholen!«, ruft er mir zu und klopft dem Jungen, der erschöpft am Steg anlegt und stolz zu mir herübersieht, auf die Schulter. Die Kinder lachen und winken und ich winke zurück und schwenke meinen Strohhut zum Gruß.

In Obernzell dann weiße Häuser mit Lüftlmalerei und hölzernen Balkonen unter roten Ziegeldächern hinter einer Hochwasserschutzmauer aus Naturstein. Eine barocke Kirche reckt ihre beiden Zwiebeltürme in den blauen Himmel und an einem Steg liegt ein schwarzes, altes Fischerboot festgekettet im Wasser, urtümlich wie ein Einbaum.

Die bewaldeten Berge werden immer steiler und höher, der Fluss mäandert durchs Gebirge und ein großes Passagierschiff mit drei Decks kommt mir entgegen. Menschen stehen an der Reling, winken und fotografieren mich.

Statt der bislang üblichen, großen, schwarzgrauen Steinblöcke am Ufer gibt es nun auch immer häufiger helle, fast weiße Strände aus Sand und Kieseln. Eine hölzerne, überdachte Fähre, die »Donaunixe Isa« heißt, pendelt von einem Ufer zum anderen, Motorboote ziehen Wasserskifahrer hinter sich her und neben dem Fluss verläuft der Donau-Radweg. Gruppen von Radfahrern mit Helmen und in bunten, enganliegenden Trikots fahren an mir vorüber. Einzelne Gehöfte, kleine Dörfer und weiße Kirchen liegen am Fuß der Berge zwischen frisch gemähten Wiesen, auf denen vereinzelt alte Obstbäume stehen, und auf den Terrassen der Wirtshäuser sitzen Motorradfahrer in ihren schwarzen, schweren Jacken und Hosen im Schatten großer Sonnenschirme, vor sich ein Weißbier.

An einem Steg lege ich neben Yachten und Motorbooten an, gehe ein paar Schritte das Ufer hinauf und lasse mich vor dem Rasthaus ins Gras fallen, breite die Arme aus, schließe die Augen und bin so erschöpft, dass ich beinahe einschlafe. Das kurze Gras duftet nach Wiese und Erde und kitzelt mich im Gesicht. Eine halbe Stunde bleibe ich so liegen, dann stehe ich auf und fahre weiter.

Die Donau windet sich in der Schlögener Schlinge durch eine felsige und bewaldete Berglandschaft und ein Ausflugsschiff fährt an mir vorüber. »Rousse« steht in lateinischen und kyrillischen Buchstaben am Bug des Schiffes. Ruse, Bulgarien, ist noch 1 700 Flusskilometer entfernt.

Am Tag darauf fahre ich am späten Nachmittag an die nächste Schleuse. Ein weißes Motorboot, gut fünf Meter lang, liegt an der Kaimauer und darin sitzen zwei junge Männer und zwei Frauen in orangefarbenen Schwimmwesten.

»In einer halben Stunde kommt ein Schiff«, sagen sie, als ich neben ihnen anlege, »dann bringen sie uns nach unten.«

»Wo fahrt ihr hin?«

»Zurück nach Linz«, sagen sie. »Wir haben nur einen kleinen Wochenendausflug gemacht, nach Passau. Gestern hin und heute zurück. Und du?«

»Aus Regensburg«, sage ich. »Und vielleicht kann ich es bis Budapest schaffen.«

»So weit?«

»Ihr fahrt doch sicher auch oft viel weiter als nur bis nach Passau?«, sage ich. »Mit so einem Motorboot geht das doch bestimmt ganz schnell.«

»Naja.« Sie sehen sich an. »Vor zwei Jahren waren wir mal in Wien und einmal auch in Pressburg. Das ist ja gleich hinter der Grenze. Aber eigentlich machen wir immer nur Wochenendtrips, samstags hin und am Sonntag zurück.«

Der Frachter kommt, das Tor öffnet sich und im Schleusenbecken legen wir je an einer Leiter an und warten.

Ein Mann in blauer Mechanikerkluft kommt auf der Kaimauer zu uns gelaufen.

»Das geht nicht!«, sagt er zu mir. »Ohne Schwimmweste können wir dich nicht schleusen.«

»Warum denn das? Ich brauchte doch bislang auch keine.«

»Das war in Deutschland«, sagt der Mann. »In Österreich haben wir jetzt Rettungswestenpflicht. Letztes Jahr ist hier drin einer ertrunken.«

»Ich kann schwimmen«, sage ich.

»Nein. Entweder du hast eine Schwimmweste oder du fährst wieder raus aus der Kammer. Dann musst du dir eben eine kaufen.«

Auf dem Motorboot schwenkt einer der Männer ein orangefarbenes Bündel und winkt mich heran.

»Hier«, sagt er und reicht sie mir, »wir haben noch eine übrig.«

»Danke«, sage ich und hinter uns schließt sich das Tor. Draußen gebe ich ihm die Weste zurück, wir winken uns noch einmal zu und das Motorboot fährt davon. Bald darauf ist es hinter der nächsten Flussbiegung verschwunden.

In dreizehn Kilometern kommt die nächste Schleuse und es sind noch acht Staustufen bis zur slowakischen Grenze. Wo kriege ich jetzt nur eine Schwimmweste her? Außerdem sind die Dinger bestimmt nicht billig, aber es wird schon irgendwie werden, denke ich und fahre erst einmal weiter.

Tiefhängende, graublaue Wolken treiben am Himmel, darunter schnellziehende Fetzen von schwarzgrauen Wölkchen.

Auf dem Fluss habe ich, anders als in der Stadt, den Himmel immer im Blick. Ich kann ihm nicht entgehen, ich bin ihm den ganzen Tag unmittelbar ausgesetzt und er spannt sich von Horizont zu Horizont in Blau und in Grau, in Weiß und Rosa, und das Wasser spiegelt ihn, die Sonne wandert von Ost nach Westen und schnell vergehen die

Tage. Ich fahre und sehe in die Karte, ich muss mich orientieren und auf den Fluss achten, auf treibende Äste, auf überspülte Buhnen und große Steine, auf die Großschifffahrt und auf die schnellen Motorboote und ihre kleinen, tückischen Wellen, auf Strömungen und Strudel. Das Wasser drückt gegen das Boot, manchmal schlägt es wie mit Fäusten gegen die Gummihaut und drückt gegen das Ruder, das Boot erzittert in den Wellen und gleichmäßig bewege ich das Paddel, links, rechts, links, immer wieder, stundenlang.

Es beginnt zu nieseln und nach einer Weile wird der Regen stärker, ich ziehe mir die Spritzdecke bis vor den Bauch und streife das Regencape über. Der Himmel und der Fluss sind grau, rings um mich schlagen die Tropfen klein und weißperlend aufs Wasser und der Regen rauscht nieder. Ich lasse mich treiben und steuere das Boot lediglich mit dem Ruder, ein Graureiher hockt mit eingezogenem Kopf auf einem toten Baum, der im Wasser liegt, und der Regen hüllt mich ein, ich kann nur ein paar hundert Meter weit sehen und Fluss und Himmel verschwimmen im Grau des Horizonts. Wasser läuft durch kleine Ritzen ins Boot und unter das Regencape, nach einer Stunde bin ich durchnässt und durchgefroren und paddle eine Stunde ohne Pause, um wieder warm zu werden. Aus den Bergen dampft es.

Das Regencape ist eine leuchtendgelbe Plastikhaut und wenn ich die Ärmel hochkremple, dann sieht es von Weitem ganz bestimmt so aus als ob ich eine Schwimmweste trage, denke ich, als ich zum Schleusentelefon gehe und anrufe. Die Männer sitzen im Turm, wegen des Regens kommen sie nicht heraus und ich werde problemlos geschleust.

Am Abend lege ich am Ruderklub Linz an und trage das Gepäck die Treppe hinauf zum Haus.

Im Garten liegen ein paar Boote im Gras, daneben stehen drei Zelte. Ich gehe ins Haus und sehe einen Mann in dem großen Saal, in dem unzählige Kajaks und schlanke, hölzerne Ruderboote auf langen Gestellen liegen, die bis zur Decke reichen.

»Hallo«, sage ich. »Ich wollte fragen, ob ich hier übernachten kann.«

»Auf der Wiese, neben den anderen Zelten. Die Übernachtung kostet fünf Euro und die Duschen sind da hinten«, sagt er und deutet auf eine Tür. »Jetzt haben wir viel Platz. Es sind nur ein paar Camper hier. Vor drei Wochen war die TID bei uns, da war alles belegt. Das ist immer ein fester Termin, Anfang Juli kommt die TID.«

Die TID, die Tour International Danubien, findet seit 1956 statt und ist die längste Kanu- und Ruderregatta der Welt. Jedes Jahr starten Ende Juni mehr als hundert Teilnehmer in Ingolstadt und fahren nach Sfântu Gheorghe am Schwarzen Meer. Dabei legen sie täglich Strecken von dreißig bis sechzig Kilometern zurück und Mitte September erreichen sie ihr Ziel.

»Und du«, fragt er und sieht mich an. »Warum fährst du allein? Warum fährst du nicht mit der TID?«

»Ich glaube«, sage ich, »dass man in einer Gruppe weniger mit den Leuten in Kontakt kommt als allein. Und ich möchte wissen, wie die Menschen entlang der Donau leben. Mich interessiert, was sie von ihren Nachbarn, die zehn, hundert oder tausend Kilometer entfernt leben, wissen. Ob die Donau sie verbindet.«

»Viel Glück«, sagt er und nickt. »Aber pass auf dich auf! Alleine ist es auch viel gefährlicher als in der Gruppe.«

Dann geht er.

Der Regen hat die Donau anschwellen lassen. Um etwa zwanzig Zentimeter ist der Pegel über Nacht gestiegen und im Fluss

treiben Zweige, Äste und ein ganzer Baumstamm. Das Wasser ist aufgewühlt und schlammigtrüb und scheint schneller zu fließen, aber es regnet nicht mehr und ich hole meine Sachen, steige ins Boot und fahre weiter.
Am rechten Ufer liegt ein Industriegebiet, ich fahre unter den Straßen- und Eisenbahnbrücken von Linz hindurch und das Wasser reflektiert das gelegentlich zwischen den Wolken durchscheinende Sonnenlicht in hellen Flecken an die Unterseite der stählernen Konstruktionen.
Nach zwei Schleusen – das Regencape geht auch heute beide Male problemlos als Schwimmweste durch – und 53 Kilometern erreiche ich am Abend Grein, ein kleines Städtchen in der Bucht einer Flussbiegung. Hinter dem Ort erheben sich bewaldete Berge und am gegenüberliegenden Ufer stehen Felsen.
Im Yachthafen lege ich an und gehe den Hügel hinauf zu einem Haus, vor dem zwei Männer und eine Frau auf der Terrasse sitzen. Sie sind etwa fünfzig Jahre alt, sie tragen teuer aussehende Segelkleidung, wollene Markensweatshirts und helle Hosen, und vor ihnen steht eine Flasche Wein auf dem Tisch.

»Ah, an Kanute!«, sagt einer der Männer, »Wuist hia übanachtn? Drinn lieagt a Listn, troag di ein«, und er deutet auf das Haus.
Ich gehe hinein, schreibe meinen Namen in das Buch und werfe zwei Euro Liegegebühr in die Kasse. An der Wand hängt eine große Karte des Stromsystems der Donau und ich suche Grein. Ganz oben links finde ich die Stadt. Obwohl ich heute bereits den achten Tag gefahren bin und schon mehr als dreihundert Kilometer zurückgelegt habe, sieht das Stückchen Fluss zwischen Regensburg und Grein auf der Karte ganz klein und unbedeutend aus.

»Setz di«, sagt der Mann, als ich wieder herauskomme, stellt ein viertes Glas auf den Tisch und sieht mich fragend an. »Du trinkst do aan mit?«

»Kumm«, sagt die Frau, als ich zögere, »sei ned fad«, und deutet auf einen Stuhl.

»Seid ihr aus Grein?«, frage ich sie und setze mich.

»Naa, wia san aus Wien. Siagst des Schinackl da untn?«, sagt der Mann und deutet auf eine große Yacht. »Des is meins.«

Wir sitzen auf der Terrasse, die Sonne geht langsam unter und die Felsen und Berge des gegenüberliegenden Ufers leuchten im Abendlicht.

»Grein hot den scheenstn Hafn in gonz Österreich«, sagt der Mann. »Deswegen kumman wia a imma wiada da hea und net nur wia. Nach Grein kumman sogoa Australier und Amerikaner, weus da scheenste Uat an da gonzn Donau überhaupt is. Host da den bestn Platz ausgsuacht, denst überhaupt findn konnst«, sagt er.

»Und du bist gonz allaan unterwegs?«, fragt die Frau. »Host denn goa ka Angst?«

»Nein«, sage ich, »nur manchmal.«

Die Männer lachen.

»Was wuist überhaupt weiterfoahrn? Was wuist bei de Tschuschn?«, sagt der eine. »Bleib do, hia is eh am scheenstn«, und der andere nickt.

»Nackert wird er wiedakumma«, sagt er. »Amoi war i in Pressburg, waaßt no, und gleich hams ma den neichn Wagn gstohln.«

»Audi ist eh a Kraxn, BMW hat vui mehr Sicherheit. Den knackns da ned so leicht.«

»Geh weida, Oida, doch ned beim Fünfa, do is da A6 vui bessa!«

Der Mann winkt ärgerlich ab und die Frau stellt einen Karton mit Kräuterschnapsfläschchen auf den Tisch. Jeder der drei nimmt sich eins und dann halten sie mir die Kiste entgegen.

»Ich weiß nicht«, sage ich. »Von Schnaps werde ich immer so schnell besoffen.«

»Sei ned fad«, sagt die Frau und die Männer lachen.

»Kumm, los! Du waast da erste Deutsche, den i kennenlern, da kaan Schnaps trinkt!«, sagt der eine und ich nehme ein Fläschchen. Kurz darauf holt der Mann erneut den Karton hervor. Er sieht mich eindringlich an.

»Dass du di desmal a ned ziarst«, sagt er.

Eine Stunde und etliche Schnäpse später bedanke ich mich, gehe zum Zelt und lege mich in den Schlafsack. Mir ist ein bisschen schwindlig. Nein, mir ist nicht schwindlig, ich bin einfach nur ziemlich besoffen.

Am Morgen hängen dicke, graue Wolken zwischen den Bergen, ich habe einen Kater und es regnet. Ich ziehe das Regencape über, schließe die Spritzdecke und fahre trotzdem los.

Immer wieder fahre ich ein Stückchen und mache zwischendurch lange Pausen, sitze am Ufer unter einem Baum und warte.

Am Abend erreiche ich nach gerade einmal 23 Kilometern Ybbs. Unterhalb der Schiffswerft führt ein Kanal in den geschützt hinter einem Steinwall liegenden Hafen und ich mache an einem Steg fest, nehme meine Sachen und gehe in den Ort. Am Kanuklub, steht im Wasserwanderführer, gäbe es Übernachtungsmöglichkeiten. Es regnet noch immer, ich bin völlig durchnässt und vielleicht kann ich ja sogar im Haus übernachten, denke ich, denn bei diesem Wetter möchte ich nicht unbedingt im Zelt schlafen.

Das Haus sieht aus wie ein ganz gewöhnliches Einfamilienhaus, aber am Tor hängt ein Schild mit der Aufschrift »Kanuklub Naturfreunde Ybbs« und eine junge Frau öffnet.

»Sie können auf der Wiese im Garten zelten«, sagt sie.

Die Frau ist etwa dreißig Jahre alt und hat halblanges, blondes Haar, sie steht frischgeduscht in einem sauberem Shirt und Jeans in einem hellen Treppenhaus mit Stufen aus polierten Steinplatten und ich komme mir vor als hätte ich, ungewaschen, unrasiert und durchnässt, wie ein Bettler an einer fremden Haustür geklingelt und als sei allein meine Frage eine ziemliche Unverschämtheit.

»Dürfte ich vielleicht im Haus übernachten?«, frage ich sie trotzdem. »Ich brauche auch nichts weiter, ich habe einen Schlafsack und eine Isomatte. Und selbstverständlich bezahle ich auch dafür.«

»Nein«, sagt sie, »das geht nicht«, schüttelt den Kopf und führt mich auf die Wiese hinter dem Haus. Es regnet, ich stehe auf dem kurzgeschnittenen Rasen und durch die gläserne Terrassentür kann ich in einen großen, leer stehenden Raum sehen. Ein Kanu hängt neben gerahmten Fotos, neben Urkunden und Wimpeln an der Wand und in einer Vitrine stehen Pokale. Da drinnen hätte sie mich doch schlafen lassen können, denke ich und baue das Zelt auf, mache mir eine Dose Gulasch warm und sitze, mit dem Rücken an die Hauswand gelehnt, auf dem schmalen, trockenen Streifen Terrasse und sehe dem Regen zu.

Hemd, Pullover und Hose sind trotz des Regencapes nass und auch in den Packsäcken werden die Sachen nach und nach ziemlich klamm.

Ich lege mich in den feuchten Schlafsack, ich friere und höre den Regen rauschen.

Als ich am Morgen das Zelt abbaue und meine Sachen zusammenpacke, ist es trüb und kühl und ab und an regnet es.

Am Nachmittag wird der Regen stärker und ich fahre bei Melk in einen Altarm hinein.

»Bootssteg nach 200 m, Bootshaus der Ruder-Union. Übernachtung auf Luftmatratzen möglich«, steht im Wasserwanderführer.

Ich gehe hinauf zum Haus, vor dem schon ein Kajak auf der Wiese liegt. Daneben steht ein winziges, flaches Zelt und unter dem Dach sitzen auf der Terrasse eine Frau und ein Mann. Sie sind Ende vierzig und schneiden Gemüse in einen Kochtopf. Der Mann hat dichte, silberfarbene Locken, seine Füße stecken in Sandalen und ein T-Shirt, das über der kurzen Hose hängt, spannt ein wenig über seinem Bauch. Er sieht aus wie ein grau gewordener Weihnachtsengel. Die Frau hat kurze, blonde Haare, sie trägt Jeans und ein graues Sweatshirt.

»Hallo«, sage ich. »Bin ich hier richtig am Ruderklub? Ich würde gerne hier übernachten, wenn das möglich wäre.«

»Ja«, sagt der Mann. »Hier bist du genau richtig! So ein Scheißwetter«, lächelt er freundlich. »Da macht es wirklich keinen Spaß. Ich bin Bernd«, sagt er, reicht mir die Hand und deutet auf die Frau. »Sabine.«

Sie nickt nur kurz und er zeigt mir das Haus, die Duschen und den Raum, in dem ich übernachten kann.

»Wir schlafen im Zelt«, sagt er. »Du hast das Zimmer also ganz für dich allein.«

In dem holzgetäfelten Raum stehen auf steinernen Bodenplatten ein kleiner, schwarzer Ofen, ein Biertisch und zwei Bänke vor einem großen Fenster.

Ich hole die Sachen aus dem Boot, entlade es und ziehe es auf den Steg. Die zweite Spante von vorn sieht nicht gut aus. Einer der stählernen Haken sitzt nicht mehr in dem dafür vorgesehen Loch und das Holz ist gebrochen, aber ich habe nichts dabei, es zu reparieren. Durch das Verdeck ist viel Wasser hineingelaufen, so viel, dass ich tagsüber mit der Socke, mit der ich es während der Fahrt immer wieder aufgewischt habe, gar nicht mehr hinterhergekommen bin. Ich drehe das Boot um und ein Schwall Wasser läuft heraus. Es wird dem Holzgerüst guttun, denke ich, etwas abzutrocknen.

Im Haus spanne ich Leinen und hänge meine Sachen auf. Danach gehe ich über das Grundstück und suche unter den Bäumen nach Ästen und Zweigen. Nach einer halben Stunde lege ich ein Bündel Holz neben den Ofen, gehe wieder hinaus zu den beiden und setze mich zu ihnen.

»Scheißwetter«, sagt Bernd, »willst du ein Bier?«

Ich nicke und er geht ins Haus.

»Der Klub ist prima«, sagt er und zwinkert mir zu, als er mit zwei Büchsen in der Hand wiederkommt. »Wir sind heute Mittag hier angekommen und haben die Nummer angerufen, die an der Tür steht. Zehn Minuten später hat uns die Gabi aufgeschlossen. Wir können so lange bleiben wie wir wollen, und der Kühlschrank ist voll mit Bier. Kostet nur einen Euro, einzuwerfen in die Kasse des Vertrauens. Wir kommen aus Oldenburg«, sagt er, »und fahren mit dem Kajak durch die Wachau, von Melk nach Krems. Dann geht es weiter nach Wien. Das sind genau hundert Kilometer und wir haben eine Woche dafür eingeplant.«

»Die Wachau ist die schönste Ecke in Österreich«, sagt Sabine, »Weltkulturerbe. Wir machen immer solche Touren mit unserem Boot«, und sie deutet hinüber zu dem modernen, hellblauen Hartschalenkajak, das neben dem Zelt im Gras liegt.

Ich ziehe das Regencape über und gehe trotz des Wetters hinauf zur großen, barocken Benediktinerabtei, die auf einem Felsen am Ufer steht, spaziere durch den Garten und sehe über die Donau. Der Blick von hier oben ist ein ganz anderer als der aus dem Boot. Große Strudel gurgeln, die Wellen fließen schnell und scheinen geradezu zu drängeln und zu drängen, zu schieben und zu schubsen, als könnte jede von ihnen es kaum erwarten voranzukommen, und als wollte jeder Tropfen der erste sein auf dem langen Weg zum Meer.

Danach gehe ich zurück zum Bootshaus. Das Holz ist nass, aber mit ein paar alten Zeitungen, die in der Ecke liegen, geht es irgendwann, und nach einer Weile brennt im Ofen ein Feuer. Es wird warm und die Hemden, Socken und Unterhosen, die Pullover und der Schlafsack beginnen zu trocknen. Es wurde auch höchste Zeit, denke ich, alles einmal aufhängen zu können. Die Sachen sind schon seit Tagen klamm und feucht, der Strohhut schimmelt bereits und hat viele, kleine, schwarzgrüne Punkte auf der Krempe.
Gleichförmig trommeln die Tropfen auf das Dach und laufen an den beschlagenen Fensterscheiben hinunter. Ich sitze neben dem Ofen, ich habe noch immer einen leichten Muskelkater und meine Handflächen werden hart und schwielig.
Am Abend mache ich mir ein paar Notizen, aber der Stift erscheint mir winzig und filigran und ich befürchte beinahe ihn zu zerbrechen, wenn ich nicht vorsichtig genug bin. Seit zehn Tagen sind meine Hände nun schon das glatte und feste Holz des Paddels gewöhnt, zwei Meter lang und drei Zentimeter stark, gewöhnt daran zuzupacken und es durch das Wasser zu ziehen mit ganzer Kraft.

Am Morgen hat der Regen aufgehört, Sabine sitzt unter dem Dach auf der Terrasse, liest und nickt nur kurz zum Gruß, als sie mich sieht, und aus dem Zelt höre ich ein lautes Schnarchen.
Ich gehe hinunter zum Ufer und im Altarm ist das Wasser erneut um einen halben Meter gestiegen. Die Treppe und der Steg zum schwimmenden Ponton liegen halb unter Wasser. Der Fluss ist trüb, braun und schlammig und ich kann die steinernen Stufen nicht mehr erkennen, ziehe die Schuhe aus und taste mich barfuß hinüber. Das funktioniert und ich gehe zurück zum Haus und packe meine Sachen zusammen. Es ist tatsächlich alles getrocknet über Nacht.

Bernd schaut gerade aus dem Zelt, als ich mit den Packsäcken aus der Tür komme.

»Guten Morgen«, sage ich. »Heute haben wir Glück. Es regnet nicht mehr!«

Er reibt sich die Augen und sieht zum Himmel.

»Ja, das sieht gut aus«, sagt er fröhlich. »Dann kann ich ja auch aufstehen.«

Mit den Säcken in der Hand balanciere ich barfuß, langsam und vorsichtig durch das knietiefe Wasser, gehe zurück und hole nach und nach alles auf den Ponton. Das Boot ist abgetrocknet über Nacht, alles Wasser ist herausgelaufen und die Bootshaut innen nur noch ein wenig feucht.

Ich fahre weiter und links breiten sich Weinstöcke terrassenförmig wie asiatische Reisfelder an den Hängen aus und kleine, weiße Häuser stehen am Ufer. Sabine hatte recht, denke ich, es ist tatsächlich sehr schön hier.

Die Donau fließt viel schneller als noch vor ein paar Tagen und nach nicht einmal vier Stunden fahre ich schon an Dürnstein vorbei, 27 Kilometer hinter Melk. Das Wasser steht so hoch, dass es beinahe den schmalen Uferweg überflutet, weißschäumend bricht es sich an überspülten Buhnen und vor einer Insel hat der Fluss Bäume angeschwemmt. Ineinander verkeilt liegen sie da, zehn Meter breit und drei Meter hoch aufgetürmt.

Dunkle Wolken ziehen tief über die Donau, als ich am Abend an einem kleinen Yachthafen anlege, etwa zwei Kilometer flussabwärts rauscht ein Regen nieder und ich gehe in das Hafenrestaurant und trinke ein Bier, fühle mich aber unwohl in dem sauberen und noblen Restaurant zwischen all den frisch gewaschenen Menschen in teurer Kleidung, trinke das Bier schnell aus und gehe zurück zum Zelt, sitze noch eine Weile auf einer Bank am Ufer und sehe über den Fluss.

Wien. Am Ufer stehen Hochhäuser und ein Fernsehturm und ich fahre unter Brücken hindurch, über die Autos und eine Straßenbahn donnern, unter stählernen, hundertfach verstrebten und tausendfach genieteten Eisenbahnbrücken, unter Straßenbrücken aus gewölbtem grauen Beton und unter Hängebrücken, an deren gewaltigen Pylonen unzählige Drahtseile sich auffächern. Am Ufer liegen Kutter und Frachtschiffe, Ausflugsdampfer und ein kleines, graues Militärboot. Ich fahre durch Wien ohne anzuhalten, und am Abend erreiche ich Orth. Auf dem frisch gemähten Rasen steht ein altes, dreistöckiges, weißgetünchtes Restaurant mit einem steilen Ziegeldach und davor ein weitläufig umzäunter Biergarten, links ein Spielplatz mit einem hölzernen Piratenschiff als Klettergerüst und daneben ein paar Biertische und Bänke. Die Wiese neben dem Rasthaus zieht sich entlang des schmalen Nebenarms mehr als hundert Meter am Ufer entlang und ich fahre in die Bucht und lege neben ein paar Fischerbooten an. Einige der Boote sind ganz neu und doch von der gleichen Bauart wie die alten, grauverrotteten, die tief im Fluss liegen, voll Wasser gelaufen und schon halb versunken. Algen und Wasserpflanzen wachsen in den geborstenen Rümpfen.

Mit Kocher, Topf und einer Büchse Bohnensuppe gehe ich zu einer der vielen Bierbänke und mache mir mein Abendbrot warm. Kaum dass ich alles aufgebaut habe, kommt ein Mann in schnellen Schritten über die Wiese gelaufen. Er trägt eine Jeans und ein kariertes Hemd mit aufgekrempelten Ärmeln, er hat ein rotes Gesicht und sieht mich finster an. An seinem Gürtel baumelt ein Geschirrtuch und noch bevor er neben mir steht, fängt er auch schon an zu schimpfen.

»Des kann doch ned wahr sein, des glaub i jetzt ned!«, brüllt er mich an. »Du setzt dich auf meiner Wiesen an meinen Tisch und bringst dir dein eigenes Essen mit! Des ist doch die Höhe, a Frechheit ist des! Bringst mich um meinen Umsatz!«

»Das ist ihre Wiese?«, sage ich. »Das wusste ich nicht.«

»Des alles gehört mir«, schreit er mich an und breitet die Arme aus. »Alles! Wahrscheinlich willst auch noch umsonst hier zelten?«, brüllt er und sieht mich herausfordernd an.

»Ja«, sage ich und deute auf den Waldrand. »Das Zelt steht schon. Dort hinten unter den Bäumen, wo es hoffentlich niemanden stört.«
Der Mann macht den Mund auf und wieder zu, sagt aber nichts.

»Ist das da hinten auch ihre Wiese?«, frage ich ihn.

»Ja freilich ist des mei Wiesen«, sagt er, noch immer sehr grimmig. »Des ganze Grundstück gehört mir, des alles hier.«

»Es wird schon dunkel, ich bin mit dem Boot unterwegs und nirgendwo habe ich einen Rastplatz gefunden«, sage ich. »Darf ich hier zelten? Es ist nur für eine Nacht.«
Der Mann schweigt für einen Augenblick.

»Nimm deinen Krempel und verschwind«, sagt er dann und deutet auf den Waldrand. »Bis ganz nach hinten! I will dich hier vorn ned mehr sehn.«
Vor dem Zelt baue ich erneut den Kocher auf, aus dem Altarm steigt Nebel und langsam wird es dunkel.

Am Morgen weht ein leichter Westwind. Das Wasser fließt, ich paddle und komme schnell voran. Am Himmel schweben ein paar kleine, weiße Wölkchen, am Ufer steht Wald und ich höre ein dumpfes Dröhnen, erst leise, dann aber schnell immer lauter werdend. Ich fahre mitten in der mit Bojen ausgetonnten Schiffsrinne, drehe mich um und sehe ein weißes Tragflächenboot, das rasch näher kommt, und paddle so schnell ich kann in Richtung Ufer.
Höre ich das gleichmäßige und beinahe gemütliche Stampfen eines Schiffsdiesels, das ruhig und geradezu beruhigend langsam

näher kommt, habe ich immer genügend Zeit, an eines der Ufer zu fahren und den Schleppern, die mit kaum mehr als zehn Stundenkilometern auf dem Fluss unterwegs sind, auszuweichen. Aber nun hat mich das Boot in weniger als fünf Minuten eingeholt und als es an mir vorüberbraust, sehe ich, dass es sich fast ganz aus dem Wasser gehoben hat. Es scheint beinahe auf dem Fluss zu schweben und mit einer Geschwindigkeit von mehr als fünfzig Kilometern in der Stunde fliegt es nahezu über die Donau. Das ist schon etwas anderes als die trägen Dampfer, denke ich und nehme mir vor, in der nächsten Zeit die Schiffsrinne zu meiden und nicht mehr so bedenkenlos die Ufer zu wechseln, zumal der Fluss immer breiter wird und es mittlerweile schon eine gute Viertelstunde dauert, von der einen auf die andere Seite zu fahren.
Das Tragflächenboot verschwindet hinter der nächsten Flussbiegung und auf einem Frachter stehen zwei Männer am Bug, holen die rotweiß-rote österreichische Fahne ein und hissen die weiß-blau-rote Flagge mit dem Wappen der Slowakei.
Felsen stehen am Ufer und eine Libelle hat sich auf der Spritzdecke niedergelassen. Sie sitzt da, blassgrün, schwarz und dick, und fährt mit mir von Österreich in die Slowakei.
Wieder macht sich die Grenze am Ufer nicht bemerkbar, auch die Zollabfertigung, von der der Wasserwanderführer schreibt, scheint es nicht mehr zu geben und auf einer Anhöhe hinter den Hügeln sehe ich am Horizont schon die Silhouette der Burg von Bratislava.
Jetzt also beginnt der sogenannte Osten, wie in Deutschland der Einfachheit halber alles genannt wird, was jenseits von Oder und Bayerischem Wald liegt. Archaisch soll er sein, wild, korrupt und gefährlich, unberechenbar und kriminell, aber gastfreundlich und herzlich die Menschen, die dort leben.

Die wildesten Geschichten werden über ihn erzählt und alles scheint es dort zu geben, einfach alles – außer Alltag und Normalität.
Ich bin zum ersten Mal in der Slowakei und obwohl die Landschaft sich nicht verändert hat, obwohl die gleichen grauen Felsen auf grünen Hügeln stehen und die gleichen bewaldeten Berge am Ufer liegen wie in Österreich, obwohl sich der gleiche blaue Himmel von Horizont zu Horizont spannt, scheint sich irgendetwas verändert zu haben. Ich weiß nicht, ob es der kleine, gelb gestrichene, zweistöckige Flachbau am Ufer ist oder der Angler, der in kurzen Hosen auf einer schräg im Wasser liegenden Betonplatte steht, ob es die Kräne am Horizont sind oder die Plattenbauten auf dem Hügel, aber ich fühle mich ganz und gar nicht fremd, sondern eher beinahe so, als käme ich nach langer Zeit wieder zurück nach Hause. Zu sehr erinnert mich all das an den Osten Deutschlands in den neunziger Jahren oder an Tschechien.
Vor etwas mehr als zehn Jahren habe ich in Südmähren als Deutschlehrer gearbeitet, in dieser Zeit habe ich die Sprache gelernt und auch wenn ich Vieles schon wieder vergessen habe, so werde ich mich doch wenigstens einigermaßen verständigen können, denn Tschechisch und Slowakisch sind eng miteinander verwandt.
Links unter der Burg liegt das Zentrum von Bratislava und am rechten Ufer sehe ich eine flach ins Wasser abfallende Betonrampe und lege an. Neben dem schmalen Uferweg steht das Tor in einem mannshohen Maschendrahtzaun offen und daneben hängt ein Schild, »veslársky klub«, Ruderklub, und ich gehe hinein.
Zwei etwa vierzigjährige Männer in kurzen Hosen und mit freiem Oberkörper sitzen im Schatten eines zweistöckigen Flachbaus auf Liegestühlen neben einem Klapptisch und ich erzähle ihnen woher ich komme und dass ich einen Zeltplatz und möglichst auch eine Dusche suche.

Einer der beiden steht auf.

»Wo ist dein Boot?«, fragt er.

»Unten am Fluss.«

»Warte«, sagt er, geht ins Haus und kommt mit einem Bootswagen zurück. »Wir holen das Boot, du solltest es nicht unten am Wasser liegen lassen, hier ist es sicherer. Und natürlich kannst du bei uns zelten«, sagt der Mann und deutet auf die große Wiese vor dem Haus, »das ist gar kein Problem«, und wir gehen zum Fluss.

»Veterán«, sagt der Mann und lacht, als wir am Ufer ankommen. »Den Typ kenne ich, das ist ein Kolibri IV aus der DDR. Alt, aber gut.« Er sieht sich das Boot an und entdeckt die gebrochene Spante.

»Das müssen wir reparieren«, sagt er. »Sonst geht bald noch mehr kaputt.«

»Ja«, sage ich. »Aber wie?«

»Im Bootshaus haben wir alles«, sagt der Mann. »Lass mich nur machen, ich kann das.«

Auf der Wiese zerlege ich das Boot, nehme die Spante und bringe sie ihm.

»Ich kümmere mich darum«, sagt er. »Du kannst solange dein Zelt aufbauen und wenn du fertig bist, zeige ich dir wo die Duschen sind.« Ich baue das Zelt auf und nehme die Taschenlampe in die Hand. Sie braucht neue Batterien, gestern Abend war das Licht nur noch ganz schwach, aber beim Öffnen drehe ich an der falschen Stelle und schon habe ich nur noch splitterndes Plastik in den Händen. Mir ist als griffe ich mittlerweile, ohne es zu wollen, mit dreifacher Kraft zu, werfe die kaputte Lampe in den Müll und gehe zu dem Mann, der mir die reparierte Spante in die Hand drückt.

»Das ist Bootsleim«, sagt er, »das müsste halten. Und bis morgen ist der Kleber getrocknet.«

Ich bedanke mich und gebe ihm einen Zehneuroschein.
Die Brücke hinüber zur Innenstadt ist eine alte, stählerne Straßenbrücke und links neben der Autospur verläuft ein etwa zwei Meter breiter Fußgängerweg aus ausgetretenen, grauen Holzbohlen. Ich bleibe eine Weile auf der Brücke stehen, lehne mich auf das Geländer und sehe hinab auf den Fluss. Es ist ein warmer, klarer Sommerabend, im Westen schimmert der wolkenlose Himmel rötlich und die Stadt liegt in ein mildes Licht getaucht.
An einem Bankautomaten hebe ich slowakische Kronen ab, das Pflaster vor dem Nationaltheater ist noch warm von der Hitze des Tages und ich sehe mir die Auslagen der kleinen Buden an, in denen Souvenirs verkauft werden. Postkarten und Aquarelle mit Stadtansichten, Keramik und T-Shirts mit der Aufschrift »Kiss me, I am Slovak«.
Am Rande eines Brunnens sitzt ein junger Mann in einer grünen Hose und einer grünen Jacke. Sein Gesicht ist grün geschminkt, er ist barfuß und in der Hand hält er eine grüne, geschwungene Pfeife. Auf dem Kopf trägt er einen grünen Hut mit einer Sonnenblume und vor ihm steht ein Keramikbecher. Er bewegt sich ganz langsam, öffnet den Mund und schließt ihn wieder, geradeso wie ein müder, alter Karpfen an Land, und deutet dann auf den Becher zu seinen Füßen. Ich werfe eine Münze hinein und er verzieht das Gesicht zu einem breiten Grinsen, verbeugt sich und lüpft den Hut.
Ich gehe zurück zum Ruderklub, setze mich ans Ufer und blicke über den Fluss. 522 Kilometer bin ich nun gefahren, fast vierzig Kilometer an jedem der vergangenen vierzehn Tage.
Den ganzen Tag sehe ich den Fluss, ich treibe mit ihm, auf ihm, ich paddle und fahre und nun sitze ich am Ufer und betrachte die Wellen und das Wasser als sähe ich all das zum ersten Mal, ich

könnte stundenlang so sitzen und der Donau zuschauen bei ihrem gleichmäßigen und ruhigen Fließen und als ich aufstehe und zurück zum Zelt gehe, ist es dunkle Nacht.

Am Morgen ist der Leim getrocknet, die Spante macht einen stabilen Eindruck und ich passe sie wieder in das Boot ein. Das Haus ist verschlossen und die beiden Männer sind nicht zu sehen, aber auf der Terrasse steht unter einem kleinen Vordach der Bootswagen und ich bringe alles wieder hinunter zum Fluss.
Es sind noch fünfzehn Kilometer bis zur Staustufe Čunovo und die Skizze im Wasserwanderführer ist unübersichtlich, schlecht gedruckt und verwirrend. Anscheinend gibt es wohl eine Bootsgasse und eine Schleuse, aber die Skizze ist trotzdem nahezu unlesbar. Doch es wird schon irgendwie werden, denke ich und fahre erst einmal los.
Zehn Kilometer hinter Bratislava lege ich an einem Kiesstrand an, binde das Boot an einen Baum und gehe zu einem Kiosk, der aber außer Kaffee und Cola, Bier und Schokoriegeln nichts zu verkaufen hat. Abgesehen von mir und dem Kioskbetreiber ist niemand hier und ich setze mich mit einem Becher Kaffee an einen der Tische im Schatten.
Ein Pärchen kommt angeradelt. Sie sind vielleicht vierzig Jahre alt, holen sich ein Bier und fragen, ob an meinem Tisch noch ein Platz frei sei. Ich nicke und sie setzen sich.

»Wir sind aus Bratislava«, sagen sie und stellen sich vor. »Martin und Jana. Und du? Wo kommst du her?«

»Könnt ihr mich verstehen, wenn ich Tschechisch spreche?«, frage ich sie.

»Ja«, sagt Jana. »Wir sind ja beide noch in der Tschechoslowakei aufgewachsen, wir haben in Brno studiert und verstehen sehr gut

Tschechisch. In den ersten Jahren, kurz nach der Trennung in zwei souveräne Staaten, da haben sich unsere beiden Länder ja etwas auseinanderentwickelt.« Gerade die Slowakei, als junger Staat, hätte sich von Tschechien abgrenzen wollen, um die nicht ganz unumstrittene Eigenstaatlichkeit zu betonen. Aber jetzt, nachdem einige Zeit vergangen sei und der Status quo eine Selbstverständlichkeit, nachdem die Slowakei und Tschechien Mitglieder der Europäischen Union geworden sind, hätten sie sich wieder aneinander angenähert, sagt sie. Martin nickt.

»Tschechischsprachige Filme laufen ohne Untertitel und ohne Synchronisation im slowakischen Fernsehen«, sagt er, »und die gegenseitige Verständigung wird wieder besser.«

Dann steht er auf, geht zum Kiosk und kommt mit einem Becher Bier zurück, den er vor mich stellt.

»Jetzt, am Mittag?«, sage ich. »Normalerweise trinke ich tagsüber überhaupt kein Bier und schon gar nicht bei dieser Hitze.«

»Das hat nur 10°«, sagt Martin und lächelt, »das tut keinem was.« In der Slowakei wird das Bier, wie in Tschechien, nicht nach dem Alkoholgehalt, sondern nach der Stammwürze eingeteilt. 10° bedeuten etwa 3 % Alkohol, nur das 12°-Bier hat, wie bei uns, fünf Prozent und als die Becher leer sind, stehe ich auf und hole eine neue Runde.

Danach steigen sie auf ihre Räder, winken noch einmal und ich gehe zurück zum Fluss.

Ein paar Kilometer darauf weitet sich die Donau zu einem gewaltigen See. Am Ufer liegen kegelförmige, vielleicht zehn Meter hohe Sandhaufen, zum Teil schon mit Gräsern und Büschen bewachsen und leicht in sich zusammengefallen, zum Teil frisch aufgeworfen und hellgelb, fast weiß in der Sonne leuchtend.

Links zweigt der Schleusenkanal für die Großschifffahrt ab, ich bleibe

am rechten Ufer und auf einer Landzunge vor der Schleuse stehen buntbemalte, mehr als drei Meter hohe, fantasievolle Skulpturen, die in der Nachmittagssonne leuchten.
Die Bootsgasse ist unpassierbar. Baumstämme haben sich vor die Öffnung geschoben, der schmale Kanal liegt trocken und ich gehe zu einem großen, weißen Gebäude.
Ein dicker, schnauzbärtiger Mann in Uniform sitzt neben dem Haus im Schatten und ich frage ihn, ob ich geschleust werden könnte.

»Nein«, sagt der Mann, »das ist unmöglich. Die Schleuse ist außer Betrieb.«

»Keine Chance?«

Er hat die Hände vor dem Bauch gefaltet, sieht mich träge an und schüttelt den Kopf.

»Keine Chance!«

Ich gehe die Straße auf der Mauer entlang und finde links eine kleine Bucht. Von hier sind es etwa zweihundert Meter bis zur anderen Seite unterhalb des Stausees, wo ich das Boot wieder einsetzen könnte, und ich fahre in die Bucht und entlade das Boot, schleppe die Säcke nach und nach hinunter zur Einsatzstelle und als ich das Boot anheben möchte, stelle ich fest, dass es zu schwer ist. Ich schaue mich um und sehe einen jungen Mann, der in Badehose am Ufer sitzt, gehe zu ihm und erkläre, dass ich Hilfe brauche. Er nickt und steht auf. Gemeinsam tragen wir das Boot hinunter.
Das war nun endlich das letzte Hindernis, denke ich, das letzte Mal, dass das Wasser sich gestaut hat, es ist geschafft und ich sehe mich um. Links steht ein Auto unter Bäumen, ein Mann packt seine Angeln aus und zwei Kinder spielen im Wasser, sie plantschen, schwimmen und spritzen sich mit Wasser voll.
Man kann also baden in der Donau?

Das Wasser ist zwar ein wenig trüb, scheint aber auch nicht viel schmutziger zu sein als ein beliebiger Badesee zu Hause.
In meiner Kindheit konnte man in Flüssen nicht baden. Sie waren mit Abwässern verdreckt, auf ihnen trieben Flocken schmutzigbraunweißen Schaums und schillernde Flecken von Öl und Benzin. Mehr Kloaken als Flüsse waren es und so bin ich auch jetzt nicht auf die Idee gekommen, in der Donau zu schwimmen, schließlich ist sie kein See. Seltsam, denke ich, wie lange diese Vorstellung prägend geblieben ist, denn das kühle Wasser tut gut, es wäscht mir den Schweiß von der Haut und ich bin erfrischt und fühle mich geradezu sauber, als ich wieder aus dem Fluss steige.

AUF DER GANZEN BREITE des Flusses liegen Gesteinsbrocken und das Wasser umsprudelt sie rauschend und weiß schäumend. Baumstämme haben sich zwischen den Felsen verfangen und ich lege am linken Ufer an und sehe über das Wasser. Es hilft alles nichts, ich muss ein weiteres Mal umtragen, denn durch dieses Wildwasser kann ich nicht fahren.
Als das Gepäck in der kleinen Bucht unterhalb der Stromschnellen liegt, gehe ich zurück zum Boot, aber es ist niemand zu sehen, der mir helfen könnte. Ich muss es allein schaffen, drehe das Boot um und hebe den Bug an, krieche darunter und lege es mir auf den Buckel. So funktioniert es und ich marschiere mit gebeugtem Rücken den zweihundert Meter langen Waldweg hinunter.
Die Sonne steht im Zenit, es ist heiß und außer dem Gezwitscher der Vögel und dem Zirpen der Grillen ist nichts zu hören. Sommerhitze liegt über dem Land und die Luft flimmert, ich paddle nicht mehr und lasse mich treiben. Schilf und Wald säumen das Ufer, ein paar Meter von mir entfernt schwimmt ein Biber, dann schlägt er laut

klatschend seine Kelle aufs Wasser, er taucht ab und zum ersten Mal sehe ich einen Seidenreiher. Er steht am Ufer im flachen Wasser, er ist vielleicht einen halben Meter groß und weiß. Als er auffliegt, sehe ich, dass seine Beine schwarz sind, seine Füße aber leuchtend gelb.

Seit dem letzten Regen ist fast eine Woche vergangen, der Wasserstand ist um mehr als einen halben Meter gefallen und die flach über dem Wasser hängenden Äste der Weiden und das Schilf sind von feinen Schlammschichten überzogen, die in grauen Streifen die Pegel der vergangenen Wochen anzeigen.

Auf einer breiten Wiese neben dem Medveďov-Arm stehen unter Bäumen zwei große Zelte und ein Kleinbus und am Ufer liegen zwei Kanadier und ein Schlauchboot. Es ist schon spät am Nachmittag, die Schatten werden länger und das Licht milder und als ich das Boot an Land ziehe, sehe ich, dass das Ruder lose ist. Eine der drei Schrauben ist locker und eine fehlt.

Medveďov ist ein kleines Dorf, umgeben von Feldern, Wiesen und ein paar Flecken Wald. Ein großer, moderner Traktor fährt an mir vorbei, eine alte Frau trägt eine geblümte Einkaufstasche nach Hause und zwei Halbwüchsige in kurzen Hosen und mit freiem Oberkörper schlendern langsam über die schmale Straße.

Obwohl das Dorf in der Slowakei liegt, sieht es schon sehr ungarisch aus, oder doch wenigstens so, wie ich mir ein ungarisches Dorf vorstelle. Umgeben von flachem, weitem Land, in dem nur ab und an eine kleinere Baumgruppe steht, liegen die Häuschen beieinander, die meisten wohl in den 1950ern gebaut. Sie tragen ein flaches, pyramidenförmiges Dach, mit Ziegeln oder mit Wellblech gedeckt, in den Gärten wachsen Tomaten und Paprika, stehen Kirsch- und Pfirsichbäume, unter denen gelegentlich eine Ziege weidet, die den Kopf hebt und mich kauend aus großen, gelben Augen anglotzt, und auf einem Mast brüten Störche. Der Betonmast

scheint keinen anderen Zweck zu erfüllen als den, ein Storchennest zu tragen. Es hängen keine Stromleitungen an ihm und am oberen Ende ist ein rundes, von vier Streben abgestütztes Stahlgerüst angebracht, das den Zweck des ansonsten üblichen, alten Wagenrades erfüllt.
In dem kleinen Laden im Ort gibt es keine Schrauben, aber auf einem Hof beugen sich drei junge Männer über den geöffneten Motorraum eines alten Ladas und auf meine Frage halten sie mir eine Werkzeugkiste hin, in der Schrauben in allen Größen und Formen liegen. Ich nehme mir drei Stück heraus und als ich sie frage, was ich ihnen dafür geben könnte, lachen sie nur.

»Diese drei Schrauben haben keine fünf Heller gekostet«, sagt einer der drei. »Also lass dein Geld stecken!«
Am Fluss schiebe ich ein paar Streichhölzer in die Löcher am Heck und schraube das Ruder wieder fest. Es scheint zu halten, aber die Feuchtigkeit der letzten Tage hat einigen der hölzernen Bootsteile wohl doch ein wenig zugesetzt und sie sind dunkel und aufgequollen. Danach gehe ich in die Kneipe und setze mich an einen Tisch auf der Terrasse vor dem Haus. Ein paar alte Männer sitzen beim Bier, im Hintergrund läuft ein Fernseher und im Schatten liegt ein Hund und döst. Ein Mann mit einer Sense auf der Schulter geht die Straße entlang und grüßt über den Zaun einen Nachbarn.
Niemand scheint es eilig zu haben in Medveďov, es wirkt beinahe, als hätte das ganze Dorf Sommerferien und wochenlang frei, Zeit, am Fluss im Schatten zu sitzen, zu baden, am Abend gemütlich nach Hause zu schlendern und ein paar Kirschen zu pflücken. Ganz sicher ist es nicht so, aber es fehlt einfach die Hektik und das Gehetztsein, wie ich es aus der Großstadt kenne, und ich lasse mich von der dörflichen Ruhe anstecken, trinke ein Bier, mache mir ein paar Notizen und gehe erst zurück zum Fluss, als es schon dämmert.

Am Morgen ziehe ich das Boot ins Wasser. Das Ruder sitzt wieder fest und reagiert auf jede kleine Bewegung der Pedale.
Das Land ist flach und links und rechts am Ufer stehen Erlen und Weiden mit silbriggrün schimmernden Blättern, Zweige hängen im Wasser, manchmal steht in einer Bucht mit Sand- oder Kiesstrand ein Zelt und jemand winkt mir zu, ein Kanu liegt im Gras und zwischen zwei Bäumen ist eine Hängematte gespannt, in der ein Mädchen liegt und liest, auf einer Leine hängen Handtücher und am Ufer ankert ein Motorboot. Obwohl die Abstände zwischen den Ortschaften größer werden, wirkt der Fluss belebter als in Deutschland oder in Österreich, wo die mit Steinblöcken bewehrten Ufer es über weite Strecken verhindern, zu zelten oder zu baden.
Am Nachmittag höre ich ein leises Quietschen und Rumpeln, das immer lauter wird. Geräusche, als schabte Metall auf Metall, ein kreischendes Scheppern, das weit über den Fluss hallt, und nach einer Weile sehe ich ein Schiff. Auf dem rostigen Kahn läuft eine Eimerkette, ein Förderband mit Schaufeln, und neben dem Baggerschiff liegt ein Schubleichter, auf dessen tief im Fluss hängenden Heck schon zwei Kieshaufen liegen. Der noch unbeladene Bug hebt sich aus dem Wasser und der Kahn baggert die Schiffsrinne aus.
Ein paar Flussbiegungen darauf ist es wieder still und auf einer Buhne steht neben einer Gruppe Kormorane ein Schwarzstorch. Er hat einen roten Schnabel, rote Beine und sein Gefieder schimmert, abgesehen vom weißen Bauch, grünschwarz. Ganz ruhig steht er da, ich halte das Paddel still, um ihn nicht aufzuschrecken, und gleite lautlos und ohne ihn zu stören an ihm vorüber.
Am frühen Abend erreiche ich Komárno, wo man auf dem Gelände des Rudervereins neben der großen Brücke zelten könnte, wie der

Wasserwanderführer schreibt. Vielleicht, denke ich, kann man dort duschen und vielleicht gibt es sogar eine Waschmaschine, denn mittlerweile habe ich nur noch wenige saubere Sachen, aus dem Wäschesack riecht es muffig und auch der Schlafsack ist schon lange nicht mehr frisch.

Am Strand vor dem Ruderklub, der eher aussieht wie eine Kneipe oder ein kleines Hotel, lege ich an und gehe ins Haus, aber die junge Frau hinter dem Tresen sieht mich skeptisch an und schüttelt den Kopf.

»Selbstverständlich bezahle ich auch dafür«, sage ich.

»Nein!«, antwortet sie barsch. »Nein, Sie können hier nicht duschen, bei uns kann man nur Zimmer mieten.«

»Und was kostet das?«

»Zweihundert.«

»Gut«, sage ich, »sehr gut!«, denn zweihundert slowakische Kronen sind nicht ganz sieben Euro. »Ich nehme ein Zimmer.«

Die Frau schlägt das abgegriffene Heft auf, das vor ihr liegt, liest und sieht mich dann ein bisschen erschrocken an.

»Wir haben kein Zimmer mehr frei«, sagt sie entschuldigend und zuckt die Achseln.

»Das macht nichts«, sage ich. »Ich gebe Ihnen fünfzig Kronen, wenn Sie mir zeigen wo ich duschen kann. Einverstanden?«

Sie nickt und führt mich zu einem Waschraum.

Bei der Gelegenheit wasche ich die Hose, die Unterhose und das Hemd gleich mit. Auch den angeschimmelten Hut nehme ich unter die Dusche, seife ihn gründlich ein und schrubbe die schwarzgrünen Sprenkel ab. Danach baue ich das Zelt auf der Wiese hinter der Brücke auf und nach dem halbstündigen Weg in die Innenstadt sind die Sachen auch schon wieder trocken.

Unterwegs höre ich neben Slowakisch auch Ungarisch auf den Straßen und alle Schilder sind zweisprachig. Im Süden des Landes, im Grenzgebiet, lebt die ungarische Minderheit, die etwa ein Fünftel der slowakischen Bevölkerung ausmacht.
Von den 37 000 Einwohnern der Stadt Komárno oder Komárom, wie es auf Ungarisch heißt, sind zwei Drittel Ungarn, in der 2003 gegründeten János-Selye-Universität wird auf Ungarisch gelehrt und vor dem Museum steht ein Bronzedenkmal für Mór Jókai, einen ungarischen Schriftsteller, der 1825 in Komárno geboren wurde. Der Kranz am Fuße des Denkmals ist neben den weiß-blau-roten Bändern der slowakischen Farben wie selbstverständlich auch mit den rot-weiß-grünen der ungarischen Trikolore umwunden.
Zwei Romajungs laufen mir hinterher. Sie sind vielleicht elf Jahre alt und der eine ist klein und dick, der andere hager und schlaksig. Der kleine Dicke hat einen Knüppel in der Hand, eine irgendwo gefundene Zaunslatte, und sie streunen durch die Stadt.

»Nazdar!«, rufen sie, »Hallo! Geben Sie uns Geld! Für ein Eis!«, und ich gebe ihnen ein paar Münzen. Sie laufen mir hinterher, reden auf mich ein und als ich meinen Fotoapparat auspacke, werden sie plötzlich sehr ärgerlich. Der kleine Dicke droht mir mit seinem Knüppel und dann verschwinden sie laut schimpfend in einer Seitengasse.
Ich gehe durch die Altstadt, lasse in einem Café das Handy und den Akku der Kamera aufladen, sitze faul im Schatten und mache mir ein paar Notizen. Als ich zurück zum Ruderklub gehe, dämmert es bereits, und als ich am Zelt ankomme, ist es dunkle Nacht.

Am Morgen ist es schwül, der Himmel ist mit dicken, weißgrauen Wolken bedeckt und Wespen schwirren summend und in

schnellem Flug über das Wasser. Ein Gewitter liegt in der Luft und an der Hochwasserschutzmauer von Komárno steht auf Slowakisch, in roten, ungelenken Buchstaben, aber groß genug, dass man es auch vom rechten Ufer aus lesen kann, »Die Ungarn sind Scheißkerle!«
Am Nachmittag wird die Landschaft hügeliger, Wolken ballen sich zusammen und ein böiger Wind bläst über den Fluss. Immer dunkler wird es und hinter mir, noch weit im Westen, geht der erste Regen nieder. Es sind noch sieben Kilometer bis Štúrovo und ich paddle immer schneller. Der Regen kommt näher und als ich die große Brücke sehe, die Štúrovo am slowakischen mit Esztergom am ungarischen Ufer verbindet, ist er schon bis auf etwa einen Kilometer herangezogen. Als ich die Brücke erreiche, fallen die ersten Tropfen und ich ziehe das Boot schnell ans Ufer, binde das Seil um einen Baum und laufe hinauf zu dem Haus, wo unter einem Balkon drei Männer auf einer Terrasse sitzen.

»Ahoj!«, sage ich. »Da habe ich ja Glück gehabt. Gleich wird es ordentlich regnen!«
Einer der drei, ein etwa fünfzigjähriger, hagerer Mann, sieht mich finster an.

»Wo kommst du her?«, fragt er.

»Aus Deutschland.«

»Und warum sprichst du dann Tschechisch mit uns?«, fragt er ärgerlich in beinahe akzentfreiem Deutsch.

»Wir sind doch in der Slowakei«, sage ich, »und ich dachte, Sie würden eher Tschechisch verstehen als Deutsch.«

»Wir sind Ungarn«, sagt der Mann. »Selbstverständlich sprechen wir alle auch Slowakisch, aber wir sind Ungarn und wir sprechen lieber Deutsch als Slowakisch oder Tschechisch.«
Die beiden anderen Männer nicken schweigend.

»Wo bist du losgefahren?«, fragt der Mann.

»In Regensburg, vor zweieinhalb Wochen.«

»Mit dem Ding da?«, fragt er und zeigt hinunter auf das Boot.

»Mit dem Ding da«, sage ich und nicke.

»Und was machst du, wenn du nicht gerade in dem alten Boot auf der Donau dein Leben riskierst?«, fragt er weiter und ich komme mir ein wenig vor wie in einer Prüfung, beantworte seine Fragen und warte ab, was er davon hält und wie sich das Ganze entwickeln wird.

»Dann bin ich wissenschaftlicher Mitarbeiter der Humboldt-Universität Berlin und arbeite an der Gesamtausgabe der Werke des Philosophen Friedrich Nietzsche«, sage ich.

»Aha«, sagt er, »bist du deswegen so«, er hebt den Zeigefinger an die Schläfe und dreht ihn, »so verrückt?«

Er grinst.

»Das kann schon sein«, sage ich und grinse auch. »Vielleicht ist das der Grund.«

Der Mann steht auf und zeigt hinunter zum Fluss.

»Du musst das Boot ein Stück höher den Strand hinaufziehen, hier in der schmalen Kurve gibt es viele Wellen von den großen Schiffen. Dort drüben«, und er deutet auf die Wiese neben dem Haus, »kannst du dein Zelt aufbauen und hier«, sagt er in einem Ton, der keine Widerrede duldet und zeigt auf eine Hütte aus Stahlblech, über der eine große, schwarze Tonne hängt, »hier kannst du dich waschen. Ich bin übrigens János, also Hans«, sagt er und gibt mir die Hand.

Das Gewitter ist weitergezogen, die Männer gehen und ich baue das Zelt auf, dusche und gehe danach in die Stadt.

An einem einfachen, einstöckigen Haus leuchtet eine Bierwerbung, ich gehe hinein und komme in einen dunklen, holzgetäfelten und gemütlichen Raum im Stile eines Irish Pub. Es läuft laute Rockmusik

und das, denke ich, das ist ein guter Ort, meine restlichen slowakischen Kronen zu vertrinken.
Der Barkeeper ist muskulös und tätowiert, er trägt ein schwarzes T-Shirt mit dem Logo einer Heavy-Metal-Band und auf dem Kopf über den langen, blonden Locken ein schwarzes Tuch mit einem Muster aus vielen, kleinen, weißen Totenköpfchen.
Nach einer Weile stehe ich auf und gehe zur Bar.

»Ich hätte gerne noch eins«, sage ich, stelle das leer Glas auf den Tresen und der Barkeeper sieht mich fragend an.

»Bist Du Engländer? Skandinavier? Woher kommst Du?«

»Aus Deutschland.«

»Du bist der erste Deutsche«, sagt er, »den ich kennenlerne, der Tschechisch spricht. Dafür gebe ich dir eins aus.«
Er stellt ein volles Glas vor mich und nickt anerkennend.

»Ich selbst bin Slowake«, sagt er und legt seine mächtigen Unterarme auf den Tresen. »Und die Ungarn hier in der Stadt… Es ist nicht immer einfach. Die Ungarn sind stur und die Slowaken sind stur, aber am blödesten von allen stellen sich die Politiker an.«
Er grinst, zapft sich auch ein Bier und nimmt einen tiefen Schluck.

»Ein paar Deppen in Budapest sind auf die Idee gekommen, allen Auslandsungarn ungarische Pässe geben zu wollen«, sagt er. »Und unseren Hornochsen in Bratislava ist daraufhin nichts Besseres eingefallen als ein Gesetz zu fordern, dass Ungarisch in der südlichen Slowakei in Zukunft nur noch Zweitsprache sein dürfte. Jeder Hundefurz müsste also erst auf Slowakisch beschriftet werden, bevor sie die ungarische Variante daneben schreiben könnten.«
Er schüttelt den Kopf.

»Daraufhin haben unsere Ungarn natürlich laut zu schreien angefangen, dass sie diskriminiert werden. Und mit solchen Spielchen vertreiben wir uns hier im Grenzgebiet die Zeit, wie die kleinen Kinder«, sagt er und seufzt.

Hinter Štúrovo erheben sich Hügel und Berge und am Mittag sehe ich die Burg von Visegrád, die rechts auf einem steilen Kegelberg steht. Das Donauknie. Nun fließt der Fluss nach Süden und kurz davor zweigt rechts der Szentendre-Arm ab.
»Szentendre, alte serbische Siedlung, Künstlerkolonie, wichtiges Ausflugsziel«, schreibt der Wasserwanderführer und nennt eine Anlegemöglichkeit auf den Kiesbänken unterhalb der Stadt, warnt aber davor, »die Boote nicht unbewacht zurückzulassen.«
So ein Blödsinn, denke ich. Sollte ich mich ausgerechnet am letzten Abend neben mein Boot setzen und aufpassen, dass es nicht geklaut wird? Ich beschließe, die Warnung zu ignorieren und spaziere durch die kleine Stadt mit ihren alten Häusern und Kirchen, dem gepflasterten Marktplatz und einem grünen Anger. Szentendre ist mittelalterlich verwinkelt und ein Touristenort mit mehrsprachigen Speisekarten. Es ist auch recht teuer für ungarische Verhältnisse, aber ich setze mich trotzdem in ein Café am Markt.
Es sind noch 15 Kilometer bis Budapest und am liebsten würde ich weiterfahren, immer weiter die Donau hinunter, tagelang, wochenlang, bis ans Schwarze Meer, so sehr habe ich mich an den immer gleichen Rhythmus gewöhnt, an die immer gleichen und doch so unterschiedlichen Tage auf dem Fluss. Auch die unbequemen Nächte im Zelt auf der dünnen Isomatte stören mich nicht mehr, ich habe mich längst schon daran gewöhnt, kein Bett mehr zu haben und nur alle paar Tage eine Dusche.
Am Abend setze ich mich neben das Zelt und öffne mir eine Büchse Bier. Ich möchte mich vom Fluss verabschieden, auf dem ich drei

Wochen lang zu Hause gewesen bin und der mich mit sich getragen hat über mehr als siebenhundert Kilometer, geduldig und breit.
Die Sonne versinkt hinter den Bäumen am Ufer und ich trinke und rede mit mir selbst und mit dem Fluss. Es ist mir egal, ob mich jemand hören und was er dann über mich denken könnte, denn ich bin traurig und ein bisschen betrunken, ich rede halblaut vor mich hin und sage dem Fluss, dass ich bei ihm bleiben will, dass ich wiederkommen und dass ich ihn vermissen werde, sein Rauschen und sein Murmeln, sein Fließen und sein kühles Wasser.

Am Morgen setze ich mich in ein Café an der Uferpromenade und frühstücke. Eine ganze Weile bleibe ich so sitzen und kann mich nicht recht entschließen aufzustehen und zum letzten Mal loszufahren, bestelle mir noch einen Kaffee und noch einen, sehe über die Donau und erst gegen Mittag gehe ich hinunter zum Fluss, baue das Zelt ab und belade das Boot.
Hinter der ersten, großen Brücke am Stadtrand von Budapest verändert sich mit einem Male die Luft. Sie ist nun schwer, trüb und grau, Stadtluft, und die Silhouette der Häuser am linken Ufer versinkt in hellem Dunst.
Ruderer fahren stromaufwärts, sie ziehen angestrengt die Riemen durch und sehen konzentriert auf ihren Schlagmann. Auch rechts kommen nun die ersten Häuser in Sicht und kurz nach dem Kilometerschild 1 657 lege ich am Steg eines Ruderklubs an und setze mich an den Strand.
Nachdem ich eine Weile so gesessen habe, entlade ich das Boot, ziehe es an Land und zerlege es in seine Einzelteile. Es hat ziemlich gelitten. Zwei Spanten und eine der Sperrholzleisten sind gebrochen und wo das Verdeck schwarz und stockfleckig gewesen ist, klaffen Löcher

im blauen Stoff. Eigentlich, denke ich, müsste man die gebrochenen Teile ersetzen, das Verdeck nähen und das Boot ganz neu aufbauen. Lange hätte es ohne eine Reparatur ohnehin nicht mehr durchgehalten und ich weiß nicht, ob ich es jemals wieder fahrtüchtig bekommen werde. Ich weiß nicht einmal, ob es überhaupt noch Sinn hat, das kaputte Boot wieder mit nach Hause zu nehmen, aber ich möchte es auch nicht einfach wegwerfen und packe es in die beiden blauen Säcke, in den einen das hölzerne Gerüst, in den anderen die schwere Bootshaut. Der Schlafsack und das Zelt, die schmutzigen Sachen und alles andere kommt in den Rucksack. Nach einer Stunde bin ich fertig, setze den Rucksack auf und nehme den einen Packsack in die linke, den anderen in die rechte Hand. Ich kann kaum stehen, so schwer ist das Gepäck, und Schweiß läuft mir über die Stirn.

So schaffe ich das nie, denke ich, trage zuerst den Rucksack hundert Meter weit bis zur nächsten Kreuzung und hole dann die Säcke nach. Selbst auf diese Weise ist das Gepäck beinahe zu schwer, aber nach einer Weile gelange ich so an eine Bushaltestelle.

Bald darauf kommt ein Bus und ich steige ein. Der Fahrer schaut mit großen Augen auf das Gepäck und als ich einen Fahrschein bei ihm kaufen möchte, winkt er lachend ab und deutet auf einen der Sitze.

An einer großen Kreuzung dreht er sich um.

»Bahnhof?«, fragt er auf Deutsch.

»Ja«, sage ich und nicke.

»Nyugati«, sagt er, »Straßenbahn, Linie 6«, und deutet auf eine Haltestelle.

Ich steige aus und warte auf die Bahn.

Als sie kommt und sich die Türen öffnen, werfe ich das Gepäck hinein. Der Rucksack landet neben den Packsäcken und die Tür schließt sich. Die Bahn fährt los und ich stehe schreiend und gestikulierend neben dem Gleis. Sie hält wieder an und die Türen öffnen sich erneut, ich springe hinein und lasse mich auf einen Sitz fallen.

Am Bahnhof steige ich aus und schleppe die Säcke zum Schalter, stehe eine Weile an und dann druckt mir die Frau hinter dem Tresen die Verbindung aus. Der ICE über Wien, München und Nürnberg kostet 42 500 Forint. Das sind hundertachtzig Euro, aber ich habe nur noch hundert Euro und eine Hand voll Forint einstecken und das Konto ist leer.

»Und über Bratislava, Prag und Dresden?«, frage ich sie.

»Keleti«, sagt die Frau und zuckt die Achseln.

Ich fahre zum Bahnhof Keleti.

Schwitzend und keuchend stehe ich am Schalter und lasse mir die nächste Verbindung ausdrucken. Der EC über die Slowakei und Tschechien kostet 23 500 Forint.

»Kann ich in Euro bezahlen?«, frage ich.

Die Frau schüttelt den Kopf und deutet auf eine Wechselstube in der großen Bahnhofshalle. Dort zeige ich meinen Schein und der Mann tippt Zahlen in einen Taschenrechner und hält ihn mir dann entgegen. Auf dem Display steht 22 500.

Ich schüttle den Kopf, lasse mein Gepäck in einer Ecke stehen und gehe vor die Tür. Gegenüber dem Bahnhof ist eine Bank und ich gehe hinein, zeige meinen Schein und der Mann tippt Zahlen in einen Taschenrechner und hält ihn mir dann entgegen. Auf dem Display steht 23 500.

Ich nicke zufrieden und gebe ihm den Schein, nehme das Geld entgegen und gehe zurück in den Bahnhof, kaufe mir eine Fahrkarte und eine Flasche Wasser, sitze ein paar Stunden auf einer Bank vor den Gleisen und sehe den Reisenden zu. Züge fahren ein und

Menschen hasten über den Bahnsteig, sie kommen und gehen, steigen ein und aus, werden begrüßt und verabschiedet.
Am Abend kommt der Zug und ich bin so erschöpft, dass ich schnell einschlafe auf meinem Sitz und nur ab und an erwache, kurz aus dem Fenster sehe und die Augen wieder schließe.
Am frühen Morgen steige ich in Prag um, zwei Stunden darauf noch einmal in Dresden und in Leipzig steige ich in die Straßenbahn.
Eine Viertelstunde später bin ich zu Hause, lasse mich in den Sessel fallen und sehe die Post durch.
Rechnungen, Werbezettel und Zeitungen, und ich habe den Eindruck, dass mich all das irgendwie noch gar nichts angeht.

Sommer 2010

Ungarn
Budapest
(km 1645)
Nagytétény
Lórév
Dunaújváros
Harta
Ordas
Paks
Tisza
Baja
Serbien
Mohács
Bezdan
Apatin
Drava
Aljmaš
Dalj
Borovo
Vukovar
Bačka
Palanka
Novi
Sad
Ilok
Neštin
Sremski
Karlovci
Kroatien
Belgrad (km 1170)
Zemun
Ritopek
Smederevo
Ram
Veliko
Gradište
Moldova
Veche
Golubac
Dobra
Lepenski
Vir
Sava
Morava
Bosnien-
Herzegowina
Serbien
50 km
100 km

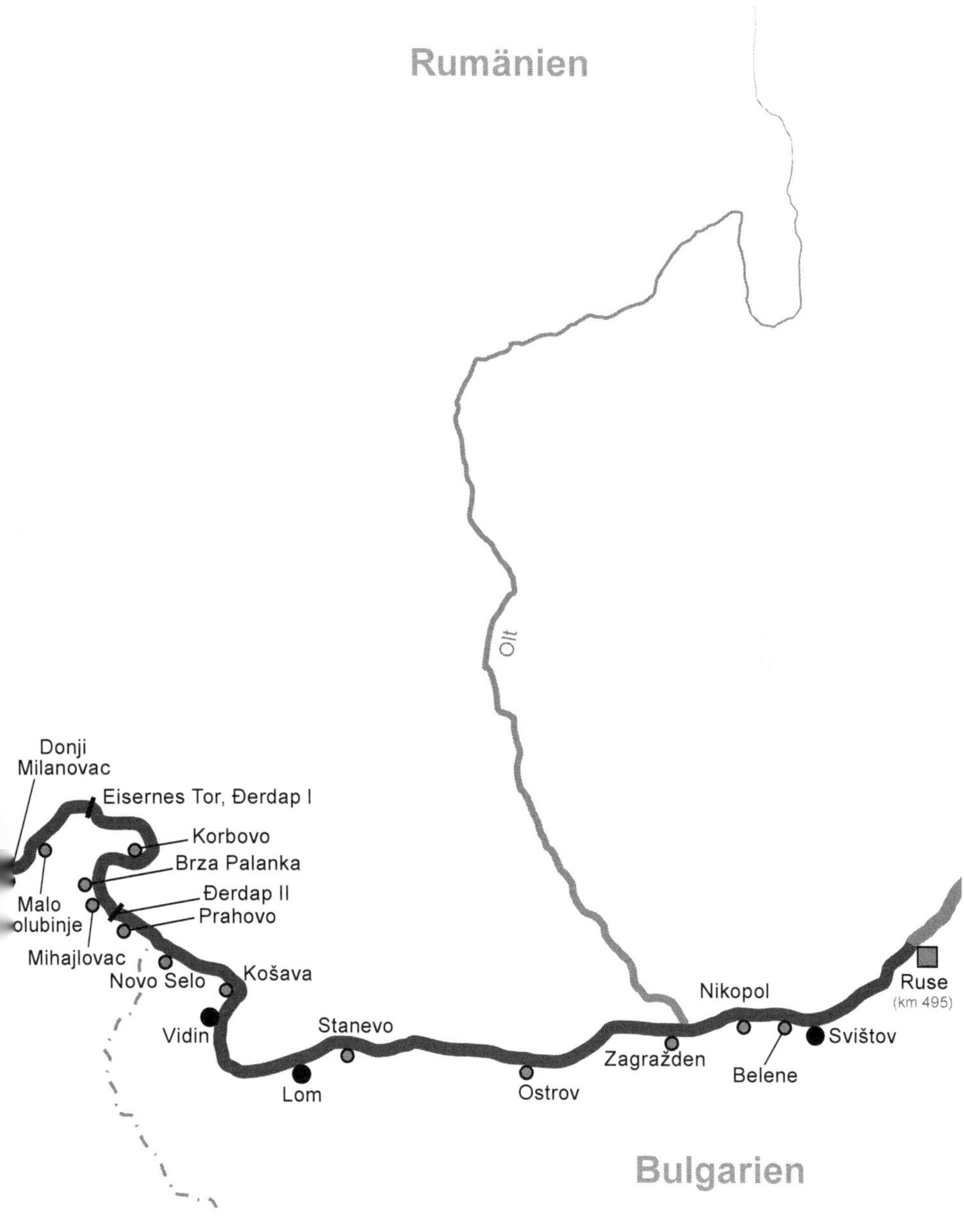

Rumänien
Olt
Donji
Milanovac
Eisernes Tor, Đerdap I
Korbovo
Brza Palanka
Malo
olubinje
Đerdap II
Prahovo
Mihajlovac
Novo Selo
Košava
Vidin
Stanevo
Lom
Ostrov
Zagražden
Nikopol
Belene
Svištov
Ruse
(km 495)
Bulgarien

Das Boot steht in den Packsäcken auf halber Treppe in der Abstellkammer. Einen Winter, einen Sommer und noch einen Winter, und als die Tage wieder länger werden, sitze ich irgendwann an einem klaren und sonnigen Frühlingsnachmittag in der Straßenbahn, fahre über die Brücke und sehe hinab zum Elsterflutbecken, wo sich der blaue Himmel in den Wellen des Wassers spiegelt. Ein Graureiher fliegt auf und mit einem Male denke ich wieder an die Donau, ich möchte wieder auf dem Wasser sein und weiterfahren, immer weiter, bis ans Meer.

Zu Hause gehe ich in die Kammer und trage die verstaubten Säcke in die Wohnung, nehme den Wasserwanderführer aus dem Regal, setze mich in den Sessel und lese.

Dann nehme ich die gebrochenen Spanten und die kaputte Leiste, schreibe mir die Maße auf und gehe in den Baumarkt, kaufe ein paar stabile Sperrholzbretter und schneide sie in einer kleinen Holzwerkstatt in der Nachbarschaft zu, bohre die entsprechenden Löcher hinein und passe die metallenen Ösen und Haken ein, lackiere die fertigen Teile und das Ergebnis sieht ganz gut aus, wie ich finde.

In der Woche darauf kaufe ich zwei Meter festen Baumwollstoff und schneide ihn zu, setze mich an die Nähmaschine und ersetze damit die löchrigen Bahnen links und rechts des Sitzes.

Anfang Juli sitze ich auf der Wiese hinter der Oper. Es ist warm in der Nachmittagssonne und ich habe mich in den Schatten der Bäume gesetzt, Autos fahren vorüber und Straßenbahnen und um fünf vor sechs kommt der Bus aus Berlin. Er ist fast leer, das Ticket kostet lediglich sechzig Euro und er bringt mich, ohne dass ich auch nur einmal umsteigen müsste, von Leipzig nach Budapest.

Ich sitze im Bus und sehe aus dem Fenster, es ist früher Abend, die Bäume am Straßenrand haben schon lange Schatten und ich fühle mich plötzlich ein bisschen verloren und allein. Fünf Wochen paddeln, zelten, alleine sein, ohne Dusche, ohne Toilette und ohne Bett. Schon morgen werde ich nicht wissen, wo ich am Abend mein Zelt aufbauen kann, und ich werde nur mit dem auskommen müssen, was ich dabeihabe, nur mit dem, was in mein kleines Boot hineinpasst, und das ist nicht viel.
Ich werde wieder abhängig sein vom Wetter, von der Strömung und vom Fluss. Abhängig von den Menschen, denen ich begegnen werde und in deren Dörfern und Städten ich zelten möchte, in Ländern, deren Sprache ich kaum oder gar nicht spreche.
Heute schlafe ich im Bus, aber was ist morgen und übermorgen und all die vielen Nächte in den nächsten Wochen? Ich komme mir sehr klein vor und ein bisschen größenwahnsinnig, doch nun gibt es kein Zurück mehr und ich freue mich ja auch, aber das macht die Angst nur ein bisschen kleiner.
Um neun Uhr erreicht der Bus die tschechische Grenze, draußen dämmert es und neben der Straße fließt die Elbe. Sie sieht auch nicht viel anders aus als die Donau, nur ein bisschen schmaler, und beim Anblick des fließenden Wassers bekomme ich plötzlich Lust, wieder im Boot zu sein und auf dem Fluss.
Um Mitternacht erreichen wir Prag. Die Altstadt und der illuminierte Hradschin sind nur für kurze Zeit zu sehen und der Bus fährt weiter über Stadtautobahnen, vorbei an Neubauten aus Stahl und Beton mit Glasfassaden. Reklametafeln am Straßenrand zeigen nicht einfach nur Bilder. Es sind tatsächlich Flachbildschirme, vielleicht vier mal sechs Meter groß, auf denen Werbeclips laufen.
Dann schlafe ich ein bisschen, so gut das eben geht im Sitzen, und gelegentlich wache ich auf, ohne erkennen zu können wo wir sind.

Um fünf Uhr morgens hält der Bus in Budapest. Das ist eine Stunde früher als im Fahrplan steht.

Ich verabschiede mich von den beiden Fahrern und wünsche ihnen einen schönen Feierabend, doch die winken nur ab.

»Um sieben geht es weiter nach Krakau, wieder sieben Stunden, und dann erst ist Schluss für heute.«

Deswegen sind wir also so früh angekommen, denke ich. Sie haben sich beeilt, um sich für die nächsten zwei Stunden noch einmal kurz hinlegen zu können.

Neben dem Busbahnhof stehen ein paar Taxen. Ich gehe zum ersten Wagen, zeige meinen Ausdruck des Stadtplans mit dem unterstrichenen Straßennamen und der Fahrer sieht sich den Bogen an.

»Kann ich mit Euro bezahlen?«, frage ich ihn und er nickt.

»Und was kostet das?«

Der Mann kratzt sich am Kinn und überlegt.

»Die Nánási út, das ist im III. Bezirk, vielleicht vierzig Euro. Nun, vielleicht auch nur dreißig«, sagt er, als er meinen erschrockenen Gesichtsausdruck sieht.

Das ist zwar viel mehr als ich gedacht hatte, aber ohne Taxi bekomme ich das Gepäck ohnehin nicht durch die Stadt, denke ich und lege die Packsäcke in den Kofferraum, den Rucksack auf die Rückbank und nehme auf dem Beifahrersitz Platz.

Es ist ein Samstagmorgen um kurz nach fünf und die Stadt schläft noch, die Straßen sind menschenleer und kaum ein Auto ist unterwegs. Die Sonne geht auf, wir fahren in Richtung Westen über eine vierspurige Straße und immer wieder schaue ich auf das Taxameter, auf dem die Zahlen beängstigend schnell steigen.

Der Weg ist viel länger als ich dachte, und so stehen am Ende 14 500 Forint auf dem Taxameter. Der Fahrer nimmt einen Taschenrechner,

teilt die Summe durch 250 und zeigt mir dann das Ergebnis: 58 Euro. Ich protestiere ein wenig, doch nur halbherzig, denn den genauen Kurs kenne ich auch nicht. Ich glaube zwar, vor ein paar Tagen etwas von knapp 300 Forint pro Euro gelesen zu haben, aber er lässt sich auf keine Diskussionen ein und ich gebe ihm sechzig Euro.
Das Taxi fährt davon.
Ich trage die Säcke ans Ufer und bin jetzt an der Donau, ziemlich genau am Kilometer 1 657, setze mich ans Ufer, rauche eine Zigarette und schaue über den Fluss.
Ein Kiesstrand unter Bäumen, zwischen den Steinen liegen Muscheln und Glasscherben, ein paar zerdrückte Plastikflaschen und ein kaputtes, hölzernes, gelbes Kajak.
Über dem linken Ufer geht die Sonne auf, das Wasser fließt schnell an mir vorüber und ich möchte wieder mittreiben mit ihm, mitschwimmen, mit ein paar Paddelschlägen vorankommen und sehen, was sich hinter der nächsten Flussbiegung verbirgt. Meine gestrige Angst kommt mir lächerlich vor. Es ist früh am Morgen und der ganze Tag liegt vor mir, ich bin in Budapest, ich habe fünf Wochen Urlaub und einen Zeltplatz, den werde ich schon finden. Fünf Wochen. Mehr als doppelt so lange habe ich mich schon auf diesen Moment gefreut, denke ich, und nun bin ich tatsächlich hier.
Ein leises Summen stört die Idylle und eine Mücke setzt sich auf meine Stirn, ich schlage zu und erwische sie, aber nach wenigen Sekunden schon kommt die nächste angeschwirrt. An diesem Ufer wimmelt es von Mücken! Ich springe auf und packe die Säcke aus. Ich beeile mich das Boot aufzubauen, und nach einer Stunde bin ich fertig, dann ist auch das Gepäck verstaut und ich bin ziemlich zerstochen.
Ich steige ins Boot und stoße mich vom Ufer ab, fahre einen kleinen Halbkreis und dann treibe ich mit dem fließenden Wasser nach Süden.

Auf dem Fluss gibt es keine Mücken, die sitzen nur im Unterholz, und ich greife ins Wasser und kühle mit der nassen Hand die Stiche. Die Stadt kommt langsam näher und hinter der Eisenbahnbrücke kann ich im Morgendunst schon die Silhouette des Parlamentsgebäudes am linken Ufer erkennen.

Die Füße ruhen auf den Pedalen, die das Ruder steuern, und vor mir liegt der Fotoapparat in seiner Tasche, darauf der Wasserwanderführer und daneben die Karte »Donauradweg Teil 4: Von Budapest zum Schwarzen Meer«, denn im Wasserwanderführer gibt es nur bis zur ungarisch-kroatisch-serbischen Grenze grobe Skizzen des Flussverlaufs. Danach werden die Beschreibungen immer kürzer und die letzten tausend Flusskilometer werden auf lediglich vierzig der 430 Seiten abgehandelt. Ohne die Karte würde ich vielleicht an hinter Bäumen versteckten und etwas landeinwärts gelegenen Ortschaften vorbeifahren, ohne auch nur zu ahnen, dass ich hier anlegen, zelten oder einkaufen könnte.

Links und rechts des Sitzes liegt je eine Wasserflasche, links eine Tüte Haselnüsse und eine mit Rosinen, das ist mein Müsli für unterwegs, und rechts vom Sitz das Fernglas, denn mittlerweile ist der Fluss so breit, dass mit bloßen Augen die Schilder mit der Flusskilometrierung am anderen Ufer nicht mehr lesbar sind, daneben die Sonnencreme und eine leere Plastikflasche, der ich das obere Ende abgeschnitten habe. Meine Ente. Ich kann schließlich nicht immer ans Ufer, wenn ich mal muss.

Die Packsäcke stecken im Bug und im Heck des Bootes, auf dem freien Vordersitz liegt die Tüte mit den Lebensmitteln und den Taschenwörterbüchern: Ungarisch, Kroatisch, Bulgarisch und Rumänisch, und das Handy in der Hosentasche ist meine Uhr und mein Wecker.

Langsam erwacht die Stadt. Der Verkehr auf den Straßen am Ufer nimmt zu und der auf dem Wasser. Frachtkähne, Ausflugsdampfer und Kreuzfahrtschiffe. Der Fluss ist in etwa fünfhundert Meter breit in Budapest und so sind die Wellen der großen Schiffe nur noch recht klein, wenn sie mein Boot erreichen, und lassen mich nur ein bisschen schaukeln.

Die Sonne steht im Zenit, ich habe Budapest schon eine ganze Weile hinter mir gelassen und bin hundemüde nach der unbequemen und kurzen Nacht im Bus. Es ist heiß und ich paddle nicht mehr, sondern lasse mich treiben, und immer wieder wollen mir in der Mittagshitze die Augen zufallen.

Ein Sportruderer überholt mich und fährt ans rechte Ufer.

Ich sehe in die Karte. Hier muss Nagytétény sein. Die Kilometrierung ist nur noch lückenhaft, mal steht ein Schild mit weißer Zahl auf schwarzem Grund am Ufer, mal nicht, aber ich habe die Zeit gestoppt, die zwischen zwei vorhandenen Schildern vergeht, und weiß, dass ich in der Stunde ungefähr acht Kilometer fahre. Mit vier Stundenkilometern fließt der Fluss und die anderen vier schaffe ich mit Paddeln.

Ich folge dem Ruderer und finde in einer Bucht einen Steg, lege an und klettere aus dem Boot, gehe die Treppe das steile Ufer hinauf und nach ein paar hundert Metern finde ich ein Einkaufszentrum und hebe an einem Bankautomaten Forint ab.

Das Einkaufszentrum sieht auch nicht anders aus als seine Pendants in Deutschland. Ein neues Gebäude aus Backsteinen, darin ein Supermarkt und etliche kleinere Geschäfte, ein Blumenladen, eine Apotheke und eine Bankfiliale. Der einzige Unterschied zu den Leipziger Leutzsch-Arkaden sind die ungarischen Beschriftungen, die ich nicht verstehe, und dass rings um mich ungarisch gesprochen wird. Aber ich suche mir zusammen, was ich brauche, Tomaten und

Paprika, Pfirsiche, Brot und Wasser, und an der Kasse schaue ich auf die Preisanzeige, reiche der Verkäuferin die Scheine und lasse mir das Wechselgeld geben.
Mit den Tüten gehe ich zurück zum Boot und hoffe, dass es noch da ist. Aber wer sollte schon mein altes Boot klauen?
Natürlich liegt das Boot noch am Steg als ich zurückkomme.
Südlich von Budapest fahren kaum noch Schiffe. Nur etwa jede Stunde kommt mir ein Dampfer entgegen oder überholt mich.
Ein Lastkahn aus Nijmegen hat neben der ungarischen Flagge am Bug und der niederländischen am Heck auch noch die Pace-Regenbogenfahne, das internationale Erkennungszeichen der Pazifisten, auf der Brücke gehisst. Ich schwenke meinen Strohhut zum Gruß und der Kapitän hebt seine Hand und winkt zurück.
Links ist das Land flach und rechts gibt es anfangs Steilufer, bis auch hier die Hügel kleiner werden. Selten einmal taucht eine Ortschaft auf, meist verdecken Bäume die Sicht und ich kann nicht sehen, ob es nicht vielleicht nur ein schmaler Streifen Wald am Ufer ist und was sich möglicherweise dahinter verbirgt.
In den Bäumen sitzen Graureiher und kleine, weiße Seidenreiher, gelegentlich stehen Störche am Ufer und auf den Bojen und den angeketteten Schubleichtern, die in Ufernähe liegen, hocken Möwen und Kormorane.
Am Abend erreiche ich nach fast sechzig Kilometern Lórév. Neben der Fähranlegestelle erstreckt sich ein schmaler Sandstrand vor ein paar Bäumen und einer großen Wiese.
Das ist ein schöner Platz zum Anlegen, denke ich und fahre ans linke Ufer, steige aus und ziehe das Boot ein Stück den Strand hinauf. Schon währenddessen fallen die Mücken über mich her. Ich schlage um mich, aber das ist völlig sinnlos und so winde ich nur das Seil

um einen Baum, binde einen Knoten und renne dann so schnell ich kann in die kleine Kneipe auf der Wiese. Der Besitzer hat einen Vorhang aus Stoffstreifen an der Tür angebracht und im Raum gibt es keine Mücken.
Ein paar Männer sitzen beim Bier, wir kommen ins Gespräch und ich lerne mein erstes ungarisches Wort auf der Reise. Szúnyog, Mücke. Und ja, natürlich dürfte ich auf der Wiese hinter der Kneipe zelten, das sei kein Problem, sagt der Mann hinter dem Tresen.
Doch dazu muss ich wieder hinaus zu den Mücken. Ich laufe zum Boot, ziehe die Packsäcke heraus und renne mit ihnen auf die Wiese, lasse sie fallen und habe nun wieder beide Hände frei, Mücken zu erschlagen. Ich flüchte zum Fluss. Am Wasser in der Abendsonne ist es zwar etwas besser als auf der schattigen Wiese, aber auch dort gehe ich schnell auf und ab und schlenkere mit den Armen, was ein wenig hilft.
Ich muss das Zelt aufbauen, daran führt jetzt kein Weg vorbei, und ich hole es, laufe damit zum Ufer und baue es hier auf, immer wieder unterbrochen durch ein wildes Herumfuchteln und Mückentotschlagen. Dann trage ich es zurück auf die Wiese, pflocke es schnell mit vier Heringen fest und renne zurück in die Kneipe.

»Es hat Hochwasser gegeben vor etwa einem Monat«, erklärt mir einer der Männer. Der Fluss sei weit über die Ufer getreten und in den Millionen kleiner Seen hätten die Mücken geradezu paradiesische Fortpflanzungsmöglichkeiten gefunden. Seitdem litten die Flussanrainer unter einer gewaltigen Mückenplage, aber man dürfe kein Gift mehr versprühen, wie man das früher in solchen Situationen getan hätte. Das, so sagt er, verbieten die Gesetze der Europäischen Union, deren Mitglied Ungarn seit dem ersten Mai 2004 ist. Man könne also nur abwarten und Bier trinken.

Das fängt ja gut an, denke ich, bestelle mir ein Bier und halte die kühlschrankkalte, beschlagene Flasche an die schmerzende Stirn.
Um acht schließt die Kneipe und ich renne zurück zum Zelt, springe hinein und schließe das Moskitonetz hinter mir so schnell es geht. Trotzdem haben es etliche Mücken geschafft, mit mir hineinzukommen, aber nach und nach schlage ich sie alle tot und kann nun endlich Abendbrot machen.
Es ist noch hell. Den ganzen Tag lang hatte ich mir immer wieder vorgestellt, wie ich am Abend am Ufer sitzen werde, auf den Fluss sehe, etwas esse und einen Wein trinke. Stattdessen hocke ich jetzt im Zelt wie in einem Gefängnis, am Fliegengitter sitzen – ich zähle einmal durch – 54 Mücken und ich bin völlig zerstochen. Da schmeckt mir auch der Wein nicht mehr und nach einem halben Becher stecke ich den Korken wieder in die Flasche und lege mich hin, mache die Augen zu und schlafe kurz darauf ein.

Am Morgen scheint die Sonne auf das Zelt und ich krieche vorsichtig hinaus.
Die Mücken haben sich in den Schatten zurückgezogen.
Ich fahre weiter und nach zwei Stunden erreiche ich Dunaújváros, lege am Bootssteg an und spaziere durch die Stadt. Es ist Sonntag, alle Geschäfte sind geschlossen und auch die Apotheke hat nicht geöffnet. Nirgendwo gibt es Mückenspray zu kaufen.
Nach einer Weile gehe ich zurück zum Fluss und fahre weiter.
Ein Motorboot kommt mir entgegen, gesteuert von einem Mann in Badehose, und eine junge Frau in Bikini und mit roten Zöpfen sitzt vorn auf dem Bug und lässt sich chauffieren. Das Boot verlangsamt seine Fahrt und die Frau ruft mir etwas zu. Ich sage, dass ich kein Ungarisch verstehe, und sie fragt mich auf Deutsch, woher ich komme und wohin ich fahre.

»Aus Budapest und immer flussabwärts«, antworte ich.

»Viel Glück!«, ruft sie und winkt mir zu.

Dann gibt er Gas und sie fahren weiter.

In Harta, dem nächsten Ort, suche ich wieder einen Laden. Aber es ist immer noch Sonntag und auch hier hat nur der Kiosk am Strand geöffnet, an dem Kaffee, Bier und Cola verkauft wird, aber kein Wasser. Ich gehe zu der Toilette neben dem Kiosk, einer Bude aus Wellblech, und finde einen Wasserhahn. Misstrauisch koste ich das Wasser, aber es ist kalt und klar und schmeckt gut. Ich weiß, man sollte das vielleicht nicht tun, aber nirgendwo kann ich Wasser kaufen und ich brauche am Tag mindestens drei bis vier Liter. Paks, die nächste größere Stadt, liegt noch fünfzehn Kilometer flussabwärts und ich werde sie heute nicht mehr erreichen. Also befülle ich meine Flaschen und fahre weiter.

Am Abend lege ich bei Ordas an einer schmalen, steinernen Treppe am Fuße eines mit Gras bewachsenen Dammes an und klettere hinauf. Zwei alte Frauen und ein Mann sitzen auf einer Bank und unterhalten sich. Als sie mich kommen sehen, unterbrechen sie ihr Gespräch und schauen mich neugierig an. Ich erkläre ihnen, dass ich mit dem Boot unterwegs bin, aber sie sprechen weder Englisch noch Deutsch, und so frage ich, mit Händen und Füßen und ein paar ungarischen Worten, ob ich hier zelten dürfte, und sie nicken.

Der Damm scheint ein beliebtes Ziel für Abendspaziergänger aus dem nahegelegenen Dorf zu sein, immer wieder kommen Leute vorbei und ein Junge von etwa sechs Jahren läuft zu mir und möchte ein Gespräch beginnen. Ich sage erst auf Ungarisch, dass ich ihn nicht verstehe, und dann auf Deutsch, dass ich seine Sprache nicht spreche, aber auch das stört ihn überhaupt nicht und er erzählt weiter und leckt zwischendurch an seinem Eis, bis ihm das Ganze dann doch zu langweilig wird und er zurückgeht zu seinen Eltern.

Ich hole die Packsäcke aus dem Boot und baue das Zelt auf, setze mich auf eine Bank, esse und sehe über den Fluss. Die Sonne steht schon tief im Westen, die Mücken kommen und ich flüchte ins Zelt.

In der Apotheke von Paks gibt es drei verschiedene Sorten Mückenspray und auf keiner kann ich die Beschriftung lesen. Nach langem Überlegen entscheide ich mich für die Flasche, auf der die Mücke am schönsten gemalt ist, und fahre weiter.
Die Radwanderkarte, die auf der Umschlagseite damit wirbt, »exakte topographische Landkarten« zu enthalten, enttäuscht ein wenig, was die Inseln im Fluss angeht. Manchmal sind sie ein paar Kilometer abseits ihrer tatsächlichen Lage eingezeichnet, manchmal fehlen sie ganz und gelegentlich sind Inseln verzeichnet, wo keine sind. Aber es ist ja auch eine Radwanderkarte und was gehen einen Radfahrer schließlich die Inseln an?
Der Fluss wird immer breiter und strömt weit durch flaches Land, links liegen einige Inseln mit feinem, weißem Sandstrand und auf einer der Inseln packen zwei Kanuten ihre Boote.
Nach einer Stunde sehe ich hinter mir die beiden Kajaks. Es sind die ersten Wasserwanderer, denen ich begegne, ich paddle nicht mehr und lasse mich einholen.
Georg ist etwa Mitte vierzig, Hanns-Michael vielleicht zehn Jahre älter und sie kämen aus Stuttgart, wie sie sagen.
Georg reicht mir ein Büchse Bier und ich revanchiere mich mit einer Zigarette.

»Wir sind Ende Mai, vor mehr als sechs Wochen, in Donaueschingen gestartet und haben für unsere Reise drei Monate Urlaub genommen«, sagt Georg.
Braungebrannt sind sie und ihre Arme muskulös.

»Vier Jahre haben wir dafür gespart. Wir haben eine Leinwand dabei, die ›Donaurolle‹, und in den Städten längs des Flusses treffen wir uns mit Künstlern, die jeweils ein Stückchen Leinwand bemalen«, sagt Georg. »Die nächsten Stationen sind Mohács und Vukovar, wo wir mit ungarischen und kroatischen Künstlern verabredet sind, Ende August wollen wir in Sfântu Gheorghe am Schwarzen Meer ankommen und dort noch eine Weile bleiben, bevor wir wieder zurück nach Hause fahren.«

Sie sind gut ausgerüstet und haben jeder ein eigenes Kanu, ganz aus Gummi, mit einem Aluminiumgestänge im Innern.

»Ein russisches Fabrikat«, sagt Georg, »sehr zuverlässig.«

Auf das Heck haben sie je einen Bootswagen geschnallt und vor Georg liegt ein kleines Paneel mit Solarzellen. Damit betreibt er ein Radio und aus den Boxen kommt leise Musik.

»Wir lassen uns Zeit«, sagt er. »Am Tag fahren wir nicht mehr als dreißig Kilometer und wir bleiben auch immer ein bis zwei Tage in den Städten, verbringen Zeit mit den Künstlern und lassen uns die Stadt zeigen.«

»Wie kommt ihr eigentlich mit den Mücken zurecht?«, frage ich sie.

»Wir haben Autan dabei«, sagt Hanns-Michael. »Das ist ganz gut. Das Hochwasser haben wir in Bayern und Österreich erlebt. Zwei Wochen lang hat es nur geregnet und Ende Juni kamen dann die Mücken. Aber wenn wir nicht in einer Stadt übernachten, zünden wir am Abend als erstes ein Feuer an, das hilft auch.«

Danach verabschieden wir uns und ich versuche zügig voranzukommen, denn von Norden ziehen dunkle Wolken auf. Aber so sehr ich mich auch bemühe, der Wind und die Wolken sind schneller und bald fallen die ersten Tropfen.

Ich schließe die Spritzdecke und ziehe das Regencape über. Wieder ist es ein ganz gewöhnliches Plastikregencape für einen Euro, das aber den Regen gut abhält. Nur ab und an, wenn sich in einer Falte unbemerkt eine Pfütze gebildet hat, die zu schwer wird, ergießt sich ein Schwall Wasser auf die Hose und das Sitzkissen.

Es ist ein kurzer, kräftiger Sommerregen und die Donau wird hell, weiß und silbrig. Der Regen rauscht nieder, ich höre nichts mehr als das weiche, gleichförmige Aufschlagen der Tropfen und sehe nichts mehr als das Grau des Horizonts, in dem die Ufer wie in einem Nebel verblassen.

Die Luft hat sich abgekühlt und nach einer Stunde beginne ich zu frieren, aber da lässt der Regen auch schon nach, ich erreiche Mohács und lege am Steg eines Ruderklubs an.

Mohács, km 1 448, ist die letzte ungarische Stadt vor der Grenze.

Im Warteraum der Polizeistation läuft ein Fernseher. Ich verstehe nicht, worum es geht, aber es sieht alles auch nicht viel anders aus als im deutschen Nachmittagsfernsehen. Schnelle Schnitte und aufgeregte Sprecher, kurze Interviews und Szenen, die sich bemühen, spektakulär auszusehen. Nach einer Stunde kommt ein Polizist zu mir.

»Kommen Sie bitte morgen früh wieder, wir öffnen um acht«, sagt er. »Jetzt ist niemand mehr da.«

»Ist das wirklich nötig?«, frage ich ihn und er sieht mich streng an.

»Sie dürfen keinesfalls ohne Kontrolle das Land verlassen«, sagt er. »Das ist verboten. Morgen früh um acht wird dann alles geregelt.«

Ich gehe zurück an den Steg und hole meine Sachen aus dem Boot.

Ein paar Kinder tragen Ruderboote die steile Treppe zum Haus hinauf, an dem ihr Trainer steht, und ich frage ihn, ob es vielleicht möglich wäre, im Haus zu duschen. Er nickt und führt mich in den Waschraum.

Wieder ist es meine erste Dusche seit fünf Tagen.

Danach setze ich mich auf eine Bank und nehme den Wasserwanderführer und die Radwanderkarte aus dem Rucksack.
Noch vierzehn Kilometer, dann ist das rechte Ufer kroatisch, das linke serbisch und ich weiß nicht, was mich erwarten wird. Im Wasserwanderführer gibt es nun keine Flussverlaufsskizzen mehr und der Radwanderweg verläuft ab und an ein Stück abseits der Donau und die Karte zeigt nicht immer den Fluss.
In beiden Büchern lese ich mir die allgemeinen, landeskundlichen Informationen durch. Der Radwanderführer schreibt im Abschnitt Kroatien »Achtung! Nicht vom Weg abweichen, hier sind immer noch Landminen vergraben! Warnschilder bitte unbedingt beachten!«
Das kann ja heiter werden, denke ich und ärgere mich, dass im Wasserwanderführer nichts dergleichen steht. Das ist doch wichtig!
Stattdessen lese ich »Alt-Serbien: Lage zwar ruhig, als Deutscher und Österreicher ist man dort aber nicht gerne gesehen, da diese beiden Staaten die Abtrennung Bosnien-Herzegowinas vom jugoslawischen Staatsverband unterstützen. Von einer Einreise ist daher eher abzuraten. [...] Beim Betreten von Sperrbezirken, die als solche oft nicht zu erkennen sind, hat man mit ernstlichen Schwierigkeiten zu rechnen. Als Sperrgebiete sind sämtliche Gebiete in Grenznähe zu betrachten. Es ist daher unmöglich, einen Fluss zu befahren, der die Grenze gegen ein Nachbarland darstellt. [...] Im Süden des Landes sind die Einwohner sehr arm, Betteln und auch Diebstahl sind sehr häufig. [...] In Jugoslawien besteht die Pflicht, sich täglich polizeilich zu melden. Da dies auf Flussfahrten oft nicht möglich ist, ist theoretisch damit auch das freie Zelten verboten. Die Praxis ist allerdings weitaus freundlicher. Man ist allerdings etwas vom guten Willen und der Laune des einzelnen Polizisten abhängig. Unbedingt wichtig ist daher, jedes Aufsehen zu vermeiden.«

Es ist unmöglich, Grenzflüsse zu befahren? Die Donau ist über 138 Kilometer der kroatisch-serbische und über 230 Kilometer der serbisch-rumänische Grenzfluss. Nur auf einer Länge von 220 Kilometern sind beide Ufer serbisch. Wie soll das gehen?
Ich beschließe, die Landesinformationen im Wasserwanderführer für vollkommen veralteten Blödsinn aus den Neunzigern zu halten, der wahrscheinlich schon damals nicht gestimmt hat, und wer weiß, von welcher obskuren Internetseite sie diesen Quatsch abgeschrieben haben. Es wird schon irgendwie gehen, denke ich, ist es doch bisher auch immer irgendwie gegangen.

Am Morgen, pünktlich um acht, bin ich wieder in der Polizeistation, nehme im Wartezimmer Platz und langweile mich. Der Fernseher ist heute aus.
Hoffentlich wird das nicht an jeder Grenze ein solch umständliches Prozedere, denke ich, und nach einer Stunde kommt ein Polizist und gibt mir mit Handzeichen zu verstehen, dass ich ihm folgen soll.
Wir gehen die Treppe hinunter und auf dem Hof steigen wir in einen Polizeiwagen, in dem sein Kollege schon wartet. Ich nehme auf der Rückbank Platz und sie fahren mich zur Grenzpolizei, etwa fünf Kilometer außerhalb der Stadt.
Es ist ein Neubau, errichtet mit Mitteln der EU, wie ein Schild am Zaun verkündet, die Flure sind weiß gestrichen und es ist hell und freundlich und modern. An einer Wand hängt eine große Karte des Flusssystems der Donau, verschiedensprachige Faltblätter liegen aus und ich nehme mir eins, auf dem »Polizeiraten für Turisten« steht. Ein lustiges Spiel, denke ich, und das hier, würde ich tippen, ist die Grenzpolizei. Aber in dem Faltblatt stehen dann doch keine Rätsel, sondern Hinweise, in einem wunderbar verschwurbelten Deutsch,

dass man sich vor Taschendieben in Acht nehmen und einen eventuellen Verlust von Wertsachen umgehend der Polizei melden sollte. Dann geht alles recht schnell. Einer der Grenzer spricht Deutsch und will die Bootspapiere sehen.

»Was für Papiere?«, frage ich ihn. »Das Boot hat keine Papiere. Es ist klein und alt.«

Der Mann sieht mich an. Es ist ein Blick wie der, mit dem ein Hausmeister ein Kind ansieht, das mit seinem Fußball eine Scheibe zerdeppert hat und nun beteuert, unschuldig zu sein.

Ich schweige und zucke die Achseln.

Er seufzt.

»Hat das Boot Motor?«

»Nein«, sage ich, »es ist ein Paddelboot«, und bewege die Arme, als hielte ich ein Paddel in den Händen.

Der Mann winkt ab.

»Jaja, gut, danke. Der Name von Boot?«

Der Name? Was denn für ein Name? Es ist einfach nur ›das Boot‹, denke ich, aber um ihn nicht noch mehr zu verärgern, sage ich »Altes Geschöpf«.

»Altes Geschäft?«, fragt er, reicht mir ein Formular und zeigt auf das Feld, wo ich den Namen eintragen soll. Die Frage, ob ich irgendetwas zu verzollen hätte oder illegal Waffen oder Menschen transportieren würde, kann ich guten Gewissens verneinen, und er reicht mir meinen Pass.

»In Ordnung«, sagt er. »Gute Fahrt. Sie müssen nun umgehend das Land verlassen.«

»Sofort?«, sage ich und sehe ihn an. »Ich muss noch einkaufen, ich brauche Wasser und Lebensmittel.«

»Nein«, sagt er. »Sie verlassen jetzt auf direktem Wege Ungarn.

Sofort«, und er deutet auf die zwei Polizisten. »Die Kollegen bringen Sie zurück und dann packen Sie zusammen und fahren ohne jede Verzögerung los.«
Ich nicke, sie chauffieren mich zu meinem Zelt und einer der beiden zeigt auf seine Uhr. Eine Stunde hätte ich Zeit, dann müsste ich an der Polizeistation vorbeigefahren sein, und sie würden aus dem Fenster sehen und darauf achten, dass ich ihre Anweisungen auch befolge, erklärt er mir in Zeichensprache, hält ein imaginäres Fernglas vor seine Augen und deutet auf den Fluss. Dann steigen sie in ihr Auto und fahren davon.
Ich packe zusammen, trage die Säcke zum Boot und gehe in einen nahegelegenen Laden, kaufe ein, verstaue alles im Boot, das nun auch einen Namen hat, und fahre los.
An der Wache steht tatsächlich einer der beiden Polizisten mit Fernglas am Fenster. In fünf Minuten ist das Ultimatum, das sie mir gestellt haben, abgelaufen. Ich winke, er hebt die Hand zum Gruß und ich fahre weiter nach Südosten.
Zwei Stunden später, am Kilometer 1 433, steht rechts ein Schild mit dem kroatischen Wappen am Ufer. Links deutet nichts darauf hin, dass ich Ungarn verlasse. Die Grenze macht sich am serbischen Ufer nicht bemerkbar, es gibt keine Grenzstation und auch im Wasserwanderführer steht nicht, wann und wo man sich melden müsste. Ich werde es einfach in der nächsten Stadt versuchen, denke ich, vielleicht gibt es dort auch eine Grenzpolizei.
Bezdan liegt gleich hinter der Grenze am linken Ufer, aber der Ort scheint mir zu klein und ich fahre weiter.
Der große, orthodoxe Kirchenneubau in byzantinischem Stil steht direkt am Ufer auf einer kleinen Anhöhe vor Apatin und er sieht aus, als sei er weniger eine Kirche, sondern vielmehr ein Wahrzeichen

dafür, dass hier, am linken Ufer, das griechische, das orthodoxe Europa beginnt. Viel zu groß erscheint er mir und viel zu weit abgelegen von der Stadt, um allein eine Kirche zu sein.
Neben dem Hafen liegen ein paar Fischerboote am Strand. Ich lege an und binde das Boot an einen der Betonblöcke, in die ein eiserner Ring eingelassen ist und die zu diesem Zweck am Ufer zu liegen scheinen, und gehe in die Stadt.
Auf dem Hof einer Fabrik reiht sich LKW an LKW. Auf jedem von ihnen steht »Jelen Pivo«, Hirsch Bier. Jelen Pivo ist die größte Brauerei Serbiens. Jede dritte Flasche, die im Land getrunken wird, kommt aus Apatin und ich schlendere durch die Straßen.
Das also ist Serbien, denke ich. Es sieht auch nicht viel anders aus als in Ungarn, aber die Straßenschilder und alle anderen Beschriftungen sind wieder etwas lesbarer für mich und ich verstehe auch wieder etwas mehr als in Ungarn. Tschechisch und Kroatisch oder Serbisch sind zwar verschiedene Sprachen, aber es sind slawische Sprachen und viele Worte sind ähnlich. Oft kann man die gleiche Wurzel eines Wortes erkennen oder doch wenigstens erahnen und die Frage nach dem Weg oder dem nächsten Laden und sogar einfache Gespräche sind möglich, auch wenn ich tschechische Sätze spreche, die lediglich mit ein paar kroatischen oder serbischen und manchmal auch russischen Worten durchsetzt sind. Das muss für Kroaten oder Serben in etwa so klingen wie für einen Deutschen, den ein Niederländer in niederländischen Sätzen, in denen ein paar deutsche und englische Worte auftauchen, nach dem Weg fragt. Mit ein bisschen gutem Willen funktioniert das.
In der Innenstadt werden eine Bühne und Verkaufsbuden in der Fußgängerzone errichtet und Stände mit Waren bestückt. Es sieht ganz danach aus, als würde am Abend ein Fest stattfinden. An einem

Bankautomaten hebe ich Geld ab und kaufe an einem Kiosk Zigaretten. Die Schachtel »Drina« kostet umgerechnet achtzig Cent, Importzigaretten einen Euro und es fehlt der sonst überall in Europa übliche Warnaufdruck.

Eine Polizeistation sehe ich nicht. Die Visapflicht ist zwar abgeschafft, aber wahrscheinlich ist es trotzdem besser, seine Einreise zu melden, denke ich.

Vor einem Café setze ich mich in den Schatten, bestelle ein kleines Jelen Pivo und sehe mich um.

Die wenigen Nachrichten und Informationen, die ich zu Hause über Serbien lese, lassen das Land als kriminell und korrupt, als arm und gefährlich und eigentlich als unbereisbar erscheinen. Urlaub in Serbien? Das ist für die meisten Deutschen eine nahezu undenkbare Vorstellung. Gefährlich wie ein Urlaub im Irak oder in Somalia. Warum ist das eigentlich so? Im Jahre 2010 kamen gerade einmal eine Million ausländischer Besucher ins Land, von denen ein großer Teil ausgewanderte Serben mit nun fremden Pässen sein dürften, und ich sitze in Apatin unter einem Sonnenschirm, auf dem prangt eine Werbung wie zu Hause, ich trinke ein Bier und das ist alles nicht viel anders als in Leipzig. Die Fußgängerzone sieht aus wie in Grimma oder wie in jeder anderen, beliebigen deutschen Kleinstadt, es gibt Läden mit der neuesten Mode, mindestens fünf Banken mit Geldautomaten, Cafés und Lebensmittelgeschäfte. Wären die Beschriftungen nicht serbisch, zum Teil in lateinischen, zum Teil in kyrillischen Buchstaben, es könnte jedes andere europäische Land sein, in dem ich mich gerade befinde. Viele Familien sehe ich und auf den kleinen Elektroautos, die man mieten kann, sitzen Kinder und kurven herum. Die jüngsten sind gerade einmal zwei Jahre alt und die Väter und Mütter laufen neben ihnen her, sie steuern die Wagen und die Kinder gucken Löcher in die Luft.

In der Fußgängerzone stehen altmodische, bequeme Bänke mit gusseisernen, geschwungenen Beinen, dunkelgrün gestrichen, als würde die Stadt ihre Bewohner und Gäste einladen, sich hier, im Zentrum der Stadt, niederzulassen auf eine Rast und ein Gespräch, auf einen Moment der Ruhe und des Verweilens im Schatten der Bäume. Ich habe das Gefühl, dass es weniger und wenn, dann oft unbequemere, öffentliche Bänke gibt in Deutschland. Die Sessel der Cafés sind zwar gepolstert und weich, aber was ist, wenn ich keinen Kaffee trinken möchte oder wenn ich mir vielleicht gerade auch keinen Kaffee leisten kann?

Kein betrunkener, alter Mann durchwühlt die Papierkörbe von Apatin nach Pfandflaschen, kein bettelnder Rom sitzt am Straßenrand und auch kein Mensch spielt Akkordeon und hat einen Plastikbecher für Spenden vor sich stehen.

Ich trinke mein Bier, fühle mich recht wohl in Serbien und fahre nach einer Stunde weiter.

Ein paar Kilometer hinter Apatin liegt die Insel Varošviz.

Während des Hochwassers ist auch die Insel überschwemmt worden, das Ufer ist schlammig und ich versinke bis zu den Waden im grauen Schlick. Der Schlamm ist ganz weich und das Entladen des Bootes etwas schwierig.

Aber auf einer Anhöhe ist der Boden schon getrocknet und dort baue ich das Zelt auf. Es dämmert, Mücken umschwirren mich und ich nehme das Spray aus dem kleinen Rucksack. Das Zeug hilft. Es gibt eine ganze Menge Mücken hier in diesem sumpfigen Wald, aber nun nähern sie sich mir auf höchstens einen halben Meter. So lässt es sich aushalten, denke ich und esse mein Abendbrot, entkorke eine Flasche Rotwein, trinke und sehe über den Fluss.

Das Zelt steht am linken Ufer, so dass ich dem Sonnenuntergang zusehen kann und die Wolken und der Fluss schimmern erst golden, dann rötlich und schließlich violett und ich gehe erst schlafen, als es schon dunkel ist und die Flasche ausgetrunken.

Der grosse, moderne, katholische Kirchenneubau von Aljmaš mit seinem geschwungenen Dach, das fließend in den Glockenturm übergeht, steht keine hundert Meter vom Ufer entfernt auf einer Anhöhe und er sieht aus, als sei er weniger eine Kirche, sondern vielmehr ein Wahrzeichen dafür, dass hier, am rechten Ufer, das lateinische, das katholische Europa beginnt. Viel zu groß erscheint er mir für diesen kleinen Ort, um allein eine Kirche zu sein.

In Aljmaš kann ich anlegen, das sieht nicht nach Landminen aus, denke ich und spaziere durch den Ort. Eine Grenzpolizei finde ich nicht und auch keinen Geldautomaten.

Zehn Kilometer weiter ist auf serbischer Seite ein Restaurant im Wasserwanderführer verzeichnet und ich fahre zu dem einzeln stehenden Haus, vor dem Gartenstühle und -tische stehen. Fischerboote liegen am Ufer, ich fahre in eine Lücke und will aussteigen, doch die Donau ist hier, drei Meter vom Ufer entfernt, viel tiefer als ich dachte. Ich verliere das Gleichgewicht und falle in den Fluss, schwimme an Land und binde das Boot fest, ziehe Hemd und Hose aus und will alles auf einen Gartenstuhl hängen und auf einem Tisch ausbreiten, aber eine dicke, alte Frau kommt aufgeregt zu mir gelaufen und redet laut auf mich ein. Es klingt, als ob sie schimpft, aber das ist mir jetzt ziemlich egal und ich sage ihr, dass ich Deutsch, Englisch und Tschechisch verstehe, aber nur sehr wenig Serbisch. Sie schimpft weiter und ich verstehe nur so viel, dass sie außer Serbisch auch noch Ungarisch spricht und dass ich meine Sachen auf einen anderen Stuhl hängen soll, denn der hier sei frisch gestrichen.

In Badehose stehe ich auf der Terrasse und die Frau schimpft noch immer, allerdings schon ein bisschen leiser, wie mir scheint, und ich wringe Hemd und Hose aus und stelle fest, dass das Handy weg ist.
Ich gehe zum Fluss und neben dem Boot steigen kleine Bläschen auf. Ich tauche ein paar Mal, aber das Wasser ist trüb und etwa drei Meter tief und ich taste am Grund entlang, kann aber nichts finden und gebe nach einigen Versuchen auf.
Wieder auf der Terrasse angekommen, finde ich das Handy in der anderen Hosentasche.
Das Hemd trocknet schnell in der heißen Mittagssonne und auch aus der Hose tropft es schon nicht mehr. Am längsten brauchen das Taschenwörterbuch und das Portemonnaie mit dem Führerschein und den anderen Papieren. Das Fernglas bleibt blind und das Handy funktioniert nicht mehr.
Ein etwa vierzigjähriger Mann kommt mit einem Fischerboot, er trägt eine halblange, weite Hose mit Tarnfleckmuster und ein weißes Unterhemd, steigt aus und fragt, wo ich herkomme.

»Aus Deutschland«, sage ich.

»Mondial!«, sagt er und grinst überlegen.

Dann sieht er mich finster an.

»Das Boot kann da nicht liegen bleiben«, knurrt er, »bring es dorthin«, sagt er und deutet auf einen Strand, etwa zehn Meter entfernt von den Fischerbooten.
Ich habe noch immer nur meine Badehose an und binde das Boot los, gehe ins Wasser und schwimme, das Seil in der Hand, hinüber zu einem freien Platz, knote die Leine an einen Baum und gehe wieder auf die Terrasse zu meinen Sachen. Das Hemd ist inzwischen trocken und auch die Hose ist nur noch ein wenig feucht. Ich ziehe beides wieder an.

Der Mann schleppt Bierkästen und Kanister mit Wasser aus dem Boot zum Haus und ich helfe ihm.

»Das Restaurant ist geschlossen«, sagt er als wir fertig sind, »aber ich gebe dir von meinem Essen ab. Komm mit!«

Wir gehen in das Haus, wo schon zwei Männer sitzen und Bier trinken, und er deutet auf den zweiten Tisch, holt ein Brettchen, einen kleinen Laib Brot und eine Wurst, zwei Tomaten und eine Zwiebel und legt ein Messer dazu.

»Iss«, sagt er, nimmt ein Bier aus dem Kühlschrank und setzt sich zu den beiden Männern.

Sie reden und beachten mich nicht.

Würde ich einen Fremden, der klatschnass bei mir auf der Terrasse stünde und der kaum Deutsch spricht, zum Essen einladen? Er tut es mit einer Selbstverständlichkeit, die mich geradezu beschämt.

Ich habe nur wenig gefrühstückt und würde am liebsten alles aufessen, aber ich möchte auch nicht zu gierig sein und schneide mir nur ein paar dünne Scheiben von der Wurst, esse das halbe Brot, die Zwiebel und die Tomaten und kaue langsam. Es ist ein fauler Kompromiss aus Höflichkeit und Hunger.

Danach bedanke ich mich und packe meine Sachen zusammen, gebe dem Mann zum Abschied die Hand und fahre weiter.

Am späten Nachmittag lege ich am rechten Ufer an und gehe den mit grünem Gras bewachsenen Steilhang hinauf.

Hinter dem Damm liegt Dalj, eine kleinere, kroatische Stadt oder eher ein größeres Dorf. In der Hitze sind die Straßen menschenleer.

Im April 1991 errichteten serbische Freischärler Barrikaden auf den Straßen zwischen Dalj, Vukovar und Osijek und am ersten August griffen sie die Polizeistation von Dalj an, die nach einer zehnstündigen Belagerung fiel. Alle 39 Verteidiger wurden ermordet und tausende Zivilisten aus Dalj und den umliegenden Dörfern flohen nach Osijek. Im September und Oktober verhafteten die Freischärler kroatische Zivilisten und erschossen elf von ihnen. Am 4. Oktober drangen serbische Verbände unter Željko Ražnatović in das Gefängnis ein und ermordeten 28 kroatische Zivilisten. Nach der Schlacht von Vukovar wurden Ende November Gefangene nach Dalj gebracht und gefoltert. Mehr als dreißig von ihnen wurden getötet.

Von August bis Dezember 1991 wurden mehr als hundert Menschen in Dalj ermordet. Es war das sechste Massaker des Kroatienkrieges.

Dalj sieht aus wie eine ganz gewöhnliche Kleinstadt und nichts im Ort erinnert mehr an die Verbrechen vor zwei Jahrzehnten, am Bankautomaten hebe ich kroatische Kuna ab und in dem kleinen Geschäft freut sich die Verkäuferin ganz offensichtlich, Englisch mit mir sprechen zu können. Sie erklärt mir viel ausführlicher, als es nötig gewesen wäre, alle Wurstsorten und gemeinsam suchen wir nach den englischen Worten für Schwein und Rind, für Huhn und Pute.

Ich fahre weiter und auf der Spritzdecke liegen noch immer das aufgeklappte Handy und der Akku neben dem Fernglas in der Sonne. Doch der Wasserfleck auf dem Display wird langsam kleiner, am Abend funktioniert es wieder und auch der Blick durch das Fernglas wird nach und nach wieder etwas klarer.

Über dem befestigten Ufer von Borovo, der nordwestlichen Vorstadt Vukovars, steht die Ruine einer Fabrik, neben der ich am Abend das Zelt aufbaue. Über hunderte Meter zieht sich die Fabrikmauer mit den Einschusslöchern. Teilweise ist sie ganz weggeschossen und es klaffen mehrere Meter breite Löcher in der Wand. Nur ein paar Schritte entfernt stehen völlig intakte und bewohnte, kleine Häuschen neben ausgebrannten Ruinen und neben Graffitis, die ich nicht lesen kann, steht »Kosovo ist Serbien!«

Ich suche den Weg nach Vukovar. Am Fluss liegt der großräumig umzäunte Hafen, ich finde den Weg nicht und will auch nicht querfeldein laufen, gehe zurück und sehe einen Mann in Jeans, Turnschuhen und einem kariertem Holzfällerhemd.
Ich frage ihn, wie ich nach Vukovar komme.

»Komm mit«, sagt er auf Deutsch. »Da will ich auch hin. Ich habe meinen Bus verpasst und muss nun laufen.«
Dejan erzählt, dass er im Herbst 1991, mit gerade einmal achtzehn Jahren, als Soldat in die kroatische Armee eingezogen und nach Vukovar an die Front geschickt worden sei.
Drei Monate lang, von August bis November 1991 wurde Vukovar von Soldaten der Jugoslawischen Volksarmee und serbischen Freischärlern belagert.
Der Status der Stadt war umstritten. 43 Prozent der Einwohner waren Kroaten, 37 Prozent Serben und zwei Prozent Ungarn. Sieben Prozent der Bewohner verweigerten sich der nationalen Zuordnung, sie bezeichneten sich auch weiterhin als »Jugoslawen«, und die restlichen elf Prozent verteilten sich auf weitere Nationalitäten. Kroatien beanspruchte die Stadt ebenso für sich wie das serbisch dominierte Jugoslawien.
Am 18. November fiel die Stadt nach 87-tägigem Beschuss an die Jugoslawische Armee. Schätzungen gehen von 2 900 bis 3 600 Toten in dieser Zeit aus. Unter ihnen waren 86 Kinder.
Im Massaker von Vukovar wurden nach der Einnahme der Stadt zweihundert Menschen, gefangene Soldaten und Zivilisten, auf einem Feld am Stadtrand erschossen und in einem Massengrab verscharrt. 1 500 Einwohner Vukovars wurden in Internierungslager gesperrt.

»Zwei Tage vor der Einnahme der Stadt konnte ich nach Zagreb fliehen«, sagt Dejan, »und mittlerweile bin ich Techniker in der kroatischen National- und Universitätsbibliothek. Heute habe ich meine Eltern in Borovo besucht, die noch immer hier wohnen, und jetzt bin ich auf dem Weg zu einem Freund. Wenn man schon einmal in der Gegend ist…«, sagt er und zuckt die Achseln.

»Vor dem Krieg haben hier mehr als 20 000 Menschen gearbeitet«, sagt Dejan und deutet auf die Fabrik. »Nun stehen die Hallen schon seit mehr als fünfzehn Jahren leer. Seit 1998 gibt es zwar wieder Schuhe mit dem berühmten Namen Borovo«, sagt er, »aber die kommen aus Italien und nur der Name ist seltsamerweise der Gleiche. Lediglich in ein paar wenige, unzerstörte Hallen des großen Komplexes sind vor einigen Jahren wieder ein paar kleinere Betriebe eingezogen. Aber das ist eher Manufaktur als Industrie, Kleinkram, und Schuhe stellt keiner von denen her. Es fehlt einfach an Geld, die Ruinen wieder aufzubauen.«

Vukovar, die heutige Grenzstadt, sei eine bedeutende Industriestadt in Jugoslawien gewesen, sagt er.

»In den achtziger Jahren waren wir führend in der Telekommunikationsbranche, aber heute hat Vukovar eine viel höhere Arbeitslosenquote als das restliche Land. Und von den zehn Millionen Touristen, die jedes Jahr Kroatien besuchen, fahren die meisten sowieso nur an die Küste, kaum jemand kommt nach Vukovar«, sagt Dejan. »Trotzdem sind die Lebenshaltungskosten sehr hoch und Vukovar ist eine der teuersten Städte Kroatiens, obwohl die Löhne viel geringer sind als in Zagreb oder an der Adria. Das liegt daran«, sagt er, »dass in der Stadt viele ehemalige Soldaten des Unabhängigkeitskrieges leben und je höher der Dienstrang, um so höher ist auch die Veteranen- und die Versehrtenrente. Ich selbst war nur Soldat und meine Rente, die ist nicht der Rede wert.«

Er grinst.

»In München habe ich dann Mitte der neunziger Jahre Deutsch gelernt«, sagt Dejan. Ein bayerischer Hersteller hätte ein modernes Telelift-System für das 1995 fertiggestellte, neue Gebäude der Bibliothek in Zagreb geliefert und er, als der zuständige Techniker, sei in der bayrischen Firma über einige Monate mit der Technik vertraut gemacht worden.

»In der Bibliothek«, sagt Dejan, »stehen mehr als zwei Millionen Bände und auch das erste in kroatischer Sprache gedruckte Buch aus dem Jahr 1483 wird dort aufbewahrt. Dazu kommt eine große Sammlung an Zeitungen und Zeitschriften und an Textzeugnissen in der glagolitischen Schrift«, und er wundert sich, dass ich die Glagoljica nicht kenne.

»Nein«, sagt er auf meine Frage, »nein, mit der kyrillischen Schrift hat das überhaupt nichts zu tun. Die benutzen die Serben, aber nicht wir Kroaten. Die glagolitische Schrift, die Glagoljica, wie sie in Kroatien heißt, ist im neunten Jahrhundert von Kyrill entwickelt worden. Im südlichen Osteuropa wurde sie schon bald von der etwa hundertfünfzig Jahre später in Bulgarien entstandenen kyrillischen Schrift verdrängt und nur in Kroatien hat sie sich in einigen, abgelegenen Gebieten noch bis in das neunzehnte Jahrhundert hinein halten können.«

»Die kyrillische Schrift hat also nichts mit Kyrill zu tun, nach dem sie benannt ist?«

»Genau so ist es«, sagt Dejan.

Ob ich denn nicht wenigstens die Tafel von Baška kennen würde, eines der ältesten und bekanntesten Kulturdenkmäler Kroatiens in glagolitischer Schrift, fragt er und ich zucke die Achseln.

»Die Tafel von Baška ist um das Jahr 1100 auf der Insel Krk entstanden«, sagt Dejan. »1934 wurde sie in die Kroatische Akademie der Wissenschaften und Künste in Zagreb gebracht. Eine Kopie steht übrigens in der Berliner Staatsbibliothek.«

Inzwischen ist es dunkel geworden, wir sind in der Innenstadt angelangt und verabschieden uns.

»Danke, dass du deinen Bus verpasst hast«, sage ich.

Dejan lacht und gibt mir die Hand.

»Gute Reise«, sagt er. »Und viel Glück!«

Ich setze mich in ein Café, bestelle ein Bier und etwas zu essen und mache mir Notizen.

Eine Stunde später möchte ich zahlen und statt der Kellnerin, die nur Kroatisch versteht, kommt ein großer, hageren Mann mit schwarzen, schütteren Locken und einem Schnauzbart. Er spricht Deutsch.

»Ich bin Albaner«, sagt er, »mazedonischer Albaner aus der Nähe von Gostivar, aber ich lebe schon sehr lange in Vukovar. Früher«, sagt der Mann, »früher hat niemand gefragt, ob ich Albaner bin oder Kroate, Serbe oder Ungar, Moslem oder Serbisch-Orthodoxer, Katholik oder Jude. Früher sind wir einfach alle Jugoslawen gewesen. Aber heute…«

Er winkt resigniert ab.

»Alles Faschisten, alles Mafia! Seit der Unabhängigkeit leben die Kroaten für sich«, sagt er, »und die Serben leben für sich. Ein Drittel der Bevölkerung sind Serben und sie haben ihre eigenen Restaurants, ihre eigenen Schulen und ihre eigenen Cafés. Mein Geschäft läuft schlecht. Zu mir kommen beide nicht, denn ich bin Albaner und wenn sich Kroaten und Serben auf nichts verständigen können, in dem Punkt sind sie sich einig. Darin, dass sie die Albaner hassen.«

Die Kellnerin ruft ihn, er steht auf und gibt mir die Hand, wir verabschieden uns und er geht in die Küche.

Er sieht müde aus.

Ich gehe zurück nach Borovo. Im September 1991 hatte mein Zivildienst begonnen. In einem Kindergarten habe ich als Hausmeistergehilfe Sandkästen umgegraben, das Treppenhaus gewischt und kaputte Dreiräder repariert. Für die Kinder war ich der Onkel Daniel und ich habe Laub geharkt, den Zaun gestrichen und Rasen gemäht.
Zur gleichen Zeit hat Dejan, ein Jahr jünger als ich, eine Uniform getragen und auf Menschen geschossen.
In Borovo angekommen, setze ich mich ans Ufer und das Wasser der Donau fließt an mir vorüber. Es fließt wie vor zwanzig Jahren und genau so, wie es auch in zwanzig Jahren fließen wird. Langsam, gleichmäßig und geradezu friedlich.

In Vukovar stehen neue Häuser neben Ruinen und beschädigten Gebäuden im hellen Licht der Morgensonne.
Gestern Abend, im Dunkeln ist es mir nicht aufgefallen, aber nun sehe ich, wie viele Häuser leer stehen, weil sie im Krieg zerstört und unbewohnbar geworden sind, doch schnell gewöhne ich mich an den Anblick. Ich weiß, dass der Vergleich vollkommen falsch ist, aber es sieht ein bisschen aus wie in Leipzig ein Stück abseits der Innenstadt, wo auch jedes zehnte Haus leersteht und langsam verfällt, und zwischen den Ruinen findet das gewöhnliche, das alltägliche Leben statt. Viele Menschen sind auf den Straßen, es gibt einen Bazar, auf dem Obst und Gemüse verkauft wird, und unter Sonnenschirmen sitzen Menschen in Cafés, reden oder lesen Zeitung.
Ich fahre weiter und am Nachmittag sehe ich die Brücke, die Ilok, die letzte kroatische Stadt vor der Grenze, und Bačka Palanka am serbischen Ufer miteinander verbindet, und etwa einen Kilometer vor der Brücke liegt am rechten, am kroatischen Ufer ein Restaurant mit einer

großen Terrasse. Unter hölzernen Pavillons und Sonnenschirmen sitzen Menschen vor einem weißen Haus mit einem roten Ziegeldach. Zwischen Brücke und Restaurant lege ich an, binde das Boot fest und fotografiere es. Vielleicht will ja die Polizei das Boot sehen und dann kann ich ihnen das Bild auf dem Display zeigen, denke ich. Doch der Weg zur Brücke ist versperrt von Gestrüpp und Wald und der staubige Pfad am Ufer führt zurück zum Restaurant.

»Das hat keinen Sinn«, sagt der junge Kellner. »Die Brücke ist nur für Autos zugelassen und nicht für Fußgänger. Aber setz dich erst einmal und trink einen Kaffee. Ich werde in der Zwischenzeit bei der Grenzpolizei an der Brücke anrufen und fragen, was zu tun ist.«

»Ich habe nur noch zwanzig Kuna«, sage ich, aber er nickt beschwichtigend.

»Das reicht, nimm Platz und ruh dich erst einmal aus.«

Ich sitze auf der Terrasse im Schatten, rühre in meinem Kaffee und komme mir, unrasiert und ungewaschen, etwas deplatziert vor neben den anderen Gästen. Die Männer tragen kurzärmlige Hemden zu Hosen mit Bügelfalten und goldene Uhren am Handgelenk, die Frauen Kleider und teuer aussehenden Schmuck.

Nach einer Weile kommt der Kellner zurück.

»Das ist alles kein Problem«, sagt er. »Du brauchst dich nicht in Bačka Palanka zu melden, das kannst du genauso gut in Novi Sad erledigen. Die Stadt ist nur vierzig Kilometer entfernt und dort gibt es eine Grenzpolizeistation am Fluss. Hier ist man jedenfalls nicht für dich zuständig, das hat mir der Mann am Telefon gesagt.«

Er lächelt zufrieden und ich trinke meinen Kaffee aus, zahle und fahre weiter.

Vor Neštin liegen mehrere, kleine Inseln, auf denen Schwäne mit ihren Küken sitzen, und im Wasser stehen Pfähle, zwischen denen

Netze und Reusen hängen. Nur ein schmaler Kanal führt zwischen ihnen zum Ort.

Am Ufer binde ich das Boot neben ein paar Fischerkähnen fest und gehe barfuß hinauf ins Dorf.

Verstreute Gehöfte, alte, weißgetünchte Häuser, die Dächer mit Holzschindeln gedeckt, liegen hinter Wiesen, auf denen unter Obstbäumen Gänse weiden und Hühner im Gras nach Würmern picken, und ich folge dem Weg zum katholischen Kirchturm und gelange auf den Dorfplatz.

Vor dem Geschäft sitzen zwei alte Männer, die sich über meine vorsichtigen, barfüßigen Schritte auf dem steinigen Weg amüsieren, auf meine schlammverschmierten Füße deuten und lachen.

Ich hebe die Arme und zucke die Achseln.

»Ich nehme mir doch auch immer vor, die Sandalen mitzunehmen, wenn ich an Land gehe«, sage ich auf Deutsch. »Aber dann denke ich jedesmal wieder: Ach, es ist ja nicht so weit, das lohnt sich doch kaum.«

Die Männer lachen und ich gehe in den Laden. Es gibt kein Obst und kein Gemüse zu kaufen, was mich zuerst verwundert, aber dann wird mir klar: Niemand im Ort würde etwas kaufen, das ebenso gut im eigenen Garten wächst. Hier also leben die Bauern, die in den Städten auf den Märkten ihre Ernte verkaufen.

Und so kaufe ich nur Brot, Wurst und Wasser, und als ich nach ein paar Büchsen Bier frage, stellt mir die Verkäuferin stattdessen eine große Plastikflasche »Lav Pivo«, Löwen Bier, auf den Tresen. Ich will erst abwehren, denn die Flasche sieht riesig aus, aber dann fällt mir ein, dass in einer Zweiliterflasche ja auch nicht viel mehr drin ist als in den drei Büchsen, die ich gerade kaufen wollte. Also nehme ich die Riesenflasche mit.

Am Ufer steht links und rechts dichter Wald und erst zwanzig Kilometer vor Novi Sad sind ein paar schmale Uferstreifen nur mit Gras bewachsen. Ich bin 66 Kilometer gefahren und es dämmert bereits, als ich endlich anlegen kann. Das Ufer ist schlammig und ich versinke wieder bis über die Knöchel im grauen Schlick.
Auch die struppige Wiese ist von Schlamm überzogen, der noch feucht und kaum angetrocknet ist. Das ist kein guter Ort zum Zelten, denke ich, aber es ist schon spät und einen besseren Platz werde ich wohl heute Abend nicht mehr finden.
Ich baue das Zelt auf, setze mich an eine halbwegs trockene Stelle am Ufer und esse Brot und Wurst, neben mir steht die Zweiliterflasche Bier und ich sehe auf den Fluss.
Das niedergedrückte, feuchte Gras stinkt faulig.
Seit einer Woche bin ich nun schon wieder auf dem Fluss unterwegs. Das Wasser, von keiner Staustufe gebändigt, fließt frei und ich habe schon gut 380 Kilometer zurückgelegt, mehr als fünfzig an jedem der letzten sieben Tage.
Auf der Wiese in meinem Rücken beginnt ein Froschkonzert, nach einer Weile sehe ich einen Biber vorbeischwimmen und über mir leuchten die Sterne. Sie sind viel heller als zu Hause und es sind viel, viel mehr.
Es gelingt mir nicht die Riesenflasche auszutrinken, so müde bin ich, und kurz bevor ich ins Zelt gehe, denke ich noch: Das glaubt mir zu Hause niemand, dass ich es nicht schaffe, eine Flasche Bier auszutrinken, ohne dabei einzuschlafen.

In einem Vorort von Novi Sad stehen vor Häusern Terrassen auf Pfählen, halb an Land und halb im Fluss, und ich halte an einem Restaurant.

Der Besitzer, ein Mann um die fünfzig, ist damit beschäftigt, Schlamm von der Terrasse, den Bänken und Tischen, den Wänden und dem Kühlschrank zu putzen. Er bittet mich, auf einer der bereits sauberen Bänke Platz zu nehmen und ruft seine Frau, die ein bisschen Deutsch spricht.

»Möchten Sie vielleicht eine Flasche Bier?«, fragt sie. »Mehr kann ich Ihnen leider nicht anbieten. Das Hochwasser…«

Ich habe noch nichts gegessen und lehne dankend ab. Ob es hier in der Nähe Zigaretten zu kaufen gäbe, frage ich, und der Mann schüttelt den Kopf, greift in seine Hosentasche und hält mir eine noch verschlossene Schachtel hin. Die hundert Dinar, die ich ihm dafür geben will, weigert er sich hartnäckig anzunehmen, und ich muss eine ganze Weile auf ihn einreden, bis er den Schein endlich einsteckt.

Er schimpft auf die Betreiber des Kraftwerks Đerdap am Eisernen Tor.

»Die sind schuld am Hochwasser«, sagt er. »Die lassen immer nur so viel Wasser abfließen, dass die Generatoren stets volle Kraft laufen können, die sind allein auf den höchsten Profit aus und es ist diesen Verbrechern ganz gleichgültig«, sagt er, »ob wir hier oben absaufen. Wir sind denen doch völlig egal.«

Resigniert winkt er ab.

Nach einer Weile fahre ich weiter und an der Mauer der Festung Petrovaradin hängt ein großes Plakat, weiße Schrift auf rotem Grund, auf dem in lateinischen Buchstaben »Exit« steht, und ich fahre kurz vor der neuen Donaubrücke von Novi Sad den Kanal nach links, lege neben Fischerbooten an und mache mich auf den Weg in die Stadt, eine Polizeistation zu finden.

Zuerst gehe ich entlang des Hafens und der Werft, bis die Stadt beginnt, an deren Rand vor einer windschiefen Hütte ein paar Roma um ein Feuer sitzen. Daneben steht ein Handwagen, liegen Bretter und Müll.

Die Hütte aus Wellblech, Brettern und Plastikplanen und die siebenstöckigen, weißen Häuserblöcke mit rotem Ziegeldach trennt nichts als eine breite Wiese. Hinter dem Romalager beginnt der Wald und mit der Neubausiedlung Novi Sad. Es sind nur hundert Meter kurzgeschnittener Rasen, die zwischen ihnen liegen, und doch scheinen sie keine Berührungspunkte zu haben als diese rein zufällige Nähe in Sichtweite.

Die Roma sitzen um ihr Feuer und es scheint, als säßen sie am Rande eines Waldes, einer Steppe oder einer Wüste und nicht nahe einer Stadt. Es scheint, als sei ihnen ihr Lager nicht die Peripherie, sondern das Zentrum, als gäbe es die Stadt nicht oder als gäbe es sie zwar, aber als sei sie vollkommen belanglos, nebensächlich und unbedeutend, als existierte sie nicht für sie.

Ich gehe weiter und an einer Haltestelle setze ich mich auf eine Bank und warte.

Die Busse sind nicht neu und sie sind nicht alt. Sie fahren seit vielleicht zehn Jahren, sie sind nicht ganz so modern wie in Deutschland und nicht klimatisiert, aber man kann die Fenster öffnen und ihr Ziel steht in der gleichen Digitalanzeige über der Frontscheibe wie zu Hause. Der Fahrschein kostet vierzig Dinar. Ein Dinar entspricht einem Eurocent und es ist ausgesprochen günstig im Land. Alles kostet in etwa ein Fünftel des deutschen Preises, was bei einem serbischen Durchschnittsnettolohn von ungefähr dreihundertfünfzig Euro, der damit ja auch in etwa ein Fünftel eines deutschen Normaleinkommens beträgt, wieder einigermaßen hinhaut, denke ich.

Als ich die Polizeistation, ein zehnstöckiges Gebäude an einer achtspurigen Hauptverkehrsstraße, betrete, sitzen im Empfang hinter einer Glasscheibe zwei Polizisten. Einer langweilt sich und einer schläft.

Der, der sich langweilt, steht auf, als er mich sieht, lässt sich von mir

erzählen, was ich will, und erklärt sich dann für nicht zuständig. Ich müsste nicht zu dieser Polizei, sondern zu einer anderen, sagt er und beschreibt einen sehr, sehr langen und sehr, sehr komplizierten Weg. Ich höre ihm zu, ich nicke und glaube, dass ich wohl keinen Einreisestempel mehr in Serbien bekommen werde, aber was soll's, denke ich, an mir hat es schließlich nicht gelegen, ich wollte nicht illegal einreisen, ich habe es immerhin versucht. Und dem Polizisten, der mir den Weg erklärt, dem scheint ja auch so ziemlich alles egal zu sein. Der ist wahrscheinlich nur froh, wenn ich wieder gehe und er sich wieder zu seinem schlafenden Kollegen setzen kann. Vielleicht wechseln sie sich ja auch alle halbe Stunde ab? Mal schläft der eine, mal der andere und in fünf Minuten ist er wieder dran und kann endlich seinen Kumpel wecken?
An einem Kiosk ein paar hundert Meter weiter steht ein Polizist in der Schlange und ich frage ihn nach der Grenzpolizei. Er deutet auf ein Haus in etwa zwanzig Metern Entfernung und ich gehe hinein.
Diesmal schläft niemand im Empfang. Vor mir steht eine serbische Familie mit kanadischen Pässen und nach einer Weile bin ich dran. Der Mann blättert in meinem Pass, sucht den Einreisestempel und sieht mich nicht besonders freundlich an, er fragt, wie lange ich mich schon im Land aufhalte und wie ich überhaupt hierher gekommen bin. Ich erzähle es ihm und er deutet auf ein paar Stühle im Wartebereich. Ich setze mich und dann telefoniert er, meinen aufgeschlagenen Pass in der Hand, und sieht immer wieder sehr unfreundlich abwechselnd zu mir und in den Pass und gestikuliert mit ernster Miene.
Nach einer Weile winkt er mich herbei. Am Eingang hängt ein »Rauchen verboten!«-Schild, aber vor dem Polizisten steht ein Aschenbecher, darin liegen schon ein paar Stummel, und wir stecken uns beide erst einmal eine an.
Dann sieht er mich streng an.

»Problem«, sagt er und gibt mir den Hörer in die Hand.

»Ja, hallo, guten Tag«, sagt eine Frauenstimme auf Deutsch. »Sie haben ein großes Problem, aber sie sind bei der falschen Polizei. Sie müssen zur Grenzpolizei am Fluss. Mein Kollege bestellt Ihnen jetzt ein Taxi, mit dem fahren Sie zur Grenzpolizei und dann werden Sie dort dieses Problem zu klären haben.«

Welches Problem?, denke ich, aber wer weiß, vielleicht ist Problem auch nur die etwas zu unangemessen dramatische Übersetzung für Angelegenheit, denn so schwierig kann es ja nun wirklich nicht sein, einen Stempel in den Pass zu drücken.

»Ist es weit bis zum Fluss?«, frage ich in den Hörer. »Wieviel wird das Taxi kosten?«

»Nein, das ist nicht weit. Und es kostet vielleicht zweihundert, in unserer Währung«, sagt die Frau.

»In Ordnung«, sage ich, »das ist Ordnung, danke. Sonst noch was?«

»Nein, das ist alles. Auf Wiederhören!«

Das Taxi kommt, der Polizist führt mich nach draußen und erklärt dem Fahrer, wohin er mich bringen soll, ich steige ein und wir fahren hinunter zum Fluss. Unterwegs erzählt mir der Fahrer, dass gerade sehr viele, junge Leute und Ausländer in der Stadt seien.

»Aus der ganzen Welt kommen sie zu unserem ›Exit‹. Bist du auch deswegen hier?«

»Nein«, sage ich. »Davon habe ich noch nie etwas gehört.«

Er wundert sich, dass ich das größte Musikfestival Südosteuropas nicht kenne. Die Stadt sei überfüllt mit Engländern und Niederländern, mit Franzosen, Amerikanern und auch Deutschen. Sogar Australier würden anreisen.

»Das ist wie zum Oktoberfest in Deutschland«, sagt er und grinst. »Nur mit besserer Musik.«

Im Jahr 2000 haben Studenten das Festival gegründet, um eine Alternative, einen kulturellen Ausweg aus dem deprimierenden Zerfall Jugoslawiens und der zunehmenden Fokussierung auf einen einseitigen Nationalismus, der zu dieser Zeit alle ehemaligen Teilrepubliken dominierte, zu entwickeln. Der englische Name und die Ausrichtung auf Rockmusik stehen ganz bewusst im Gegensatz zum vorwiegend auf serbische Musik orientierten Blasmusikfestival in Guca und im Rekordjahr 2007, als 190 000 Besucher in die 220 000-Einwohner-Stadt Novi Sad kamen, ist »Exit« von UK Festival Avards, bei dem die Besucher selbst im Internet abstimmen, sogar zum besten Musikfestival Europas gekürt worden.
Am Fluss steige ich aus und gehe zu dem blauweißen Schiff, an dem »LUKA NOVI SAD« steht.
Eine junge Polizistin scheint mich schon erwartet zu haben und kommt mir entgegen. Sie trägt eine dunkelblaue, taillierte Uniform und eine Pistole an der Hüfte. Ich frage sie, ob wir eben miteinander telefoniert hätten, sie aber spricht nur Serbisch und versteht mich nicht, nimmt meinen Pass und verschwindet in dem Häuschen auf dem Schiff hinter einer Stahltür.
Kurz darauf kommt sie mit einem Kollegen, wahrscheinlich ist es ihr Vorgesetzter, denn er hat einen Stern mehr als sie auf den Schulterklappen, zurück.
Er blättert in meinem Pass.

»Wo ist der Stempel?«, fragt er ungehalten. Ich setze an zu erklären, aber er unterbricht mich und sieht mich streng an.

»Das ist teuer. Das kostet tausend Euro.«

Er deutet mit der Hand auf einen Stuhl und ich setze mich.
Die beiden Stühle haben, ebenso wie der Tisch, Stahlrohrbeine und sind am Schiffsdeck festgeschweißt.

Mir ist ein bisschen schlecht vor Angst. Für den ganzen Urlaub habe ich nicht mehr als achthundert Euro eingeplant, inklusive aller Fahrkarten, ich habe ein gutes halbes Jahr dafür gespart und diese Strafe kann ich nie und nimmer bezahlen, denke ich, das geht einfach nicht.

»Ich habe keine tausend Euro«, sage ich und erzähle ihm, dass ich mit dem Kanu aus Budapest komme und keine serbische Grenzstation gesehen hätte. »Und nun habe ich extra in Novi Sad angehalten, um eine Polizeistation zu finden, weil ich ja auch nicht illegal im Land herumreisen möchte.«

Der Polizist bedeutet mir zu warten, er verschwindet in seinem Häuschen und kommt wieder mit Papier und Stift, setzt sich neben mich und zeichnet eine geschwungene Linie von links oben nach rechts unten auf das Blatt. Dann setzt er ganz oben einen Punkt neben die Linie und schreibt daneben Bezdan, km 1 425, weiter unten den nächsten Punkt, Novi Sad, km 1 255, dann Beograd, km 1 170, und zum Schluss, ganz unten rechts, Veliko Gradište, km 1 059.

»Hier«, sagt er und zeigt auf Bezdan, »hier hättest du deine Einreise den serbischen Behörden melden müssen. Und nicht in Novi Sad, 180 Kilometer hinter der Landesgrenze. Jetzt bist du illegal im Land und das wird teuer.«

Ich sehe ihn an und schüttle den Kopf.

»Ich bin doch nicht absichtlich illegal im Land und außerdem bin ich bis Ilok immer nur am kroatischen Ufer gewesen«, sage ich. »Ich befinde mich doch erst seit vierzig Kilometern in Serbien, nirgendwo habe ich eine Grenzkontrolle gesehen und in Novi Sad habe ich die Polizei extra gesucht, um mich anzumelden. Außerdem kann ich keine tausend Euro bezahlen.«

Der Polizist sieht mich schon etwas weniger streng an, seufzt und holt ein neues Blatt. Es ist ein offizieller Bogen mit Vordruck.

»Der Name des Bootes?«

»Altes Geschöpf.«

Er sieht mich fragend an, reicht mir das Blatt und zeigt, wo ich den Namen einzutragen habe.

»Die Bootspapiere?«

»Das Boot hat keine Papiere. Es ist uralt und klein.«

Er seufzt.

»Hat das Boot einen Motor?«

»Nein«, sage ich und zeige ihm das Foto auf dem Kameradisplay.

Er nickt zufrieden.

»Wo wohnst du in Deutschland?«, fragt er plötzlich.

»In Leipzig.«

»Gibt es in Leipzig viele Probleme mit Neonazis?«

»Nein«, sage ich. »Es gibt sie zwar, aber in der Stadt sind es zum Glück nur Wenige. Die Stadt ist tolerant. Im Umland sieht es schlechter aus.«

»Was ist dein Beruf?«

Ich sage es ihm.

»Es ist aber nur eine halbe Stelle. Deswegen kann ich auch keine tausend Euro Strafe zahlen«, sage ich. »Halbe Stelle, halbes Geld.«

Er nickt wieder und dann sieht er mich triumphierend an.

»Leipzig!«, ruft er. »DDR! Nietzsche, Marx, Engels! Kommunist!«

Dazu ballt er die erhobene Faust.

Ich muss lachen, denn von Nietzsche auf Marx und Engels zu kommen, das ist schon ein sehr gewagter, ein geradezu kühner Schluss. Im Arbeitsheft W II 5, auf Seite 177 schreibt er beispielsweise »Wenn der Socialist mit einer schönen Entrüstung ›Gerechtigkeit‹, ›Recht‹, ›gleiche Rechte‹ verlangt, so steht er nur unter dem Druck seiner ungenügenden Cultur, welche nicht zu begreifen weiß, warum er leidet: andererseits macht er sich ein Vergnügen damit; befände er sich besser, so würde er sich hüten, so zu schreien: er fände dann anderswo sein Vergnügen.«

Doch ich bin ja nicht hier, die Unterschiede der Philosophie Nietzsches und der von Marx zu diskutieren, auch wenn das ein recht interessantes Gespräch werden könnte. Zudem gibt es in Italien und Frankreich, anders als in Deutschland, wo Nietzsche bis heute wegen seiner Vereinnahmung durch die Nationalsozialisten als rechter Vordenker gilt, eine bedeutende linke Nietzsche-Rezeptionsgeschichte, die vielleicht, zu meinem Glück, in Serbien bekannter ist als in Deutschland.

Der Polizist verschwindet in seinem Häuschen, kommt kurz darauf wieder und überreicht mir meinen Pass, aufgeschlagen auf der Seite, wo der Einreisestempel prangt. Wir verabschieden uns mit Handschlag und er lässt mich ziehen, ohne einen einzigen Euro Strafe verlangt zu haben.

Ich spaziere am Ufer entlang und im Fluss stehen die Pfeiler einer zerbombten Brücke.

79 Tage, vom 24. März bis zum 10. Juni 1999, haben 1 000 Flugzeuge der NATO im Kosovo-Krieg insgesamt 36 000 Angriffe gegen Ziele in Serbien geflogen. Nach Schätzungen der NATO sind dabei 4 000 jugoslawische Soldaten und 1 500 Zivilisten ums Leben gekommen. 6 000 Soldaten und 5 000 Zivilisten wurden verletzt.

Am 1. April 1999 wurde die Petrovaradinbrücke in Novi Sad, das erste größere, zivile Ziel, zerbombt.

Am 3. April traf es die Freiheitsbrücke und am 25. April wurde mit der Žeželjev-Brücke auch die letzte Verbindung zwischen den beiden Ufern der Stadt zerstört.

Sechs Jahre lang war eine provisorische Pontonbrücke die einzige Verbindung über die Donau, die nur dreimal pro Woche in der Nacht jeweils sieben Stunden lang für den Schiffsverkehr geöffnet wurde, bis im Jahr 2005 die neue Freiheitsbrücke fertiggestellt worden war.
Die geborstenen Pfeiler stehen wie eine Anklage im Strom.
In der autonomen Vojvodina, dem nördlichen Drittel Serbiens mit ihren nicht einmal zwei Millionen Einwohnern, leben Serben, Ungarn und Rumänen, Kroaten, Roma und Deutsche, Slowaken, Russinen und Bulgaren, Tschechen und Montenegriner. Die Region ist eine der multikulturellsten in ganz Europa und hat mit Serbisch, Ungarisch und Kroatisch, Slowakisch, Rumänisch und Russinisch, einer dem Ukrainischen verwandten ostslawischen Sprache, rekordverdächtige sechs Amtssprachen, wobei das Serbische neben der im restlichen Land üblichen kyrillischen auch in lateinischer Schrift geschrieben wird.
Ich gehe am Ufer entlang und weiß jetzt auch, was es mit dem Schriftzug »Exit« auf sich hat, der an der Festungsmauer auf der anderen Seite des Flusses hängt, und tatsächlich höre ich nun neben Serbisch auch Englisch, Niederländisch und Französisch in den Straßen. Viele junge Leute sind unterwegs.
In einer Wechselstube tausche ich meine letzten kroatischen Kuna in serbische Dinar und die Frau reicht mir neben den Scheinen und Münzen noch ein Bonbon über den Tresen. Dann gehe ich zurück zum Boot und fahre weiter.
Zehn Kilometer hinter Novi Sad, in Sremski Karlovci, ist von einer überdachten Restaurantterrasse, die auf Stelzen über dem Wasser steht, eine Feier schon von Weitem zu hören.
»Km 1 244,5 – rechts Sremski Karlovci. Restaurant ›Dunav‹ mit Sporthafen, Ort, Sehenswürdigkeit. Der Karlowitzer Rotwein oder

auch Fruskogorski Biser ist allgemein bekannt. Es dürfte von ihm mehr getrunken werden, als angebaut wird«, vermerkt etwas gehässig der Wasserwanderführer.

Turbofolkmusik, Luftballons und tanzende Paare. Ein Mann steht am Geländer und raucht eine Zigarette, er schaut übers Wasser und winkt mir zu.

»Du braucht Rast, Freund!«, ruft er auf Deutsch.

Der Mann hat recht, denke ich, und außerdem brauche ich Wasser. Es ist Samstagabend und besser, ich kaufe heute noch ein. Aber ich unterschätze die sehr starke Strömung, als ich anlegen möchte. Es gelingt mir nicht mehr, am Steg vorbeizufahren, das Wasser treibt mich mit unerbittlicher Kraft voran und das Boot knallt gegen den Ponton. Mit Mühe schiebe ich mich ein paar Meter voran, fahre um den Steg herum und binde das Boot hinter dem Ponton fest. Das Wasser drückt dagegen, es schäumt und sprudelt und ich muss alle Kraft aufbieten, um mich mit der einen Hand an einer Eisenstange festzuhalten und mit der anderen einen stabilen Knoten erst vorn am Boot und dann am Heck zu binden.

Die Bootshaut hat vom Aufprall eine ziemlich große Schramme abbekommen, aber sie ist nicht zerrissen und der Kratzer liegt zum Glück weit über der Wasserlinie.

Sremski Karlovci ist nicht groß und das Städtchen macht einen freundlichen Eindruck, ich kaufe Wasser und Lebensmittel und auf dem Rückweg kommt mir ein Mann entgegen, der sich bückt, vorsichtig eine kleine Schildkröte aufhebt und sie neben der Straße auf dem Rasen wieder aussetzt.

Im Boot öffne ich die Knoten, während ich mich mit der anderen Hand festhalte. Als beide Leinen gelöst sind, bemerke ich, dass das Paddel drei Meter entfernt von mir liegt. Ich kann mich nur mit Mühe festhalten und wenn mich jetzt die Strömung mitreißt, dann treibe ich im Fluss, ohne steuern zu können. In diesem Moment kommt ein Mann auf den Steg und ich rufe ihn herbei, er versteht sofort und reicht mir das Paddel.

Das rechte Ufer wird immer steiler, kahle Lehmwände, mehr als dreißig Meter hoch, säumen das Ufer und in den Wänden befinden sich viele, kleine Löcher, vor denen Vögel herumschwirren. Links bleibt das Ufer flach und kilometerweit steht dichter Wald.
Am Abend kann ich schon die Silhouette Belgrads am rechten Ufer liegen sehen und lege an der schräg in den Fluss abfallenden Kaimauer von Zemun, der Nachbarstadt Belgrads, an. Auf halber Höhe hat die Mauer einen etwa fünf Meter breiten Sockel und neben dem Bootsständer eines Ruderklubs baue ich das Zelt auf groben Kieseln auf. Danach steige ich die Treppe hinunter, schwimme kurz im Fluss und gehe dann in eine Kneipe.
Es ist der Abend des Endspiels der Fußballweltmeisterschaft.
Ich verstehe kaum etwas von dem, was der Moderator erzählt, und doch erschließt sich alles auch ohne Worte. Es ist noch eine halbe Stunde bis zum Anpfiff und jetzt werden die Mannschaften, ihre Aufstellung und die Taktik vorgestellt. Die Kneipe füllt sich und die Leute verfolgen mit Begeisterung das Spiel. Die eine Gruppe ist für die Niederlande und die andere feuert die Spanier an.
In der Halbzeit läuft Werbung. Die Milch kommt auch in der serbischen Reklame von glücklichen, auf grünen Almen grasenden Kühen und zum Kanon des glücklichen Lebens scheinen auch in Serbien streifenfrei saubere Fenster und porentief reine Wäsche zu gehören. Einfamilienhausidyllen mit fröhlichen Eltern und niedlichen Kindern sehe ich und Männerfreundschaften, die in der Kneipe bei einem Bier

gefeiert werden, und drehte man den Ton ab, es wäre kein Unterschied zu einer beliebigen deutschen Werbepause festzustellen.
Spanien gewinnt in der Verlängerung mit 1 : 0 und ist Weltmeister, die Kneipe leert sich und ich zahle und gehe auch.

Belgrad liegt im morgendlichen Dunst und nach einer hohen Eisenbahnbrücke und einem Liegeplatz für Donauschlepper, an dem etliche, mit Kies beladene Kähne darauf warten, von einem Schiff abgeholt zu werden, ist links und rechts kilometerweit nur noch Wald zu sehen und nur ab und an taucht ein Dorf auf oder eine kleine Stadt.
In Ritopek steht ein junger Mann am Ufer und angelt.

»Du kannst ganz beruhigt ins Dorf gehen«, sagt er. »Ich werde so lange das Boot bewachen.«
Das ist sehr freundlich von ihm, aber ich mache mir ohnehin keine Sorgen mehr um mein Boot. Ich binde es gut fest, damit es der Fluss nicht mit sich davonträgt, ich schließe die Druckknöpfe der Spritzdecke und meistens nehme ich auch die Tasche mit dem Fotoapparat und dem Pass mit, aber ich habe keine Befürchtungen mehr, dass etwas wegkommen könnte. Die meisten Menschen am Fluss haben selbst ein Boot, ein altes, hölzernes Fischerboot zumeist mit einem modernen Außenbordmotor, und auch die sind nicht abgeschlossen, sondern nur angebunden. Es scheint einfach allen klar zu sein, dass man nur an sein eigenes Boot geht und die anderen in Ruhe lässt.
Ich gehe durch den Ort und vor einem Geschäft sitzen drei Männer und trinken Bier. Einer der drei spricht ein wenig Deutsch und führt mich in den Laden. Es gibt kein Obst und kein Gemüse und als ich auf das Brot zeige, schüttelt er den Kopf.

»Das ist alt«, sagt er, »von gestern«, nimmt einen Laib aus dem Regal und klopft mit dem Knöchel dagegen. Es klingt hohl.
Er führt mich nach draußen und zeigt mir den Weg zu einem anderen Laden, in dem ich, wie er sagt, alles, was ich suche, finden würde.
Im zweiten Geschäft gibt es frisches Brot und Obst, Gemüse und Wasser.
Ich gehe zurück, in einem Garten spielt jemand Akkordeon und ein paar Menschen singen dazu, aber ich kann nichts erkennen hinter den Hecken und Bäumen.
Dann sehe ich ein Restaurant, gehe hinein und bin der einzige Gast. Petar, der Besitzer, wie sich nach kurzem Gespräch herausstellt, hat erst vor ein paar Wochen eröffnet und drückt mir einen Packen Werbezettel in die Hand. Sie sind dreisprachig, Serbisch, Englisch und Deutsch.

»Nimm sie mit«, sagt Petar, »und in Deutschland verteile sie unter deinen Freunden. Wenn einer von ihnen demnächst nach Serbien fährt«, sagt er, »dann muss er unbedingt bei mir vorbeikommen!«
Ich sage ihm nicht, dass ich das eher für unwahrscheinlich halte und stecke die Flyer ein.

»Ich bin ein paar Jahre auf einem Kreuzfahrtschiff zur See gefahren«, sagt Petar und deutet auf die Wand, wo der Schnitt eines Schiffes mit Theatersälen und Schwimmbad, Restaurants und Kino hängt, und er zeigt mir, wo sein Platz gewesen ist. Im Bauch des Schiffes, in einem der Restaurants, und nun hat er gekündigt und in seinem Heimatort ein Restaurant eröffnet.
Er bringt mir einen großen Teller mit knusprigen, braunglänzenden Ćevapčići, weißes Brot und einen Salat aus frischen Tomaten und Zwiebeln. Kühles Wasser perlt im beschlagenen Glas und ich bin der festen Überzeugung, dass ich all meine Freunde auf jeden

Fall überreden muss, hierher zu kommen, denn das sind die besten Ćevapčići, die ich je gegessen habe, auch wenn sie mit umgerechnet fünf Euro recht teuer waren für serbische Verhältnisse.
Als ich am Fluss ankomme, sehe ich, dass der junge Mann ein paar Fische gefangen hat, die in einem Plastikeimer schwimmen.
Ich wundere mich immer wieder, warum die Leute so kleine Fische fangen und warum sie sie nicht zurück ins Wasser werfen. In der Donau gibt es halbmeterlange Karpfen und zwei Meter lange Welse, aber alle geangelten Fische, die ich bisher gesehen habe, waren Weißfische, kaum größer als eine Hand.
Die nächsten fünfzehn Kilometer führen durch hügelige Waldlandschaften und es ist sehr heiß, ich bin ganz allein auf dem Fluss und am Nachmittag ziehe ich mich aus, springe ins Wasser und schwimme eine Weile neben dem Boot her, das ich an der Leine hinter mir herziehe. Damit komme ich beinahe so schnell voran wie mit mäßigem Paddeln und es ist eine angenehme Erfrischung. Nur das Wiederhineinklettern ist etwas schwierig und ich tropfe dabei alles nass. Aber das Boot ist breit genug und liegt stabil im Wasser, so dass es sich dabei zwar ein wenig schräg legt, vom Kentern aber noch weit entfernt ist.
»Kilometer 1 117 – Smederevo. Rechts bewirtschafteter Ruderklub ›Metalac‹, großer Anlegesteg, wenig Campmöglichkeiten, aber Übernachtung auf Luftmatratzen im Haus möglich«, steht im Wasserwanderführer und ich hoffe auf eine Dusche.
Smederevo scheint ein mittelgroßes Städtchen zu sein und ich fahre entlang einiger Industriebauten und Schienen, vorbei an rostigen Kränen und einer Kaimauer aus Sandsteinblöcken, die in der Abendsonne kupfern leuchtet. Danach kommt der Hafen, in dem viele Fischerboote liegen, und ich binde das Boot fest, gehe an Land

und sehe nach wenigen Metern den Klub, der eher wie eine Kneipe aussieht. Vor dem Haus stehen Bänke und Tische unter Sonnenschirmen und es sitzen ein paar Männer beim Bier. Den jungen Kellner frage ich, ob ich hier zelten und vielleicht auch duschen könnte.

»Zelten ist kein Problem«, sagt er, »du kannst gleich hier auf der Wiese vor dem Klub campen, es darf dir nur nichts ausmachen, dass es ziemlich laut wird in der Nacht. Nebenan ist Disco.«

»Das macht mir nichts aus«, sage ich. »Nach einer langen Tour bin ich sehr müde und schlafe schnell ein, da stört mich auch keine Disco. Viel wichtiger wäre mir eine Dusche.«

»Ich weiß nicht recht«, sagt er. »Ich kenne mich auch nicht so genau aus, ich bin neu hier. Setz dich, trink ein Bier und warte auf Pelé, er müsste bald kommen.«

»Auf Pelé?«

»Ja, Pelé, wie der Fußballer.«

Also setze ich mich, trinke ich ein Bier und warte auf Pelé. Wie er wohl zu seinem Namen gekommen ist? Ich werde ihn danach fragen, wenn sich eine Gelegenheit ergibt.

Kurz darauf kommt Pelé, ein drahtiger, braungebrannter Mann, etwa fünfzig Jahre alt. Er trägt einen grauen Vollbart, die Haare zum Pferdeschwanz gebunden und auf seinem T-Shirt steht in kyrillischen Buchstaben »Partizan«, der Name eines Belgrader Fußballklubs.

Ich frage ihn nach einer Dusche und er sieht mich ernst an.

»Natürlich kannst eine Dusche haben«, sagt Pelé, lacht und zeigt hinunter zur Donau. »Unten im Fluss!«

In Ordnung, denke ich, du Scherzkeks. Also keine Dusche.

Er setzt sich, lässt sich auch ein Bier bringen und fragt mich aus. Wie lange ich schon fahre, woher ich komme und wohin ich will. Er spricht, wie viele Serben, die ich bisher getroffen habe, sehr gut

Englisch. Ein paar jüngere Männer sitzen dabei, sie hören zu und nach einer Weile stellt sich einer von ihnen als Vladimir vor und sagt, dass er ganz in der Nähe wohnen würde.

»Du kannst mitkommen«, sagt er. »Bei mir kannst du duschen«, und gemeinsam gehen wir am Fluss entlang.

»Ich studiere in Belgrad«, sagt Vladimir, »aber zur Zeit sind Semesterferien und die verbringe ich, wie jedes Jahr, zu Hause in Smederevo.« Ob ich Probleme mit der Polizei in Serbien gehabt hätte, will er wissen.

»Nein«, sage ich und erzähle, wie es mir in Novi Sad ergangen ist.

»Glück gehabt«, sagt Vladimir, »denn hier sind alle Polizisten korrupt. Letztes Jahr ist ein deutsches Pärchen mit dem Kanu in Smederevo angekommen, das zusammen mehr als siebenhundert Euro Strafe zahlen musste, weil sie sich auch erst in Novi Sad und nicht in Bezdan zur Passkontrolle gemeldet hatten.«

Nach ein paar Minuten zeigt er auf ein dreistöckiges, vielleicht hundertjähriges Mietshaus, wie es auch in Leipzig stehen könnte.

»Im Erdgeschoss leben meine Oma und mein Opa und unter dem Dach wohnen meine Eltern und meine Schwester. Komm mit!«, sagt er und schaut zuerst kurz bei seinen Großeltern hinein. Dann gehen wir die Treppe hinauf und er bittet mich in die Wohnung. Die Wände sind schräg und im Wohnzimmer teilen die Balken des Dachstuhls eine Sitzecke ab.

»Setz dich«, sagt er und nimmt ein gerahmtes Foto aus der Schrankwand. »Meine kleine Schwester und ich. Wir haben es für unsere Eltern aufgenommen, als ich bei der Armee war. Deswegen bin ich auch so fett auf dem Foto. Beim Militär werden alle fett, wegen des vielen Essens.«

Er lacht.

Dann schaut er ins Bad, ob auch alles in Ordnung, sauber und aufgeräumt ist, und erst dann darf ich hinein.

»Lass dir so viel Zeit wie du möchtest«, sagt er. »Du kannst auch baden. Ich werde so lange meine Mails lesen.«

Die Dusche ist herrlich und am liebsten würde ich gar nicht mehr aus der Wanne herauskommen, ich schrubbe mich und fühle mich danach frisch und sauber.

Als ich aus dem Bad komme und mich bedanke, sitzt Vladimir vor dem Rechner.

»Gib mir mal deine Mail-Adresse«, sagt er, »und antworte mir, wenn du wieder zu Hause bist. Ich möchte wissen, wie deine Tour weitergeht und wie weit du gekommen bist. Denn der Fluss ist gefährlicher als er aussieht«, sagt er und lacht.

»Ich möchte nun zu einer Party gehen, aber dein Weg zurück zum Klub ist ja nicht zu verfehlen«, sagt Vladimir vor dem Haus. »Einfach über die Schienen und die paar hundert Meter am Fluss entlang.«

Dann dreht er sich um und ich gehe zurück.

»Rauchst du eigentlich Gras?«, fragt Pelé, als ich mich wieder zu ihnen setze.

»Gelegentlich«, sage ich und er steht auf und winkt mir, ihm zu folgen. Auch die Jungs erheben sich, über eine schmale, wacklige Bohle balancieren wir auf ein Schiff, setzen uns unter einem Baldachin an einen Tisch und alle außer mir drehen Tüten.

Ich nehme den herumgereichten Joint und ziehe daran. Er schmeckt mild, aber ich reiche ihn nach zwei Zügen weiter, lehne mich zurück und blase den Rauch aus und einer der Jungs grinst mich verschwörerisch an.

»Guter Stoff aus Albanien!«, sagt er.

Wir rauchen und schweigen und dann sprechen sie untereinander auf

Serbisch. Ich verstehe nicht viel und bald gebe ich es auf, ihnen zuzuhören und blicke einfach nur übers Wasser. Ein Baumstamm treibt vorüber, am gegenüberliegenden Ufer steht schwarz der Wald und kleine Wellen klatschen leise an die Schiffswand.

Nach einer Weile stehen wir auf und gehen zurück zum Klub.

Wir setzen uns und Pelé beginnt zu erzählen.

»Vor mehr als zwanzig Jahren habe ich subventionierte Waren billig in Jugoslawien eingekauft, nach Griechenland und in die Niederlande gebracht und dort mit Gewinn weiterverkauft. Das ging eine ganze Weile und ich habe gut davon gelebt. Als in den frühen Neunzigern die Kriege in Jugoslawien ausbrachen, bin ich in Griechenland geblieben und erst wiedergekommen, als alles vorbei war. Jetzt besitze ich ein Häuschen in Smederevo, ich habe mein Auto verkauft und stattdessen das alte Schiff gekauft, auf dem ich im Sommer wohne. Das Schiff fährt nicht mehr«, sagt er. »Es liegt nur noch am Kai und jetzt bin ich der Hafenmeister von Smederevo. Etwas Anderes brauche ich nicht mehr im Leben als hier zu sein, am Kilometer 1 117. Ich habe mich zur Ruhe gesetzt und betreibe den Klub. Zu mir kommen die Kanufahrer, die Segler und die Yachturlauber, ich trinke ein Bier mit ihnen und lasse mir von ihnen ihre Geschichten erzählen.«

Er sieht zufrieden aus.

»Sag mal, wenn du morgen wieder in dein Boot steigst, wie weit wirst du dann fahren?«, fragt er dann.

»Vielleicht vierzig Kilometer«, sage ich. »Mal sind es mehr, mal weniger. Jetzt wird es wohl eher weniger, weil schon bald der Rückstau von Đerdap I beginnt und die Strömung immer schwächer wird. Warum fragst du?«

»Pass auf«, entgegnet Pelé und beugt sich zu mir, »ich habe eine Idee. Mein Neffe Luka und meine Nichten Ada und Dunja sind gerade für eine Woche in Golubac, das ist am Kilometer 1 043. Ich schreibe ihnen jetzt einen Brief und du wirst ihnen diesen Brief bringen. Wie sieht es aus, bist du einverstanden?«, fragt er und ich bin einverstanden, sehr einverstanden sogar. Denn damit bin ich nicht mehr nur allein zu meinem Vergnügen auf dem Fluss unterwegs, denke ich, damit habe ich eine Aufgabe und bin ein Donaukurier!

Pelé holt Stift und Zettel und schreibt ein paar Zeilen an die Kinder, faltet das Blatt zusammen und übergibt es mir feierlich.

»Die werden sich wundern!«, sagt er. »Da kommt ein fremder Kanufahrer, ein Deutscher, den sie noch nie zuvor gesehen haben, und er bringt ihnen einen Brief von Onkel Pelé aus Smederevo! Wenn du das wirklich machst, dann gehörst du zu uns, dann bist du einer von uns. Sie zu finden dürfte kein Problem sein«, sagt Pelé. »Golubac ist ein kleiner Ort und jeder weiß, wo das Trainingslager ist. Du musst nur nach Đora fragen, ihrem Trainer, und dann wirst du sie schon finden.«

Während Pelé und ich uns voll Vorfreude die erstaunten Gesichter der Kinder vorstellen und er mir Golubac und das Segellager genauer beschreibt, kommt ein junger Mann und setzt sich uns gegenüber, verschränkt die Arme vor der Brust und starrt mich feindselig an. Er ist vielleicht achtzehn Jahre alt und muskulös und ich habe den Eindruck, dass er mir am liebsten sofort die Faust ins Gesicht schlagen würde. Er trägt ein T-Shirt mit dem Aufdruck der brasilianischen Fußballnationalmannschaft und tuschelt mit den anderen Jungs, die beschwichtigend auf ihn einreden, wie mir scheint, denn ich verstehe nur wenig. Ganz offensichtlich geht es um mich, aber ich habe keine Ahnung, warum er mich so finster ansieht. Vielleicht kann er keine Deutschen leiden, was ich sogar verstehen würde. In den vergangenen hundert Jahren haben die Deutschen sein Land dreimal angegriffen und das letzte Bombardement, der NATO-Krieg gegen Jugoslawien, liegt gerade einmal elf Jahre zurück. Da spielt es keine Rolle, dass ich damals gegen diesen Krieg gewesen bin, dass ich nie Soldat war, und es ist auch völlig egal, dass ich nach Serbien gekommen bin, weil ich das Land und die Menschen kennenlernen möchte.

Der junge Mann spricht kein Englisch, Pelé wimmelt ihn immer wieder ab und ich verstehe nur wenig, nur einmal so viel wie »Lass ihn, er ist zum ersten Mal hier bei uns und er ist als Freund gekommen.«

Nach einer Weile sieht mich Pelé an.

»Sag mal, interessierst du dich für Fußball?«

»Nein, nicht besonders«, sage ich und winke ab. »Warum?«

Pelé scheint erleichtert zu sein und übersetzt meine Antwort dem jungen Mann, aber der sieht mich so finster an wie zuvor.

»Es ist so«, sagt Pelé und schaut etwas verlegen. »Vor drei Wochen hat Serbien bei der WM in der Vorrunde gegen Deutschland gewonnen. Wir sind dann nach den Niederlagen gegen Ghana und Australien ausgeschieden, aber die deutsche Mannschaft, die von unserem Team geschlagen wurde, ist weitergekommen ins Achtelfinale. Die Jungs sind stinksauer, denn wir haben euch besiegt und ihr kommt weiter. Verstehst du jetzt?«, fragt er, grinst und nimmt einen tiefen Schluck aus seiner Flasche.

Das also ist der Grund? Der junge Mann, der kein Englisch spricht, schaut mich nach wie vor sehr finster an.

»Mit dem Kajak?«, fragt er mich auf Serbisch. »Aus Budapest?«

Ich nicke und er zeigt mir den in die Höhe gereckten Daumen.

»Respekt!«, sagt er anerkennend. Das wiederholt er noch ein paar Mal, ohne dass er dabei freundlicher blicken würde, und dann geht er.

»Die Jungs haben mich schon die ganze Zeit gelöchert«, sagt Pelé. »Frag den Deutschen, wie er zum Fußball steht!«, und er verdreht die Augen. »Kinder…!«, sagt er.

Ein etwa fünfzigjähriger, traurig blickender Mann kommt zu uns und umarmt Pelé, gibt mir die Hand und setzt sich an unseren Tisch.

»Das ist Ratko«, sagt Pelé. »Während des NATO-Krieges haben wir zusammen in Belgrad in einer Wohnung gelebt. Jede Nacht kamen die Bomber und wir haben im Keller gehockt, Schnaps getrunken und darauf gewartet, dass es unser Haus trifft und wir sterben. Elf Wochen lang haben wir Abend für Abend auf den Tod gewartet. Die Bomben sind in der Stadt eingeschlagen, weit entfernt und ganz in der Nähe, die Wände haben gewackelt, Scheiben sind zersprungen und Türen aus den Angeln geflogen, aber wir sind davongekommen. Seitdem treffen wir uns einmal im Jahr.«

Ratko spricht kein Englisch, aber er nickt, als hätte er jedes Wort verstanden.

Ich verabschiede mich und lasse die beiden allein.

Als ich zahlen möchte, ist die Rechnung für zwei der vier Bier schon beglichen. Der finster blickende, junge Mann hat sie übernommen. Ich bin ein wenig verwirrt, aber nun ist er nicht mehr da und ich kann mich nicht einmal bei ihm bedanken.

Die Open Air Disco wenige Meter neben dem Zelt ist laut, sehr laut, aber ich bin müde und betrunken und ein bisschen bekifft, die Musik stört mich überhaupt nicht und nach kurzer Zeit bin ich eingeschlafen.

Am Morgen um sieben klingelt der Handywecker und ich stehe auf, nehme den Kocher, die Kaffeebüchse und die Kanne und gehe hinüber zu Pelé, der schon an Deck seines Schiffes steht und über den Fluss schaut.

Wir trinken Kaffee und er holt eine Schnapsflasche und Gläser aus einer Kiste unter seinem Sitz hervor. Ich will protestieren, aber er lässt keine Widerrede zu.

»Der ist überhaupt nicht stark und ganz mild«, sagt er.

»Na gut«, sage ich. »Aber nur einen ganz Kleinen.«

Die Gläser sind größer als unsere Schnapsgläser, es gehen etwa zwei Doppelte hinein und er gießt sie randvoll. Aber der Slivovitz ist mild und schmeckt sehr gut.

Pelé leert sein Glas.

»Zweiundfünfzig Prozent!«, murmelt er anerkennend und sieht mich an.

»Wirst du auch nicht vergessen, den Brief zu überbringen?«

»Nein«, sage ich, »das werde ich nicht vergessen, das verspreche ich«, und wir verabschieden uns.

Bis Golubac sind es 74 Kilometer, aber es ist noch nicht einmal acht Uhr, es ist ein frischer Morgen, die Sonne löst den Frühnebel über dem Fluss schnell auf und ich habe noch mehr als zwölf Stunden bis zum Sonnenuntergang. Ich werde versuchen, denke ich, die Strecke an einem Tag zu schaffen. Noch ist ein wenig Strömung zu spüren, wenn auch nur noch sehr schwach, und auch der Schnaps gibt mir Kraft, aber diese kleine Hilfe wird schon bald verflogen sein. Doch noch ist es angenehm kühl und ich kann zwanzig Kilometer fahren, bis die Mittagshitze das Paddeln erschwert und häufigere Pausen erzwingt.

Unterwegs fällt mir ein, dass ich vergessen habe, Pelé zu fragen, wie er zu seinem Namen gekommen ist.

Gegen Mittag ziehen Wolken auf, dann regnet es.

Am frühen Nachmittag reißen die Wolken auf und ich erreiche Ram, breite die Spritzdecke und das Regencape in der Sonne aus und lege das Sitzkissen und das aufgeklappte Handy, dem die Feuchtigkeit

auch nicht bekommen ist, daneben. Es ist schon wieder ganz beschlagen von innen und funktioniert nicht mehr. Danach setze ich mich in das Café neben der Fähranlegestelle.
Es sind noch 33 Kilometer bis Golubac.
Wenn die Grenzformalitäten in Veliko Gradište nicht allzu lange dauern, dann könnte ich tatsächlich heute noch dort ankommen, denke ich und trinke meinen Kaffee aus, gehe zum Boot und fahre weiter.
Einen Kilometer hinter Ram greife ich in die Hosentasche und kriege einen Schreck. Das Handy!
Ich fahre ans Ufer, binde das Boot fest und laufe zurück. Das Telefon ist zwar nicht mehr besonders neu, aber es liegt direkt neben der Fähranlegestelle auf einem großen Stein und was ist, wenn es jemand findet und mitnimmt? Wie lange würde es wohl in Deutschland irgendwo herumliegen? Ich mache mir keine großen Hoffnungen und als mir auf dem Weg eine Sumpfschildkröte begegnet, nehme ich mir die Zeit, sie so lange zu fotografieren, bis sie davonläuft und im Gebüsch längs des Weges verschwindet. Denn wenn das Handy weg ist, denke ich, dann ist es zehn Minuten später schließlich noch genauso weg, aber als ich an der Fähranlegestelle ankomme, liegt es noch immer auf dem Stein, genauso, wie ich es abgelegt habe.
In Veliko Gradište suche ich die Grenzpolizei. Wenigstens ordentlich abmelden möchte ich mich in Serbien und frage einen vielleicht zehnjährigen Jungen nach dem Weg, er führt mich hin und ich schenke ihm dafür das Bonbon aus der Wechselstube von Novi Sad, das ich noch in meiner Hosentasche finde.
Das Polizeigebäude ist ein Altbau, der schon lange nicht mehr saniert oder gemalert wurde. An der Wand hängen Kalender, Dienstpläne und die Karte des Flusssystems der Donau. Wieder ist es keine politische Landkarte, sondern erneut eine hydrographische.

Ich bin ungeduldig, denn in einer Stunde wird die Sonne untergegangen sein und in drei Stunden ist es dunkle Nacht.
Am südöstlichen Rand der Mitteleuropäischen Zeitzone geht die Sonne Mitte Juli schon um kurz nach acht unter, während sie in Deutschland, das zwar in der gleiche Zeitzone, aber weiter westlich und höher im Norden liegt, noch bis kurz vor halb zehn am Himmel steht.
Es sind noch 16 Kilometer bis Golubac, für diese Strecke brauche ich mindestens noch zwei Stunden, eher drei, und nach einer Weile kommt einer der Polizisten zu mir.

»Hast du eine Landkarte dabei?«, fragt er.

»Ja«, sage ich. »Ja, aber die liegt im Boot.«

»Dann holst du sie jetzt und in fünf Minuten bist du wieder hier«, sagt er.

Ich frage mich, wieso er meine Karte sehen will und bin etwas ärgerlich, denn die Zeit vergeht und ich möchte nach Golubac fahren. Was soll der Quatsch? Den Pass soll er stempeln, denke ich, das kann doch nicht so schwer sein.
Doch dass es keinen Sinn hat, zu protestieren, das weiß ich auch, und wahrscheinlich lässt er mich dann erst recht schmoren und es werden vielleicht die nichtvorhandenen Bootspapiere zum Problem oder meine verspätete Meldung in Novi Sad oder die eigentlich in Serbien vorgeschriebene, aber nicht erfolgte tägliche Meldung bei der Polizei oder was weiß ich für Nichtigkeiten.
Also hole ich die Karte aus dem Boot.
Der Polizist nimmt das Heftchen und blättert eine Weile, bis er gefunden hat, was er sucht.
In Prahovo, sagt er, bei Kilometer 860, soll ich mich bei der Grenzpolizei melden, und bis dahin müsste ich, weil das linke Ufer rumänisch ist, unbedingt auf der rechten, der serbischen Seite bleiben. In Prahovo

könnte ich mir meinen Stempel abholen und danach dürfte ich nach Belieben die Ufer wechseln.
Ich nicke und zum Zeichen, dass ich ihn auch richtig verstanden habe, unterstreiche ich Prahovo in meiner Karte und gehe zurück zum Fluss.
Die Sonne steht tief am westlichen Horizont.
Es wäre Quatsch, denke ich, jetzt hier in Veliko Gradište zu bleiben. Ich will Pelé beweisen, dass ich meinen Auftrag als Donaukurier ernst nehme, ich freue mich schon darauf, die Kinder zu überraschen, und wenn ich die letzte halbe Stunde in der Dämmerung oder fast im Dunkeln fahren muss, dann wird es schon auch irgendwie gehen.
Die Strömung hat mittlerweile völlig aufgehört, die Donau ist nun ein See und stehende Gewässer sind ohnehin weniger gefährlich als fließende. Ich werde es schon schaffen, denke ich und fahre weiter.
Mit weniger als fünf Kilometern in der Stunde komme ich voran und langsam dämmert es, die ersten Sterne leuchten auf und als ich den beleuchteten Hafen von Moldova Veche erreiche, steht nur noch ein letzter, dunkelblauer Schimmer am westlichen Horizont. Aber Moldova Veche liegt am linken, am rumänischen Ufer. Ich darf nicht hinüber und ich möchte es auch nicht, denn dazu müsste ich den Fluss überqueren, der hier einen guten Kilometer breit ist. Stattdessen bleibe ich sehr nahe am rechten Ufer, denn wenn jetzt ein Schiff käme, es könnte mich nicht sehen, und es wäre auch viel zu riskant, im Dunkeln in der Schiffsrinne zu fahren, zumal ich keine Lampe bei mir habe.
Sterne leuchten am Himmel und es ist Neumond. Ich komme nur langsam voran, doch jetzt ist es zu spät, es sich anders zu überlegen, denn ich sehe nichts mehr, am Ufer steht Wald, es ist stockdunkel und ich kann nicht erkennen, wo ich vielleicht anlegen könnte.

Ich habe keine Wahl, ich muss bis Golubac fahren, wo es den nächsten Hafen mit Zeltmöglichkeiten gibt, der hoffentlich auch beleuchtet ist. Ich muss es bis Golubac schaffen.

Der Fluss sieht ganz anders aus als am Tag. Was ich im hellen Licht schnell als einen kleinen Ast oder als ein treibendes Blatt erkenne, das umfahre ich jetzt vorsichtig, weil ich nicht sehen kann, ob es nicht vielleicht doch ein großer Stein oder ein ganzer im Wasser treibender Baum ist, der mir den Weg versperrt und die Bootshaut aufreißen könnte, zumal der Wasserwanderführer hier vor Baumstümpfen kurz unter der Wasseroberfläche warnt.

Die Nacht ist schwarz und still und ich kann kaum ein paar Meter weit sehen. Um nicht in Panik zu verfallen und um mich zu beruhigen, zähle ich die Paddelschläge. Eins, zwei, drei… hundert, eins, zwei, drei… zweihundert, eins, zwei, drei... fünfhundert…

Am Horizont kann ich die Lichter einer Stadt erkennen, aber ich komme ihnen nicht näher, sie liegen in der immer gleichen Entfernung von vielleicht fünf Kilometern vor mir und mehr als eine Stunde lang scheinen sie mir, wie eine Fata Morgana, nicht etwa näher zu kommen, sondern sich eher noch von mir zu entfernen.

Ich habe Angst, richtige, große Scheißangst. Zwei Stunden lang kämpfe ich mich durch den Fluss, in dem Pflanzen in dichten Teppichen bis an die Wasseroberfläche wachsen. Sie bremsen das Boot und das Paddel bleibt in ihnen stecken. Manchmal gibt es kleinere freie Stellen, doch der größte Teil dieses riesigen Stausees ist zugewachsen und bremst das Boot.

Wenn es jetzt die Bootshaut zerreißt, denke ich, dann lasse ich das Boot Boot sein und schwimme ans Ufer. Dann geht es eben unter und alles ist weg. Die Hauptsache ist jetzt nur noch, dass ich irgendwo ankomme.

Ich weiß nicht einmal, ob es die Lichter von Golubac sind, die ich sehe, was mir aber mittlerweile auch egal ist. Ich will nur noch an ein beleuchtetes Ufer, an dem ich anlegen und zelten kann, und nie wieder, denke ich, nie wieder werde ich einen solch leichtsinnigen und lebensgefährlichen Blödsinn machen! Wenn ich jetzt nicht untergehe mit meinem Boot, wenn ich tatsächlich irgendwann Golubac oder irgendeinen anderen bewohnten Ort erreiche, dann werde ich nie wieder im Dunkeln oder auch nur in der Dämmerung fahren!
Doch ich habe gewaltige Zweifel, ob ich es überhaupt schaffen werde. Zwei Stunden im Dunkeln auf dem Fluss sind eine lange, eine sehr lange Zeit und aufgeputscht von der Angst lege ich mich ins Zeug. Jetzt an Land sein! Jetzt in Sicherheit sein! Das sind die ganze Zeit über meine einzigen Gedanken und ich muss mich immer wieder zwingen, klar zu denken und nicht in Panik zu verfallen.
Mit letzter Kraft erreiche ich kurz vor elf Uhr in der Nacht, nach mehr als fünfzehn Stunden Fahrt und 74 Kilometern, den Yacht- und Segelhafen einer kleinen Stadt. Der Hafen liegt gleich am Ortsanfang, er ist beleuchtet und direkt neben der Anlegestelle beginnt ein kurzgeschnittener Rasen, der sich fünfzig Meter breit an der Kaimauer entlangzieht.
Jemand sitzt auf der Mauer.

»Golubac?«, frage ich.

»Ja, Golubac«, ist die Antwort.

Ich sitze noch im Boot und mache die Leinen fest, als ein etwa zehnjähriger Junge zu mir kommt und mich zuerst auf Serbisch und dann auf Englisch fragt, woher ich komme.

»Aus Deutschland«, sage ich. »Oder aus Smederevo, denn da bin ich heute Morgen gestartet.«

»Aus Smederevo? Da wohne ich!«

»Aha«, sage ich, »wie heißt du denn?«

»Luka.«

»Hast du vielleicht zwei Schwestern?«, frage ich ihn. »Dunja und Ada?«

Er nickt.

»Und vielleicht auch einen Onkel Pelé in Smederevo?«, frage ich weiter und er nickt wieder.

Ich greife in meine Hosentasche.

»Dann habe ich hier etwas für dich. Einen Brief von deinem Onkel Pelé, von dem ich dich grüßen soll.«

Der Junge nimmt den Brief und sieht mich mit großen Augen an.

Ein etwa vierzigjähriger Mann in T-Shirt und kurzen Hosen kommt zu uns. Er ist durchtrainiert und sein Schädel glattgeschoren. Đora, der Trainer, könnte auch als Türsteher arbeiten und mustert mich skeptisch.

»Hallo«, sage ich. »Dürfte ich hier zelten?«

Er sieht mich finster an und schweigt.

»Es war eine sehr, sehr harte Tour. Ich bin müde und am Ende meiner Kräfte, es ist nur für eine Nacht«, sage ich. »Bitte!«

»In Ordnung«, sagt er und nickt zögernd. »Aber morgen früh verschwindest du wieder.«

»Ja«, sage ich, »danke! Kein Problem, das mache ich, ist um acht früh genug?«

Er überlegt kurz, nickt dann und geht grußlos davon. Luka folgt ihm. Enttäuscht baue ich mein Zelt auf. Meinen Empfang in Golubac hatte ich mir anders vorgestellt. Dafür bin ich nun also durch die Nacht gefahren, denke ich, aber gut, dann ist es eben so. Wenigstens bin ich an Land, in Sicherheit, und ich baue das Zelt auf und gehe danach hinüber in die Kneipe neben dem Hafen und bestelle mir ein großes Bier.

Als ich auf die Toilette gehe und mein Gesicht im Spiegel erblicke, kann ich Đoras Reaktion beinahe verstehen. Hohlwangig und ausgemergelt sehe ich aus, die Augen liegen tief und groß in den Höhlen und haben blauschwarze Ringe. Dazu kommt, dass ich mich seit fast zwei Wochen nicht mehr rasiert habe. Ich bin geradezu erschrocken über meinen Anblick, zahle und gehe.

Als ich am Morgen das Zelt abbaue, kommt Đora zu mir.

»In fünf Minuten ist der Kaffee fertig«, sagt er und lächelt.

Ich sehe ihn skeptisch an.

»Kostenlos natürlich«, sagt er, lächelt und zeigt auf ein weißes Häuschen auf der Wiese.

Als ich in das Häuschen komme, sitzen am Tisch die drei Kinder Luka, Ada und Dunja neben Đora und Nikola, einem etwa fünfundvierzigjährigen Mann mit grauen Haaren. Đora stellt uns vor, wir trinken Kaffee und er erzählt, dass er als Radiojournalist in Smederevo arbeiten würde, zurzeit aber im Streik sei.

»Aus Protest gegen die Privatisierungen in Serbien«, sagt er. »Jetzt verbringe ich aber erst einmal eine Woche hier mit den Kindern. Sie lernen Segeln, aber auch, wie sie die Donau und die Natur schützen können und dass sie ihren Müll nicht überall achtlos wegwerfen sollten, wie es viel zu viele Menschen leider immer noch tun«, und er schiebt mir ein Päckchen zu.

Ein Geschenk. Es ist ein weißes T-Shirt mit einer aufgedruckten, bunten Kinderzeichnung und dem Schriftzug »Sačuvajmo Dunav«.

Ich schlage im Wörterbuch nach.

»Wir schützen die Donau?«, frage ich ihn.

Er lächelt und nickt.

Neben dem T-Shirt liegt ein Button, auf dem steht »I ♥ Danube«, und Đora ist wie ausgewechselt. Nachdem er gestern mürrisch und abweisend war, ist er heute freundlich und interessiert, wir unterhalten uns noch eine ganze Weile und ich frage ihn, ob ich noch bis Mittag bleiben dürfte.

»Ich würde gern noch ein paar kleinere Reparaturen am Boot vornehmen«, sage ich. »Eine Spante ist verrutscht und sitzt nicht mehr an der dafür vorgesehenen Stelle. Ich bräuchte in etwa eine Stunde, sie wieder einzupassen.«

»Ich habe nichts dagegen«, sagt er. »Du kannst so lange bleiben wie du möchtest«, und ich gehe zum Steg.

Etwa zwanzig Kinder stehen im Kreis um ein kleines Segelboot, das auf der Wiese liegt, und Nikola erklärt ihnen, wie man das Segel hisst und gegen den Wind kreuzt.

Ich entlade das Boot. Als das Gepäck auf den grauen, hölzernen Bohlen liegt, kommen die Kinder und sehen mir zu, wie ich das Boot auf den Steg ziehe. Sie sind zehn bis zwölf Jahre alt und sprechen recht gut Englisch, sie erzählen mir, dass sie segeln lernen, aber auch viel über das sensible Ökosystem der Donau und dass Nikola und Đora als Mitglieder einer serbischen Umweltschutzorganisation sich für eine saubere Donau engagieren.

Luka schenkt mir einen kunstvoll geknüpften Seemannsknoten und als ich bedaure, nichts für ihn zu haben, sagt er, »du hast mir doch schon etwas geschenkt, du hast mir den Brief gebracht.«

Ich fühle mich wohl bei den Kindern und weil ich mich noch bei Đora bedanken und verabschieden möchte, der in die Stadt gegangen ist, setze ich mich zu ihnen in den Schatten und warte.

Luka kommt angerannt.

»Wir gehen jetzt baden, kommst du mit?«, fragt er und so springe auch ich ins Wasser und schwimme mit ihnen im Hafenbecken.

Danach sitzen wir im Schatten und Nikola spricht über die Ausgrabungsstelle Lepenski Vir, vierzig Kilometer flussabwärts. Die Kinder sitzen im Kreis um ihn herum und hören zu.

»In Lepenski Vir hat man in den 1960er Jahren eine der ältesten, wenn nicht gar die älteste steinzeitliche Siedlung überhaupt entdeckt«, erzählt er. »Sie hatte über Jahrtausende bestanden und die am tiefsten liegenden Schichten wurden auf ein Alter von mehr als 9 000 Jahren datiert. Nur einige, wenige Fundstellen in Israel, Ägypten und der Türkei sind genauso alt oder vielleicht auch noch älter. Und schon damals haben die Menschen an der Donau vom Fischfang gelebt, sie haben einfache Hütten und Häuser gebaut und ihre Toten bestattet.«

Ein kleines Mädchen setzt sich neben mich und zeigt mir voller Stolz ihr rosafarbenes Spielzeughandy. Sie geht noch nicht in die Schule und spricht kein Wort Englisch, sie erzählt mir einfach alles auf Serbisch und ich höre ihr zu und sage auf Deutsch, dass das ein ganz besonders schönes Handy ist, ein viel schöneres als mein altes, abgewetztes. Wir verstehen uns ausgezeichnet.

Eine halbe Stunde später kommt Đora zurück und wir verabschieden uns. Er drückt mir einen Beutel mit Lebensmitteln in die Hand und wünscht mir eine gute Reise.

Als ich ins Boot steige und ablege, stehen die Kinder auf dem Bootssteg, sie wollen, dass ich sie fotografiere und winken mir zu.

Der Abschied fällt mir schwer.

Ich fahre aus dem Hafenbecken, lasse den Ort rechts liegen und nach vier Kilometern hat der Stausee bei der Festung Golubac ein Ende, es beginnt wieder eine leichte Strömung und die Donau verengt sich auf wenige hundert Meter. Auf dem schmalen Wasser treiben hunderte von Plastikflaschen und -dosen, große und kleine Styroporbrocken, Tüten und Kanister. Verteilt über den mehr als einen Kilometer

breiten Fluss fallen sie nicht weiter auf, aber hier, in der Enge des Donaudurchbruchs, sind es ja auch nicht weniger, und auf der kleinen Oberfläche bietet das einen erschreckenden, einen traurigen Anblick. In den Bäumen am Ufer hängen Fetzen von Plastiktüten und anderer Müll, am Strand liegen unzählige Plastikflaschen und es sieht trostlos aus. In Ungarn, Kroatien und Serbien wird kein Pfand auf die Flaschen erhoben und so landen sie häufig am Straßenrand oder im Fluss. Das scheint kaum jemanden zu stören, aber ich weiß nun, dass es auch in Serbien Anstrengungen gibt, den Umweltschutz zu verbessern, und ich bin Đora und Nikola sehr dankbar für die Arbeit, die sie leisten.
Auf den nächsten Kilometern ist der Fluss schmaler und wilder als es der Stausee war, links und rechts erheben sich Berge und in einer kleinen Bucht lege ich an und öffne Đoras Beutel. Brot und Joghurt, eine kleine Dose mit Leberpastete, zwei Tomaten und eine Halbliterflasche Wasser.
Am späten Nachmittag zieht von Osten ein Gewitter auf. Der Wind bläst mir entgegen, die Wellen sind fast einen Meter hoch und haben Schaumkronen und wenn ich nicht paddle, werde ich sogar zurückgetrieben. Als die ersten Blitze zucken, fahre ich ans Ufer und setze mich unter einen Baum. Ich warte eine Weile und dann kommt mir ein Gedanke. Wenn es Gegenwind gibt, dann gibt es auch Rückenwind, ich habe Zeit, ich muss ohnehin warten, bis das Gewitter vorübergezogen ist, und da kann ich mir doch aus dem Stoff, der von der Verdeckreparatur übrig geblieben ist und den ich zur Sicherheit mitgenommen habe, ein Segel bauen! Zwanzig Meter Seil habe ich auch noch, das müsste genügen, und im Wald suche ich mir zwei geeignete Äste, Mast und Querbaum zu schnitzen, aus dem Stoff schneide ich ein Segel zurecht und als ich nach zwei Stunden fertig bin, ist auch das Gewitter weitergezogen.
Jetzt brauche ich nur noch Rückenwind.

Am Abend lege ich in Dobra an, einem kleinen Ort, dem man ansieht, dass seine Bewohner von der Landwirtschaft leben. Neben nahezu jedem Haus steht eine Scheune mit Heu und Stroh unter dem Dach, mit einem Traktor und landwirtschaftlichem Gerät auf dem Hof, und dazwischen spazieren Hühner herum.

Ich habe nur noch ein paar hundert Dinar und hier finde ich ganz bestimmt keinen Bankautomaten, denke ich und gehe in Richtung Kirchturm.

Neben der Kirche steht ein kleiner Laden.

An der Tür des Geschäftes sehe ich ein Schild, auf dem steht, dass man auch bargeldlos zahlen kann, und ich zeige der Verkäuferin meine deutsche Sparkassenkarte und frage sie, ob es auch damit funktionieren würde.

»Ja, das geht«, sagt sie und nickt. »EC-Karte und PIN, das genügt.«

Prima, denke ich, das ist die Lösung, und befülle mein Körbchen.

An der Kasse steckt die Verkäuferin die Karte in das Gerät, aber die Schnur am Lesegerät ist nicht lang genug, es mir hinüberzureichen.

»Schreiben Sie mir Ihre PIN auf«, sagt sie. »Das geht schneller.«

Ich zögere. Die PIN aufschreiben? Im Ausland?

Aber die Verkäuferin sieht nicht so aus, als wäre sie Mitglied bei der örtlichen Mafia, sondern vielmehr wie eine ganz normale, vierzigjährige Verkäuferin eines Dorfladens, mit einem Mann und zwei Kindern, mit einem kleinen Häuschen und einem Garten, in dem sie Tomaten und Rosen anbaut, anstatt hauptberuflich Kartenbetrügereien zu begehen, und so schreibe ich ihr die PIN auf.

Wenn das meine Kundenbetreuerin in der Sparkasse wüsste!

Doch es funktioniert nicht, die Verkäuferin gibt mir achselzuckend die Karte zurück und wirft den Zettel mit meiner PIN achtlos in den Papierkorb zu ihren Füßen.

Ob es einen Bankautomaten gäbe in Dobra, frage ich und sie schüttelt den Kopf.

»Nein«, sagt sie.

Ich lasse die anderen vor und zähle mein Geld, rechne und nehme von allem nur die Hälfte, stelle mich wieder hinten an und zahle bar. Ich habe jetzt viereinhalb Liter Wasser und ein Brot, vier Tomaten und eine Wurst. Das muss reichen bis morgen Nachmittag.

Ich sitze am Ufer neben dem Boot und esse, dann stehe ich auf und sehe einen knapp fingerlangen Zahn im Fluss liegen, einen Schweinszahn vermutlich, und ich fische ihn aus dem Wasser, bohre mit dem Messer ein Loch hinein und fädele einen Zwirnsfaden hindurch, hänge ihn mir um den Hals und komme mir ein bisschen vor wie Robinson Crusoe.

Am Morgen hängt Dunst in der Bucht über dem Fluss, aber schon kurz nachdem die Sonne hinter den Bergen hervorkommt, wird die Luft warm und klar.

Die Berge des Banater Gebirges werden immer höher und schroffer, sie fallen steil zum Ufer ab, sie sind bewaldet und aus dem Wald kommt den ganzen Tag ein Gesumm und Gebrumm der Insekten und das Gezwitscher der Vögel, das zu einem einzigen, großen und lauten Grundton verschmilzt, der von den Bergen kommt und im Flusstal widerhallt, so gleichförmig, dass man ihn trotz seiner Lautstärke beinahe überhören könnte.

Gefaltete Vulkan- und Kalksteine säumen die Donau und die Straße entlang des Flusses windet sich durch Tunnel und über Brücken an den Felsen entlang. Am Fuße der Berge liegen Geröllhalden und ich fahre zu einer winzigen Bucht, steige aus und trete beinahe auf eine kleine, vielleicht vierzig Zentimeter lange, gelbbraun gemusterte

Schlange, die im flachen Wasser auf einem Stein liegt und nun schnell davonschwimmt. Bisher hatte ich nicht auf Schlangen geachtet. Ich wusste zwar, dass es hier Hornvipern gibt, aber zu Hause leben ja auch Kreuzottern und ich habe noch nie eine gesehen. Aufmerksam und ein bisschen ängstlich blicke ich mich um und versuche mit jedem Schritt fest und laut aufzutreten.
Ich setze mich auf einen Stein, esse eine Tomate, ein halbes Brot und eine halbe Wurst und dann sind die Verpflegungsbeutel leer. Jetzt sind alle Vorräte aufgebraucht und bis nach Donji Milanovac sind es noch zwanzig Kilometer.
Immer wieder blicke ich mich nach der Schlange um und nach einer Weile sehe ich, dass sie wiederkommt und unter Wasser zu der gleichen, seichten Stelle schwimmt, an der sie vorhin schon lag, und wo es wahrscheinlich angenehm warm ist. Vorsichtig nehme ich die Kamera und schleiche mich an sie heran, sie bewegt sich nicht und ich fotografiere sie. Als ich wieder auf meinem Stein sitze, sehe ich die nächste Schlange, die sich durch den Fluss auf meine Bucht zuschlängelt. Ihr Kopf ragt aus dem Wasser und sie schwimmt erstaunlich schnell, ich springe auf und die Schlange taucht ab. Ich suche das Ufer nach ihr ab, aber ich kann sie nicht mehr sehen und packe schnell meine Sachen zusammen, steige ins Boot und fahre weiter.
Am rechten Ufer steht ein großes, weißes Gebäude im Wald, mehr ein riesiges Stahlgerüst als ein Haus. Das muss die Ausgrabungsstätte von Lepenski Vir sein, aber ich halte nicht, ich muss weiter, nach Donji Milanovac zum Bankautomaten, denn bald geht auch mein Wasser zur Neige. Ohne etwas zu essen könnte ich es ja einen halben, zur Not auch mal einen ganzen Tag aushalten, aber ohne Wasser? Das ist vollkommen unmöglich und die letzte Flasche wird in spätestens zwei bis drei Stunden auch ausgetrunken sein.

Donji Milanovac, in der Karte auch nicht viel größer eingezeichnet als Dobra, ist kein bäuerliches Dorf, sondern eine Kleinstadt mit Hafen und fünfgeschossigen Mehrfamilienhäusern, mit einem Stadtzentrum und Geschäften, mit Cafés und einer Bank. Ich hebe Geld ab, gehe in das nächste Restaurant und bestelle Ćevapčići, Salat und eine Einliterflasche Wasser. Sie kommt direkt aus dem Kühlschrank, sie ist beschlagen, so kalt ist sie, und ich trinke sie aus, noch bevor das Essen kommt.

Dem Kellner zeige ich das Foto der Schlange.

»Ist sie gefährlich?«, frage ich ihn.

»Ja«, sagt er. »Das ist eine Viper, die giftigste Art, die hier lebt. Wenn du gebissen wirst, dann musst du dich beeilen und es in spätestens sechs bis acht Stunden zum nächsten Arzt schaffen.«

»Danke«, sage ich und habe Angst.

Ich kaufe Lebensmittel und Wasser und fahre noch sieben Kilometer weiter, bis zu einer Bucht mit Kiesstrand bei Malo Golubinje.

Eine kleine Hütte steht am Strand und eine ältere Frau, die mit ihrem etwa vierjährigen Enkel von der Hütte kommt und den Weg hinaufgeht, frage ich, ob ich hier zelten dürfte.

Sie hat nichts dagegen.

Das dachte ich mir schon, denn noch nie hat sich jemand daran gestört und immer war es kein Problem, aber ich denke, es ist gut, wenn ich frage. Dann wissen die Leute, mit wem sie es tun zu haben, man hat ein paar Worte miteinander gewechselt und schon gehört man ein bisschen dazu und ist nicht mehr ganz so fremd.

Als das Zelt aufgebaut ist, gehe ich den Weg hinauf zum Ort und finde eine Kneipe. Dort trinke ich ein Bier und frage den Betreiber, ob es hier, wo die Donau so schmal und eng ist und nur ein paar hundert Meter Wasser Serbien von Rumänien trennt, Kontakte zu den Bewohnern auf der anderen Seite des Flusses gäbe, und er nickt.

»Ja, na klar«, sagt er. »Sie kommen zum Einkaufen rüber, seit sie zur Europäischen Union gehören und drüben alles so teuer geworden ist. Beim Fischen begegnen wir uns sowieso ständig auf dem Fluss und außerdem sprechen wir auf beiden Seiten der Grenze ohnehin die gleiche Sprache.«

»Die gleiche Sprache?«, frage ich ihn. »Sprechen die Leute drüben auch Serbisch?«

»Nein«, sagt der Mann. »Andersrum. Wir sprechen Vlaški.«

»Vlaški? Was ist denn das?«

»Das ist unser Wort für Rumänisch«, sagt er.

»Aber Sie sind doch Serbe?«, frage ich und sehe ihn ungläubig an.

»Ja, natürlich bin ich Serbe«, sagt er und lacht. »Aber hier sprechen wir Vlaški, genauso wie drüben in Rumänien. Selbstverständlich sprechen wir auch Serbisch, aber hier«, sagt er und grinst, »hier in den Karpaten, da ist nicht alles so ordentlich wie in Deutschland. Hier sprechen Serben Vlaški und Rumänen Ungarisch und eine Grenze ist noch lange keine Grenze, irgendwo gibt es immer ein Loch, wenn Du verstehst, was ich meine.«

Um neun macht die Kneipe zu, es dämmert und ich gehe zurück zum Fluss.

Zehn Kilometer nordöstlich von Malo Golubinje ist der Fluss nur noch 150 Meter breit und, laut Wasserwanderführer, beinahe genauso tief. Die Felsen ragen senkrecht fast dreihundert Meter in den Himmel und die Donau windet sich durch das enge Tal. Ich kann nur ein paar hundert Meter weit sehen, vor mir liegen steile, steinerne Klippen und im Wasser treiben hunderte Plastikflaschen. Kurz nach dem oberen Kazan, der engsten Stelle des Donaudurchbruchs,

weitet sich der Fluss zu einem See, um sich kurz darauf wieder zum nicht ganz so schmalen unteren Kazan zu verengen.
Am linken Ufer steht eine kleine, rumänisch-orthodoxe Kirche ganz nah am Ufer. Es sieht beinahe so aus, als beugte sie sich über das Wasser und als müsste sie gleich hineinfallen.
Ein paar hundert Meter weiter sehe ich die »Statuia lui Decebal«. Mit einer Höhe von vierzig Metern ist sie die größte Felsskulptur Europas und der Kopf mit dem riesigen Vollbart und der Inschrift »König Decebal – erbaut von Dragan« ist ein gewaltiges Monument, das ein wenig danach aussieht, als hätte sich ein Zwölfjähriger daran versucht, das Gesicht Rübezahls aus dem Stein zu meißeln.
Im ersten nachchristlichen Jahrhundert gab es auf dem Gebiet des heutigen Rumänien ein Königtum mit Städten und Festungen, die Daker hatten einen Kalender, der das Jahr in zwölf Monate und die Woche in sechs Tage unterteilte, und eigene Münzen, sie töpferten Gefäße aus Ton und schmiedeten kunstvollen Silberschmuck.
Im Jahre 106 griffen römische Truppen das Dakerreich an und standen bald darauf vor der Hauptstadt Sarmizegetusas. Der König floh in die Berge, aber eine römische Aufklärungseinheit war ihm gefolgt und konnte ihn aufspüren. Um der Gefangenschaft zu entgehen, stürzte sich Decebalus in sein Schwert, und bis heute ist er für die Rumänen eine ebenso sagenumwobene und identitätsstiftende Figur wie es etwa Arminius für die Deutschen ist.
Einige hundert Meter weiter hängt am rechten Ufer die Tabula Traiana, die Tafel des Traian, nur ein paar Zentimeter über der Wasseroberfläche. Die unscheinbare Tafel wurde anlässlich der Fertigstellung der Donaustraße von den Römern angebracht. 1972 ist sie zusammen mit dem sie umgebenden Fels herausgebrochen und an ihrem jetzigen Standort angebracht worden, damit sie nicht, wie die

Reste der Straße selbst, im Stausee des Eisernen Tores versinkt.
Nach einer Weile werden die Felsen flacher, die Berge kleiner und ein paar Kilometer flussabwärts liegen bewaldete Hügel links und rechts des Flusses und statt der Geröllhalden sind die Ufer gesäumt von sandigen Buchten und Wiesen.
Ein großer Karpfen springt etwa zwei Meter vor dem Boot aus dem Wasser und es klatscht laut, als er sich auf die Seite fallen lässt. Das Geräusch kenne ich, das höre ich immer mal wieder, aber zum ersten Mal sehe ich einen so großen Fisch aus der Nähe.
Die Donau steht seit Langem und hat keine Strömung mehr. Trotzdem habe ich das Gefühl, als würde mich der Fluss manchmal mit sich ziehen und manchmal das Boot geradezu abbremsen. Manchmal paddle ich mit voller Kraft und komme kaum voran und manchmal schneidet das Boot das Wasser, als hätte es einen Motor, aber ich kann mir nicht erklären, woran das liegen könnte, und am Abend sehe ich die Staumauer und das Kraftwerk Đerdap I im abendlichen Dunst liegen. Zwischen den Bergen spannt sich eine Betonmauer über die gesamte Flussbreite, links und rechts steht je ein Turm und Hochspannungsleitungen führen von flachen Gebäuden die Berge hinauf.
Das Eiserne Tor ist die fünfthöchste Staustufe der Welt und das vorletzte Hindernis der Donau auf ihrem Weg zum Schwarzen Meer.
Es dämmert und ich fahre in eine Bucht mit dunklem Schotterstrand, auf dem ich das Zelt aufbaue. Das Boot binde ich an einen im Wasser liegenden Baum und langsam wird es dunkel.
Ich sitze vor dem Zelt und der Wasserspiegel in der Bucht steigt schnell um zehn Zentimeter an, um dann ebenso rasch um den gleichen Pegel zu fallen und kurz darauf wieder anzusteigen. Der Fluss ist hier fast anderthalb Kilometer breit und es müssen gewaltige Wassermassen sein, die sie im Kraftwerk innerhalb weniger Minuten abfließen lassen können.

Das also war der Grund. Wenn sich das Wasser gestaut hat, wurde das Boot gebremst, und wenn es abgelassen wurde, dann hat es das Boot mit sich gezogen.

Ich sitze am Ufer, es dämmert und ich blicke über die Donau. Die Berge am gegenüberliegenden Ufer schimmern bläulich, seit zwei Wochen bin ich nun wieder auf dem Fluss unterwegs und habe siebenhundert Kilometer zurückgelegt.

Es ist ganz still in der Bucht, kein Frosch quakt, keine Grille zirpt und nur ein einzelner Vogel zwitschert. Nichts ist zu hören außer dem Plätschern der Wellen am Ufer und langsam wird es dunkel.

In der düsteren Bucht habe ich ein beklommenes Gefühl, ohne recht zu wissen, warum. Vielleicht ist es einfach nur zu still, zu leise für einen Abend am Fluss, an dem nur ein paar Glühwürmchen lautlos durch die Luft gleiten, leuchten und wieder verglimmen. Der Wald beginnt direkt hinter meinem Zelt und ich weiß nicht, ob es hier nicht vielleicht auch Bären gibt, schließlich gehören die Banater Berge zu den südlichen Karpaten.

Zur Sicherheit hänge ich den Beutel mit den Lebensmitteln an einen Baum, etwa zehn Meter vom Zelt entfernt, und krieche in meinen Schlafsack. Nach einer Weile höre ich Zweige brechen und ein Rascheln und Schnauben direkt neben mir und hoffe, dass es nur ein Dachs ist, ein Fuchs oder vielleicht sogar nur ein Igel, denn wenn man nichts sieht, so versuche ich mir einzureden, dann klingen die Geräusche der kleineren Tiere viel lauter.

Im Zelt bin ich blind für alles, was rings um mich geschieht, und es hätte auch keinen Sinn, hinauszugehen und nachzusehen, denn ich habe nicht einmal eine Taschenlampe. Ich halte den Atem an und hebe den Kopf, um besser hören zu können, greife zum Taschenmesser und weiß auch, dass mir das nichts nützt.

Nach einer Weile entfernen sich die Geräusche und ich schlafe ein, aber ich schlafe schlecht und träume von Schlangen und Bären und von einem großen Strudel, der mich immer tiefer in die Schleusenkammer zieht.

Am Morgen steht das Wasser einen knappen halben Meter höher als gestern Abend und ist bis auf etwa zehn Zentimeter an das Zelt herangekommen, das ich gestern fünf Meter vom Ufer entfernt aufgebaut habe, und der Beutel hängt unberührt an seinem Ast.
Ich fahre zur Schleuse und binde das Boot an einer Eisenleiter in der Betonmauer fest, klettere hinauf und gehe zu den Gebäuden nach vorn. Ein Mann kommt mir entgegen und ich frage ihn, wann ich geschleust werden könnte, aber er schüttelt den Kopf.

»Hier wird nur zu Berg geschleust«, sagt der Mann, »nicht zu Tal. Du musst rüber auf das andere Ufer«, und er deutet auf die rumänische Seite.
Ich nicke und gehe zurück zum Boot, klettere wieder hinein und fahre einen weiten Bogen, um der Staumauer nicht zu nahe zu kommen, denn ich weiß nicht, ob nicht doch eine Strömung mich erfassen könnte und paddle hinüber an das linke Ufer.
Ein Mann steht auf der Kaimauer.

»Warten Sie hier«, sagt er auf Englisch und deutet auf ein sich näherndes Schiff.
Als das Schiff vor der Kammer liegt, öffnet sich das Doppelflügeltor zur Schleusenkammer und die Ampel schaltet auf Grün. Das Schiff fährt hinein und ich folge ihm. Die Kammer ist 310 Meter lang und 34 Meter breit und hinter uns schließt sich das Tor.
Ich halte mich an einem der riesigen, stählernen, orangefarbenen Schwimmkörper fest, die in regelmäßigem Abstand in senkrechten

Vertiefungen in der Wand eingelassen sind und die langsam in immer gleicher Höhe auf dem Wasser schwimmend nach unten gleiten. Nach einer Dreiviertelstunde ist der Wasserspiegel um fünfzehn Meter gefallen, das vordere Schleusentor öffnet sich und in der zweiten Kammer ist ein weißes Passagierschiff zu sehen.
Wir liegen an der linken Kaimauer und das Kreuzfahrtschiff rechts. Es kommt in unsere Kammer gefahren und als es neben uns angelegt hat, schaltet die Ampel auf Grün. Wir fahren in die zweite Kammer, hinter uns schließt sich das Tor und eine knappe Stunde später ist auch die zweite Schleusung beendet.
Hinter der Staumauer halte ich am rechten Ufer. Fast zwei Stunden lang habe ich mich an einer kleinen Kante eines Stahlwürfels festgehalten und jetzt schmerzt der linke Arm und der Hintern tut mir vom langen Sitzen weh.
In einem kleinen Ort kaufe ich Milch und Kuchen und setze mich neben der Kirche in den Schatten eines Baumes und frühstücke. Ein Bauer treibt zwei braunbunte Kühe an mir vorüber und sieht mich schweigend an.
Danach fahre ich weiter, es ist heiß und ich paddle nicht mehr, ich lasse mich treiben und schwimme dann ein bisschen neben dem Boot her. Ein Wassermotorradfahrer kommt mir entgegen und hält an.

»Woher kommst du?«, fragt er.

»Aus Budapest«, sage ich.

»Und wohin fährst du?«

»Zum Meer«, sage ich, zum ersten Mal auf der Reise.

»Allein?«, fragt er und schlägt sich mit der flachen Hand vor die Stirn. Ich nicke.

»Gute Reise!«, ruft er und schüttelt den Kopf, gibt Gas und fährt davon.

In einer Bucht bei Korbovo legt ein alter Fischer seine Leinen aus.

»Kann ich hier zelten?«, frage ich ihn und er nickt.

Ich lege an und er kommt auf mich zu, deutet auf das Boot und versucht mir etwas zu erklären. Nach einer Weile verstehe ich. Er möchte, dass ich die Leine, die er längs zum Ufer verlegt hat, quer in den Fluss ziehe. Mit seiner bis zur Brust reichenden Gummihose kommt er nicht weit genug, denn dafür ist das Wasser viel zu tief. Ich nicke und nehme das Bleigewicht am Ende der Leine, an der im Halbmeterabstand etwa zehn Zentimeter große, tote Fische an Haken stecken, in die Hand und schwimme auf den Fluss hinaus. Der Mann steht am Ufer und strahlt.

»Hier?«, frage ich und der Mann nickt, ich lasse das Gewicht fallen und schwimme zurück zum Ufer.

Der Mann ist etwa siebzig Jahre alt und hat Falten und Fältchen im Gesicht und wasserblaue, freundliche Augen, er schüttelt mir die Hand und stellt sich vor und ich frage ihn, ob es in Korbovo einen Laden gäbe.

Der Mann heißt Milorad und weil ich »Magazin«, das russische Wort für Laden, benutzt habe, was bislang auch immer verstanden wurde, bringt er mir nun das serbische Wort bei und lässt es mich so oft wiederholen, bis er sich sicher sein kann, dass ich »prodavnica« nicht wieder vergessen werde. Dann erklärt er mir den Weg.

Morgen früh würde er wieder hier sein, sagt er, und dank meiner Hilfe hoffentlich viele, große Fische aus dem Fluss ziehen, er verabschiedet sich, steigt auf sein Rad und fährt davon.

Korbovo ist ein größeres Dorf, in den Gärten vor den Häusern wachsen Tomaten und Paprika, Blumen, Mais und Obstbäume und vor einem Haus sitzen drei ältere Frauen auf Stühlen mitten auf der Straße. Als sie mich erblicken, verstummen sie und mustern mich schweigend.

»Guten Abend«, sage ich. »Können Sie mir sagen, wo ich die prodavnica finden kann?«

Alle drei fangen nun gleichzeitig zu reden und zu gestikulieren an und erklären mir den Weg. Ihr misstrauischer Blick ist verschwunden.

Hinter der orthodoxen Kirche weitet sich die Straße zu einem Platz und es gibt sogar zwei Geschäfte, ich kaufe mir ein Bier und setze mich auf eine Bank.

Der große Platz ist voll von Menschen, die sich im Gehen ein paar Worte zurufen, stehenbleiben und ein Schwätzchen halten, mit einem Bier aus dem Laden kommen, sich setzen und miteinander reden.

Es ist Samstagabend, das ganze Dorf scheint sich versammelt zu haben und der Dorfplatz von Korbovo sieht aus wie ein aus der Zeit gefallener Ort, an dem sich am Abend die Einwohner in der Mitte des Dorfes treffen wie vor hundert Jahren.

Niemand nimmt Notiz von mir, es ist als sei ich gar nicht anwesend, und so setze ich mich auf eine Bank, nehme meine Kladde, trinke Bier und schreibe.

Eine Stunde später leert sich der Platz, die Läden schließen und ich gehe zurück zum Fluss.

Die drei Frauen sitzen noch immer vor dem Haus und fragen mich, ob ich den Laden denn auch gefunden hätte. Ich nicke und bedanke mich noch einmal für ihre Hilfe, wünsche ihnen einen schönen Abend und verabschiede mich.

Sie lachen und winken mir hinterher und ich winke zurück.

Am Ortsausgang kommt mir ein alter Mann entgegen, er steigt von seinem Fahrrad, als er mich sieht, und fragt mich aus. Woher ich denn käme und was um aller Welt mich nach Korbovo verschlagen hätte.

Das Zelt und das Boot hat er sicherlich schon längst gesehen und wahrscheinlich hat sich meine Ankunft ohnehin schon im Dorf herumgesprochen, aber er will es noch einmal ganz genau wissen, denn er hätte bis zu seiner Pensionierung als Binnenschiffer auf der Donau gearbeitet, wie er sagt, und er würde den Fluss kennen von Kehlheim bis Sulina.

»Gut«, sagt der Mann, »sehr gut, gute Reise!«, und klopft mir auf die Schulter, steigt auf sein Rad und fährt ins Dorf.

Am Fluss angekommen, gehe ich noch einmal schwimmen. Es ist schon dunkel und die Nacht ist schwarz und still, aber es ist noch immer fast so heiß wie am Tag, ich bin ganz allein am Fluss und nur das leise Plätschern der Wellen am Ufer und meiner Schwimmbewegungen ist zu hören. Im Wasser lege ich mich auf den Rücken, sehe in den Himmel und in die Sterne und lasse mich im Fluss treiben.

Gern hätte ich gewusst, ob Milorad heute mehr gefangen hat als üblich, aber die Leine ist schon eingeholt, als ich um sechs Uhr aufstehe, und jetzt sitzt er wahrscheinlich schon wieder in seinem Häuschen beim Frühstück.

Um sieben bin ich auf dem Wasser. Am linken Ufer breitet sich ein schmaler Sandstrand aus und die dahinter stehende, steile Lehmwand hat viele, kleine Löcher, Eingänge zu Bruthöhlen, und etliche blaugelbe und rotbunte, gut amselgroße Vögel fliegen durch den Morgen. Vor einer Einfamilienhaussiedlung ragen etwa vier Meter hohe und zehn Meter lange Stege aus Stahlbeton in den Fluss. Vor jedem Haus steht eine solche Konstruktion, die an überdimensionierte Holzstege erinnert, und auf einer steht vor einem Plüschsessel ein Dreifuß, in dessen Magazinhalterung drei Angeln stecken, an denen Messingglöckchen hängen. Ein Angler ist nicht zu sehen.

Im Boot sammelt sich unter dem Sitz eine Pfütze Wasser. Ich lege Schwammtücher auf die nasse Stelle und wringe sie aus, aber es scheint immer wieder Wasser nachzulaufen. Abwechselnd muss ich paddeln und die Lappen auswringen.

Vielleicht, denke ich, kann ich im nächsten Ort ein Fahrradreparaturset kaufen und die Löcher damit kleben.

An einem Sandstrand lege ich an.

Ein Mann in Badehose kommt mir entgegen und hilft mir, das Boot ein Stück weit an Land zu ziehen. Er ist etwa vierzig Jahre alt, er spricht Englisch und deutet auf ein Zelt und einen Wohnwagen hinter dem Strand im Schatten einer Baumgruppe.

»Komm«, sagt er.

An einem Tisch vor dem Wohnwagen sitzen ein Mann, zwei Frauen und ein etwa fünfzehnjähriger Junge.

Der Mann stellt uns vor.

»Kaffee, Bier oder Wasser?«, fragt er dann.

»Ein Kaffee wäre schön«, sage ich und der Mann grinst.

»Heute biete ich dir besonders gerne einen Kaffee an«, sagt er. »Denn am Abend spielen wir«, und er deutet auf seinen Freund, »mit den Frauen Karten. Die Männer gegen die Frauen. Wer verliert, muss am nächsten Tag Kaffee kochen, und gestern haben wir gewonnen.«

Seine Frau lacht, steht auf und geht in den Wohnwagen.

»Heute Abend gewinnen wir«, sagt sie im Weggehen und ihr Goldzahn blitzt. »Und morgen werde ich den ganzen Tag nichts anderes tun als Kaffee trinken!«

»Bist du auch in Belgrad gewesen?«, fragt der Mann und sieht mich an.

»Nein«, sage ich. »Ich halte vor allem in kleineren Orten und Dörfern, wo ich leichter mit den Leuten ins Gespräch komme als in den Großstädten. Ich will mir auch gar nicht alle Sehenswürdigkeiten anschauen, ich möchte vielmehr erfahren, wie die Menschen leben,

was sie denken und ob der Fluss, der durch so viele verschiedene Länder fließt, die Bewohner an seinen Ufern verbindet.«
Der Mann übersetzt den anderen, was ich sage.

»Und was meinst du?«, fragt er und sieht mich an. »Verbindet der Fluss die Menschen? Was ist gleich und was ist verschieden?«

»Erst einmal sprechen sie verschiedene Sprachen«, sage ich und er nickt. »Und sie alle leben vom und mit dem Fluss, sie unterscheiden sich in ihrem Leben gar nicht so sehr voneinander, doch die meisten kennen oft nur einen ganz kleinen Teil der Donau und wissen häufig nicht, dass es hundert oder tausend Kilometer flussaufwärts oder flussabwärts ganz ähnlich aussieht. Und alle sagen, dass ihr Teil der schönste ist.«

»Genau so ist es!«, ruft er. »Denn hier«, sagt er und deutet über den Fluss, »genau hier ist es am allerschönsten! Aber nun ist mein Urlaub fast vorbei. Übermorgen muss ich zurück nach Niš.«

»Er ist Polizist«, sagt seine Frau, stellt eine Tasse Kaffee vor mich und setzt sich. Er öffnet sich eine Bierbüchse und guckt traurig.
Ich bedanke mich für den Kaffee, aber er macht eine wegwerfende Handbewegung.

»Dafür musst du dich doch nicht bedanken. Es ist selbstverständlich, dass wir dir etwas anbieten, denn du bist ein Fremder«, sagt er, »und es ist gut, wenn ein Fremder zu mir kommt. Es ist gut für mein Haus, wenn ich ihm etwas anbieten kann, und schlecht, wenn ich ihn abweise. Das ist seit Jahrhunderten das Grundprinzip der serbischen Gastfreundschaft.«

»Es ist gut, wenn ein Fremder kommt?«, frage ich ihn. »Kann ein Fremder nicht vielleicht auch gefährlich sein, eine Bedrohung?«

»Nein, warum denn das?«, sagt er, schüttelt den Kopf und sieht mich etwas verständnislos an. »Bist du etwa eine Bedrohung? Sieh dich doch mal an!«, ruft er und grinst fröhlich. »Nein, du bist keine Bedrohung. Reisende sind nicht gefährlich, Reisende sind Reisende. Und du? Hast du keine Angst?«

»Wenn man immer im Hinterkopf hat, dass es gefährlich ist«, sage ich und denke an die nächtliche Fahrt nach Golubac, »dass man vorsichtig und aufmerksam sein muss, dann ist es nicht gefährlich. Aber wenn man das vergisst und den Fluss unterschätzt, dann kann es sehr gefährlich werden.«

Er nickt.

Am Zelt lehnen mehr als zehn Angeln und sie zeigen mir auf dem Handy die Fotos der Fische, die sie in den letzten Tagen gefangen haben. Danach verabschiede ich mich und fahre weiter.

Das Wasser steht im Boot und immer häufiger muss ich die Lappen auswringen.

In Brza Palanka lege ich am Strand neben den Badenden an.

In der Tankstelle gibt es kein Fahrradreparaturset, aber in einem Laden finde ich Sekundenkleber und am Strand entlade ich das Boot, drehe es um und sehe Kratzer und kleine Risse in der Bootshaut. Die Gummischicht ist an manchen Stellen abgerieben, so dass das Gewebe hervortritt wie bei einer fadenscheinig gewordenen Socke. Ich schmiere Leim auf die schadhaften Stellen und klebe Gafferbandstreifen darüber. Nachdem der Leim getrocknet ist, drehe ich das Boot um und ziehe es wieder ins Wasser, belade es und fahre weiter.

Im Boot bleibt es trocken und die geklebten Stellen sind dicht.

Als es dämmert, lege ich in Mihajlovac an.

Die Einfamilienhäuser im Ort sind sehr groß, Villen beinahe, und die Hecken an den Grundstücksgrenzen sind exakt geschnitten, die Gartenzäune bestehen aus marmornen Säulen und steinerne Löwen bewachen die Portale.

Nach einer Weile sehe ich einen Mann, der vor seinem Haus den Rasen mäht, und frage ihn nach einem Restaurant.
Er ruft seine Frau.

»Hier gibt es kein Restaurant«, sagt sie auf Deutsch. »Nur einen kleinen Laden, in dem man aber auch Pizza essen kann.«
Die Frau erzählt, dass sie dreißig Jahre lang in Köln als Küchenhilfe gearbeitet hätte, nun aber Rentnerin sei und wieder in Mihajlovac, ihrem Heimatort, lebte. So wie sie hätten viele im Ort in Deutschland gearbeitet und sich von dem gesparten Geld ein Haus gebaut.

»Haben Sie denn gar keine Angst, so ganz allein unterwegs?«, fragt sie plötzlich und meint nicht den Fluss.

»Aber nein«, sage ich. »Wir sind doch in Serbien, das ist ein sicheres Land, was soll da schon passieren?«
Obwohl wir ganz alleine auf der Straße stehen, beugt sie sich zu mir hinüber, als dürfe niemand hören, was sie mir nun zuflüstert.

»Das stimmt«, sagt die Frau. »Aber da drüben ist schon Rumänien. Schlechte Menschen, viele Zigeuner.«
Sie deutet über den Fluss.

»In Deutschland haben die Leute Angst vor Serbien«, sage ich, »in Österreich haben sie mir davon abgeraten, in die Slowakei zu fahren, Sie wiederum warnen mich nun vor Rumänien und überall haben die Menschen Angst vor den Zigeunern. Aber das ist Quatsch, ich bin noch keinem schlechten Menschen begegnet und überall hat man mir geholfen und mich freundlich und hilfsbereit aufgenommen. Ganz so, wie Sie gerade freundlich und hilfsbereit zu mir sind.«

»Sie haben keine Angst«, sagt sie und nickt bedächtig, »aber ich bin ein ängstlicher Mensch.«
Dann lächelt sie mir verschwörerisch zu.

»Ich schaue ja auch immer das rumänische Fernsehprogramm, das

ist viel besser als unseres. Am liebsten sehe ich diese Sendungen mit der Folklore, mit den bunten Trachten und den schönen Tänzen.«
Danach erklärt sie mir den Weg.
Im Laden frage ich nach einer Pizza, doch der Verkäufer versteht mich nicht, ich führe die Hand zum Mund und er lächelt verstehend, nickt freundlich und deutet auf ein Regalfach, in dem Rasierapparate und Zehnerpäckchen mit Klingen liegen.
Ich schüttle den Kopf, nehme mir ein Körbchen und hole Brot, eine Büchse Sardinen und eine mit Leberwurst, Tomaten und eine Flasche Bier. Auf der Terrasse setze ich mich an ein Tischchen, esse und gehe danach zurück zum Boot.
Morgen bin ich in Bulgarien, denke ich, dem siebenten von zehn Ländern und dem ersten in der osteuropäischen Zeitzone.
Ich suche nach dem Wörterbuch. Erst krame ich erfolglos im kleinen Rucksack, danach leere ich die beiden Packsäcke aus und dann schaue ich in den Bootsspitzen nach, aber es bleibt verschwunden. Vielleicht habe ich es irgendwo verloren, denke ich, aber irgendwie werde ich mich schon verständigen können.

Am Morgen weht ein kräftiger Westwind. Ich hisse das Segel, das sich sofort bläht, und komme schneller voran als mit Paddeln. Mit etwa sechs Kilometern pro Stunde trägt mich der Wind flussabwärts, aber nach einer Weile wird mir sogar ein bisschen langweilig, denn ich muss gar nichts machen und nur gelegentlich das Segel nach dem Wind ausrichten und mal links, mal rechts an der Leine ziehen.
Nach zwei Stunden kommt Đerdap II in Sicht. Ich bleibe am rechten Ufer und lege an, klettere die Kaimauer hinauf und gehe zu dem großen Haus, um zu fragen, wann ich geschleust werden kann. Ein

paar Männer stehen neben dem Gebäude, einer führt mich zum Fahrstuhl und wir fahren hinauf zur Zentrale.

Der Raum hat Fenster nach allen Seiten und mehr als zehn Bildschirme zeigen jeden Winkel der Anlage.

»Hier wird überhaupt nicht zu Tal geschleust«, sagt ein mürrischer Mann in einem weißen Hemd mit blauen Schulterklappen, »sondern nur zu Berg. Du musst hinüber zu den Rumänen«, sagt er. »Die schleusen dich.«

Zwischen den beiden Ufern liegt eine etwa zwei Kilometer lange Insel. Ich müsste gegen den Wind zurückpaddeln und sehe mir den Damm an. Die kürzeste Verbindung über Land ist ein etwa zweihundert Meter langer Weg. Das müsste gehen, denke ich und hole das Boot, fahre in die Bucht neben dem Staudamm, entlade es und trage nacheinander erst das Gepäck und dann das Boot hinunter.

Ich sitze wieder im Boot, hisse das Segel und nun geht es noch schneller voran, denn das Wasser fließt endlich wieder frei. Đerdap II war das letzte Hindernis vor der Mündung, die Strömung hat eine Geschwindigkeit von etwa vier Kilometern pro Stunde, dazu kommt der Wind und ich fliege geradezu mit zehn Stundenkilometern über den Fluss. Das Wasser spritzt mir ins Gesicht, wenn ich die Wellen schneide, und das Boot legt sich auf die Seite.

In Prahovo lege ich an und suche die Polizeistation. Ein offiziell aussehendes Gebäude sieht ganz gut aus, denke ich, doch die Uniformierten sind Kapitäne und das Gebäude scheint eher so etwas zu sein wie die Hauptverwaltung einer Schifffahrtsgesellschaft.

Einer der Männer, die vor dem Haus stehen, sagt mir, dass ich genau zwischen dem Ort und dem Hafen, wo ich auch die Polizei finden würde, gelandet sei.

Zuerst gehe ich in den Ort.

Links neben der Straße liegt ein Friedhof. Er ist von keiner Mauer umschlossen und nicht einmal ein kleiner Zaun trennt ihn ab von dem Verkehrslärm der Straße. Die Grabsteine stehen auf etwa fünf Meter langen, fünf Meter breiten und einen halben Meter hohen, steinernen Sockeln aus Granit oder Marmor. In die Grabsteine sind die Gesichter der Verstorbenen graviert und darunter stehen Geburts- und Sterbedatum. Oft sind es Familiengräber, in denen zwei oder auch mehrere Ehepaare liegen.
Auf einem Stein sehe ich das Portrait und das Geburts-, aber kein Sterbejahr. Das Grab ist bereits gekauft und der Stein aufgestellt, alles ist vorbereitet und nun steht der Platz auf dem Friedhof bereit und wartet. Als sei der Tod der kaum zu erwartende Abschluss, der Höhepunkt des Lebens und geradezu seine krönende Vollendung, und auf einem Stein, von dem mich die Portraits eines Ehepaares anlächeln, lese ich nur die Geburtsjahre, 1928 und 1931.
Zwischen den Grabsteinen stehen Kapellen, weiße und hellgelbe Ziegelhäuschen mit Rundbögen und Zwiebeltürmchen.
Am Ortseingang gehe ich in den Laden und kaufe Milch und Brot, setze mich auf eine Bank in den Schatten und frühstücke. Zwei Männer, die in bunten T-Shirts und kurzen Hosen vor dem Laden sitzen und Bier trinken, kommen zu mir. Der eine erzählt, dass er im Kraftwerk Đerdap arbeiten würde, heute aber frei hätte.

»Ist es wahr«, frage ich ihn, »dass das Kraftwerk schuld ist am Hochwasser?«

»Nein, das stimmt nicht«, sagt er und schüttelt den Kopf. »Überall hat es Hochwasser gegeben, es hat einfach zuviel geregnet. Hätten wir noch mehr Wasser abgelassen, dann wären sie flussabwärts alle abgesoffen. Aber auch dort ist der Fluss über die Ufer getreten. Damit haben wir überhaupt nichts zu tun«, und er bittet mich, dass ich sie fotografiere.

Sie fragen nicht, ob ich ihnen vielleicht irgendwann das Foto zuschicken werde, sie setzen sich einfach hin und lächeln und betrachten das Bild auf dem Display, sie freuen sich, dass sie gut getroffen sind, und ich gehe zum Hafen, wo drei Grenzpolizisten im Schatten vor einem kleinen Häuschen sitzen.

»Guten Tag«, sage ich, »ich komme mit dem Paddelboot und möchte nun aus Serbien aus- und in Bulgarien einreisen.«

Einer der drei steht auf und nimmt den Pass.

»Wo ist das Boot?«, fragt er.

»Etwa einen Kilometer stromaufwärts.«

»Du holst jetzt das Boot«, sagt er, »und dann kommst du damit hierher.«

Er deutet auf das Schiff, an dem »LUKA PRAHOVO« steht. Den Pass behält er und ich gehe.

Eine halbe Stunde später stehe ich wieder vor dem Häuschen und fülle einen Vordruck aus, schreibe den Namen des Bootes und meine Adresse auf den Bogen und bekomme einen Stempel in den Pass.

Bei den letzten Häusern vor der Grenze rufen mir ein paar Halbwüchsige etwas auf Serbisch zu. Als ich zurückrufe, dass ich sie nicht verstehe, wechseln sie in Deutsch mit Wiener Dialekt.

»Komm her!«, rufen sie. »Es gibt Bier und Kaffee!«

Es sind fünf Jungs im Alter von etwa zwölf bis sechzehn Jahren und ein zahnloser, alter Mann.

Sie lebten seit Jahren in Wien, erzählen sie, aber mehrmals im Jahr würden sie zurück nach Serbien fahren, ihre Familien zu besuchen, und sie verbrächten auch die ganzen Sommerferien hier.

»Der Großvater angelt und wir vertreiben uns am Fluss die Zeit«, sagen sie und einer bringt mir einen Kaffee und zwei Tomaten.

»Viel besser als das Gewächshauszeug in Österreich oder in Deutschland«, sagt er.

Als ich meinen Kaffee ausgetrunken habe, fahre ich weiter und am Kilometerschild 846 stelle ich meine Uhr um eine Stunde vor.
»Die Zollabfertigung nach Bulgarien erfolgt am Zollboot, man wird jedoch aufgefordert, am selben Tag noch bis Kilometer 795, Vidin, weiterzufahren«, schreibt der Wasserwanderführer. »Ein Anlegen, auch nur für eine kurze Rast, ist bis dahin, auch auf den verschiedenen Inseln, nicht gestattet. Bei Nichtbefolgen dieser Vorschrift ist mit Verhaftung zu rechnen.«
Ich sehe kein Zollboot und fahre weiter.
Es wird mich schon niemand verhaften, denke ich.
Links und rechts des Flusses breiten sich Hügel aus, mit Gras bewachsen, durch das der Wind weht. Kühe stehen bis zum Bauch im flachen Wasser und grasen an den Hängen, ein Schiffswrack liegt am Ufer und unter einem Baum lagert im Schatten eine Herde Ziegen. Ein Bach, der sich in die Donau ergießt, hat einen kleinen Canyon in das sandige Ufer gegraben und ein Storch fliegt vor mir über das Wasser, von Bulgarien hinüber nach Rumänien.
Ich habe seit vier Stunden keine Pause mehr gemacht, die Sonne brennt und es ist heiß, der Hintern tut mir weh und es ist mir egal, ob man hier anlegen darf oder nicht. Ich bin doch nur ein harmloser Paddler, denke ich, das sieht doch jeder, und fahre auf einen Sandstrand am rechten Ufer zu. Als ich anlegen will, steht plötzlich ein Polizist in schwarzer Uniform am Strand und macht mir klar, dass ich hier nicht an Land darf.
Ich verstehe zwar kein Wort von dem, was er sagt, aber es scheint klar zu sein, was er meint.
Ein paar Meter neben dem Polizisten hockt ein Angler und wenn der hier angeln darf, denke ich, dann wird es wohl nicht so schlimm sein, wenn ich auch mal kurz hier anlege, zumal der Polizist doch gut auf mich aufpassen kann.

»Nur fünf Minuten«, sage ich auf Russisch und der Polizist sieht mich finster an und nickt.

Ich setze mich an den Strand und der Polizist betrachtet mein Boot, kommt dann zu mir und zeigt auf seine Uhr.

»Fünf Minuten«, sagt er und ich nicke.

Nachdem ich mich eine Weile ausgeruht habe, fahre ich weiter und am späten Nachmittag lege ich am schlammigen Ufer von Novo Selo an und gehe die Straße hinauf in den Ort. Ich bin erst wenige Meter gegangen, als es laut hinter mir ruft, ich drehe mich um und sehe einen großen, muskulösen Mann in schwarzer Uniform, mit glattgeschorenem Schädel und in Springerstiefeln. An seiner Hüfte trägt er eine Pistole.

Er winkt mich zu sich und führt mich in die Polizeistation, ein schäbiges, zweistöckiges Haus, er lässt sich den Pass geben und ich verstehe kein Wort. Viel mehr als »ja« und »nein« und »danke« kann ich nicht sagen und er spricht weder Englisch noch Deutsch.

Ob er den Pass nicht gleich stempeln könnte, versuche ich ihn zu fragen, und er nickt heftig.

»Vidin«, sagt er.

Vidin, die nächste größere Stadt, ist noch vierzig Kilometer entfernt. Da fällt mir ein, irgendwann einmal, in einem Kinderbuch, vor mehr als fünfundzwanzig Jahren, gelesen zu haben, dass Kopfschütteln in Bulgarien »ja« heißt. Sein Nicken bedeutet also »nein«.

»Ja«, sage ich, »Vidin.«

Er wiegt den Kopf und sagt, dass ich heute nicht mehr weiterfahren dürfte. Ich soll hier übernachten, erklärt er mir und deutet auf ein altes Feldbett mit einer grauen Wolldecke in der Ecke des Zimmers.

»Hier?«, frage ich entgeistert und zeige auf das Bett.

»Nein, nicht hier!«

Er sieht ärgerlich aus, nickt und zeigt aus dem Fenster über dem Bett.

»Hier, in Novo Selo!«

Morgen früh um fünf soll ich verschwunden sein und mich so schnell wie möglich auf der Grenzstation in Vidin melden, er deutet auf das Telefon auf dem Schreibtisch und macht mir klar, dass er in Vidin anrufen wird, um zu kontrollieren, ob ich seinen Anweisungen auch wirklich nachkomme.

Dann steht er auf, lässt sich von mir zum Boot führen und deutet auf den schmalen Streifen Gras zwischen Ufer und dem unbefestigten Weg. Hier soll ich zelten.

Ich nicke, halte inne und schüttle dann den Kopf, er geht zurück zu seinem Häuschen und ich hole die Packsäcke aus dem Boot.

Als ich das Zelt aufbauen will, sehe ich, dass die Stangen fehlen. Die muss ich heute Morgen in Mihajlovac vergessen haben. Und nun? Zelten ohne Zelt? Novo Selo sieht nicht so aus, als könnte ich hier ein neues Zelt kaufen.

Ich gehe zum Boot und hole das Paddel, schiebe es ins Zelt und suche mir unter den Bäumen zwei größere Äste, mit denen ich es am Eingang schräg abstütze, stecke die Heringe in den Boden und ziehe die Schnüre straff.

Danach gehe ich hinauf in den Ort.

Ein großer Platz und ein leerstehendes, ehemaliges Kulturhaus mit zerbrochenen Scheiben, bröckelndem Putz und einem Bankautomaten. Weil ich keine rechte Ahnung habe, wie viele Leva ein Euro sind – im Wasserwanderführer ist zwar ein Kurs von 1 : 2 angegeben, aber diese Zahlen können auch veraltet sein – hebe ich auf Verdacht fünfzig Leva ab und bekomme fünf Zehner.

Danach setze ich mich auf eine Bank und ein Rom kommt zu mir. Er ist vielleicht vierzig Jahre alt und sein Hemd und seine Hose sind schmutzig, ausgeblichen und fadenscheinig. Er erklärt mir mit ein paar Gesten, dass er keine Arbeit und kein Geld, nichts zu essen aber fünf Kinder hat, und ich gebe ihm zehn Leva.

Er nimmt den Schein und steht auf, dreht sich grußlos um und geht.

Blumenkästen und Bänke stehen unter den Bäumen, es gibt zwei Geschäfte und ich kaufe mir eine Wurst, ein Brot und zwei große Flaschen Wasser und setze mich an den Tisch vor der Tür.

Ein Mann mit gebügelter Hose und einem kurzärmligen, bunten Hemd kommt mit einem Becher Kaffee aus dem Laden und fragt, ob der Platz neben mir noch frei sei.

»Ich habe in der DDR gearbeitet«, sagt er auf Deutsch und setzt sich, »in Dresden und in Karl-Marx-Stadt. Entschuldigen Sie, ich habe so viele Worte vergessen, es ist schon lange her.«

Er lächelt und spricht sehr leise.

Ein etwa vierjähriges Mädchen kommt zu ihm, setzt sich auf seinen Schoß, sieht mich neugierig an und flüstert ihm etwas ins Ohr.

Er lächelt entschuldigend.

»Meine Tochter fragt, ob sie von ihrer Wurst kosten dürfte.«

Ich schneide eine dicke Scheibe ab und reiche sie ihr. Sie isst und er streicht ihr über das Haar. Dann trinkt er seinen Kaffee aus und steht auf.

»Ich wünsche Ihnen einen schönen Urlaub in Bulgarien, auf Wiedersehen und viel Glück!«, sagt er und sie gehen zu einem großen Geländewagen. Das Mädchen klettert auf den Beifahrersitz und winkt mir zu. Ich winke zurück.

Als der Laden schließt, gehe ich weiter und finde im Park eine Kneipe, gehe hinein und möchte ein Bier bestellen, aber der Kellner ruft, als ich Englisch mit ihm sprechen möchte, »Nick!«, hinaus in den Biergarten.

Ein Mann, etwa vierzig Jahre alt, in kurzer Hose, T-Shirt und mit einem Dreitagebart, kommt hinein, der Barkeeper spricht kurz mit ihm auf Bulgarisch und dann wendet der Mann sich mir zu.

»Hallo, ich bin Nick. Du sprichst Englisch?«

»Ja«, sage ich, »ein wenig.«

»Dann setz dich zu uns!«, sagt er, bestellt mir ein Bier und deutet nach draußen.

Am Tisch sitzen zwei Männer und eine Frau und Nick stellt uns vor.

»Das ist Radka, meine Freundin, die beiden hier sind Marin und Julian und ich selbst bin Engländer und lebe schon seit acht Jahren hier in Novo Selo.«

Er fragt mich aus, woher ich komme, wie lange ich schon unterwegs bin und was ich alles erlebt habe. Als ich erzähle, dass mir der Polizist befohlen hat, in Novo Selo zu übernachten, winkt er ab.

»Das ist nur unser kleiner Dorfbulle, der froh ist, sich auch mal wichtigmachen zu dürfen. Den brauchst du überhaupt nicht ernst zu nehmen, wir tun das schließlich auch nicht. In Bulgarien machen wir es nämlich so wie überall auf der Welt. Der größte Depp im Dorf bekommt eine Uniform und ein kleines Gehalt und dann kümmern wir uns nicht weiter um ihn.«

Als ich ihnen erzähle, dass ich dem Rom zehn Leva gegeben habe, schlagen sie sich vor Lachen auf die Schenkel.

»Zehn Leva? Das sind fünf Euro! Davon wird er noch seinen Enkeln erzählen!«

»Jaja, die Zigeuner«, sagt Radka. »Faul und unverschämt. Es ist immer das Gleiche mit ihnen, die werden sich nie ändern.«

Radkas Haut ist braun, ihr Haar ist tiefschwarz und ich sehe sie verständnislos an.

»Du bist doch auch eine Zigeunerin«, sage ich.

»Ja, klar bin ich Zigeunerin«, sagt sie beiläufig und Nick erzählt, dass er nach dem Scheitern seiner Ehe nach Bulgarien gekommen, aber längst nicht mehr der einzige Engländer in Novo Selo sei.

»Doch mit denen will ich nichts zu tun haben«, sagt er. »Die bleiben unter sich, die sprechen immer noch kein Wort Bulgarisch und sie treffen sich am Freitagnachmittag um fünf Uhr zur tea-time. Die glauben, Novo Selo sei Little London, und sie benehmen sich genauso arrogant wie die Engländer vor hundert Jahren in Indien.« Ob in Novo Selo auch Vlaški gesprochen wird, will ich wissen, und er nickt begeistert.

»Es gibt sogar einen ganz speziellen Dialekt, der sich Novoselski nennt«, sagt Nick. »Am Anfang habe ich natürlich kein Wort verstanden, aber mittlerweile habe ich neben Bulgarisch auch noch Novoselski gelernt«, und ich erzähle ihnen von den in Mihajlovac vergessenen Zeltstangen.

»Du kannst bei uns schlafen, wir wohnen da vorne«, sagt Nick und deutet irgendwohin in die dunkle Nacht. »Das ist nicht weit von hier und wir haben noch ein Bett im Gästezimmer frei.«

»Ich weiß nicht, ob ich das wirklich annehmen kann«, sage ich und schäme mich ein bisschen.

»Das ist überhaupt kein Problem«, sagt Nick und winkt großzügig ab. »Es stört dich doch nicht, dass wir noch ein Weilchen hier zusammensitzen und Bier trinken werden, bevor wir nach Hause gehen?«

»Nein«, sage ich. »Nur sollte ich morgen nicht allzu spät aufstehen. Der Polizist hat gesagt, dass ich um fünf Uhr verschwunden sein soll.«

»Wenn du um acht fährst oder um zwölf«, sagt Nick und schüttelt den Kopf, »dann ist das auch in Ordnung, vergiss den Bullen, und in Vidin musst du den ›Praktis‹ suchen«, sagt er dann. »Der ist leicht zu finden, den kennt dort jeder, und da bekommst du auch ein neues Zelt. Im ›Praktis‹, da gibt es einfach alles.«

Auf dem Tisch stehen fünf Gläser und in der Mitte eine Zweiliterflasche Bier, aus der sich alle einschenken. Als sie leer ist, steht Nick auf, geht zum Tresen und kommt mit einer vollen Flasche zurück. Am Tisch bleibt er stehen, sieht mich aus glasigen Augen an und zeigt mir die Flasche.

»In Bulgarien kann man Ariana, Zagorka und Kamenitza trinken«, sagt er. »Aber auf gar keinen Fall Almus. Die meisten trinken Almus, weil es billig ist, aber es schmeckt überhaupt nicht. Versprich mir, dass du nie, unter keinen Umständen, niemals, Almus trinken wirst!« Er schwankt ein wenig und sieht mich eindringlich an.

»Ich verspreche es«, sage ich.

»Sehr gut«, sagt Nick, »das ist wichtig! Nie Almus! Niemals! Unter keinen Umständen!«

Nach einer Weile ist die Flasche leer und ich stehe auf, gehe zum Tresen und gebe sie dem Kellner, der mich nun auch ohne Worte versteht, und mit einer vollen Flasche komme ich zurück zum Tisch.

»Seht euch das an«, sagt Nick anerkennend in die Runde. »Vor zwei Stunden hat er mich noch zum Übersetzen gebraucht und jetzt kann er schon ganz allein auf Bulgarisch ein Bier bestellen! Du machst wirklich Fortschritte!«, sagt er und lacht.

Um Mitternacht torkeln Nick, Radka und ich die Dorfstraße entlang und nach ein paar hundert Metern kommen wir an einem einstöckigen Häuschen mit einem flachen, ziegelgedeckten Pyramidendach inmitten eines großen, verwilderten Gartens an. Radka geht ins Schlafzimmer und Nick klappt im Gästezimmer die Couch aus und bezieht das Bett. Er zeigt mir die Küche und das Bad, wünscht mir eine gute Nacht und geht.

Ein Bett! Nach mehr als zwei Wochen kann ich nun endlich wieder einmal in einem richtigen Bett schlafen und ich lege mich hin, das Bett ist weich und bequem, das Laken, die Decke und das Kopfkissen duften frisch gewaschen und ich decke mich zu und schlafe augenblicklich ein.

Die Sonne scheint ins Zimmer, ich habe einen Kater und es ist schon halb acht. Ich hoffe, dass es keinen Ärger mit dem Polizisten gibt, aber auf eine halbe Stunde mehr oder weniger kommt es jetzt wohl auch nicht mehr an, denke ich und gehe ins Bad. Nick hat mir sogar noch eine Zahnbürste hingelegt und ich putze mir die Zähne und dusche lange.

Die beiden schlafen noch und ich will sie nicht wecken, gehe leise in die Küche und hole meinen Beutel mit den zwei Wasserflaschen. Auf dem Tisch liegt ein Zettel mit Nicks Telefonnummer und seiner Mail-Adresse für mich und ich stecke ihn ein und schreibe ihnen auch ein paar Zeilen, in denen ich mich für ihre Gastfreundschaft bedanke und ebenfalls meine Nummer und meine Adresse hinterlasse. Dann gehe ich hinunter zum Fluss.

Der Polizist ist nicht zu sehen und ich bin gerade dabei, das Zelt abzubauen, als es neben mir hupt. In einem Geländewagen sitzt Nick und schwenkt eine Tüte.

»Daniel, du hast dein Zeug vergessen!«, ruft er, steigt aus und kommt zu mir. »Ich habe dir noch einen kleinen Beutel zusammengepackt mit Sachen, die du vielleicht gebrauchen kannst auf deiner Reise. Hast du den Zettel nicht gelesen?«

»Nein«, sage ich. »Nur kurz überflogen und eingesteckt.«

Er gibt mir die Tüte und steigt wieder in seinen Wagen, winkt noch einmal und fährt davon.

Ich sehe in den Beutel. Eine Zweiliterflasche Kamenitza und eine Schachtel Zigaretten, etliche Päckchen Streichhölzer und Schokoriegel, Vitamintabletten, Verbandsmaterial und Pflaster, Papiertaschentücher und Instantkaffee, Medikamente mit bulgarischer Beschriftung, die ich nicht verstehe, und ein paar Tütensuppen.

Ich fahre weiter und gegen Mittag wird es so heiß, dass ich nicht mehr paddle und mich zurücklehne, das Boot treiben lasse und den Hut tief in die Stirn ziehe. Der Schweiß läuft mir in kleinen Rinnsalen über den Bauch.

In Košava halte ich und gehe hinauf in den Ort.

Neue und noch unverputzte Häuser stehen neben halb verfallenen, die Straßen sind in der Mittagshitze menschenleer und an einem Hoftor hängt ein Blatt in einer Klarsichthülle. »Am 20. Mai 2010 sind 14 Jahre vergangen, seit Emil Cenov Kračunov gestorben ist. Ruhe in Frieden!« Das Foto zeigt einen etwa fünfzigjährigen Mann.

Ich setze mich vor ein Café in den Schatten und ein Pferdewagen fährt über den Platz. Auf dem Kutschbock sitzt ein Rom, die Kinder im Wagen sind halbnackt und das Pferd trägt rotfransige Bommeln am Geschirr.

Als die größte Hitze nachlässt, trinke ich meinen Kaffee aus und gehe zurück zum Fluss. Ein paar hundert Meter neben dem Boot steht der Wagen im flachen Wasser am Ufer. Das Pferd ist noch angespannt, es hat sich ins Wasser gelegt und die Kinder baden, sie kreischen und rufen und spritzen sich mit Wasser voll.

Ich fahre weiter und am späten Nachmittag lege ich unterhalb der Festung Baba Vidin, der, wie es im Wasserwanderführer heißt, einzigen, vollständig erhaltenen, mittelalterlichen Burg Bulgariens, an. Das Ufer ist steinig und von einer glitschigen Schlammschicht überzogen und scheint trotzdem der Badestrand der Stadt zu sein.

Ich steige den Hang hinauf und unter einem Baum stehen vier junge Roma, drei Männer und eine Frau. Die Männer geben sich betont feminin und wedeln mit den Händen, sie wiegen sich in den Hüften und sprechen mit weicher Stimme. Sie kommen zu mir und spülen mir mit Wasser aus Plastikflaschen den Schlamm von den Füßen, doch das ist mir unangenehm. Ich möchte nicht, dass mir irgendjemand die Füße wäscht.

Einer der drei spricht Deutsch und fragt, ob ich mit der Frau schlafen möchte. Sie lächelt.

»Nein«, sage ich. »Ich will nicht.«

»Bist du schwul?«, fragt er mit gespielter Entrüstung. »Dann schlaf mit ihm«, und er zeigt auf den jüngsten der drei.

Ich schüttle den Kopf, doch dann fällt mir ein, dass das missverstanden werden könnte.

»Nein«, sage ich und nicke. »Nein, ich will mit niemandem schlafen.«

Die vier amüsieren sich prächtig.

Ich gehe in die Stadt und statt des erwarteten Baumarktes ist der »Praktis« ein nicht einmal besonders großes Geschäft, in dem es aber vom Schraubenzieher bis zur Couchgarnitur tatsächlich beinahe alles gibt. Auch drei Zelte. Ich nehme das kleinste und gehe durch die Stadt. Auf dem Bazar gibt es Hallen und überdachte Stände, in denen alles angeboten und verkauft wird, was man sich vorstellen kann. In einer Halle gibt es Obst und Gemüse, in einer anderen Schuhe und Jacken, Hosen, Hemden und Socken, in der nächsten Autozubehör und Reifen und in einer anderen Werkzeuge und Haushaltswaren, Küchengeräte und Töpfe, Spielzeug und Angeln.

Mit meinen Tüten und dem Zelt gehe ich zurück zum Fluss und im Park zwischen Stadt und Festung läuft mir ein kleiner Junge mit brauner Haut hinterher. Er ist vielleicht vier Jahre alt und strahlt mich an. Seine Eltern sind nirgends zu sehen und er erzählt mir etwas, was ich nicht verstehe, und auch, als ich ihm auf Deutsch sage, dass ich kein Bulgarisch spreche, stört ihn das nicht. Ich stelle die Einkäufe und das Zelt ab, greife in eine Tüte und schenke ihm einen Pfirsich. Er lacht, nimmt den Pfirsich und geht dann zurück in Richtung Stadt, dreht sich aber immer wieder nach mir um und winkt.

In der Polizeistation am Hafen gebe ich dem Pförtner meinen Pass. Er telefoniert und nach einer Weile kommt ein Polizist und führt mich in ein Büro. Seine Kollegin, eine sehr elegante Dame in den Fünfzigern, spricht ausgezeichnet Deutsch und gemeinsam füllen wir die Formulare aus.

»Sie müssen am bulgarischen Ufer bleiben, bis sie aus unserem Land ausreisen«, sagt sie.

»Warum denn das?«, sage ich. »Jetzt bin ich doch wieder in der EU.«

»Ja«, antwortet sie. »Rumänien und Bulgarien sind zwar Mitglieder der Europäischen Union, aber wir sind noch nicht im Schengener Raum. Es gibt weiterhin Grenzkontrollen und erst wenn sie den bulgarischen Ausreisestempel haben, dürfen sie hinüber auf die rumänische Seite. Sie können in Lom oder in Svištov, in Ruse oder in Silistra ausreisen.«

Ich will nicken, halte aber inne und sage, dass ich sie verstanden habe. Der Polizist nimmt einen großen Stempel, reicht ihn mir und bedeutet mit einer großzügigen Geste, dass ich mir mein Visum selbst erteilen soll.

»Souvenir!«, sagt er und lächelt mich zufrieden an, als ich den Stempel schwungvoll auf das Papier knalle.

Danach gehe ich zurück zum Boot, fahre weiter und als ich am Polizeigebäude vorbeifahre, stehen der Polizist und die elegante Dame am Fenster und winken mir zu. Ich winke zurück.

Am Stadtrand von Lom liegen Menschen am Ufer, schwimmen und spielen Volleyball und zwei junge Männer ziehen mit ihrem Motorboot Kreise vor meinem Boot. Es macht ihnen ganz offensichtlich großen Spaß, möglichst nahe vor mir zu wenden und mich mit ihren Wellen zum Schaukeln und am liebsten wohl ganz zum Kentern zu bringen. Ich brülle sie an und drohe ihnen mit der Faust, aber sie lachen nur und machen einfach weiter und ich fahre so schnell ich kann zum Ufer. Dann erst drehen sie ab.

In der Nähe sitzen fünf Männer im Schatten auf ihren Handtüchern. Sie sind etwa sechzig Jahre alt und sehen trotz ihrer grauen Haare doch aus wie Jungs, die vergnügt die Schule schwänzen. Einer von ihnen steht auf und kommt auf mich zu.

Er spricht Deutsch.

»Wir werden auf das Boot aufpassen, während du in der Stadt bist«, sagt er. »Wir sitzen immer hier am Fluss, den ganzen Sommer über. Wir baden und sind noch den ganzen Tag hier am Strand, bis zum Abend, da kann nichts passieren.«

Ich gehe durch die Stadt und am Straßenrand hängen an einer Plakatwand Aushänge, die daran erinnern, dass Ilja Petkov Aleksandrov vor neun Jahren und Elvira Filipova Pavlova vor sechs Jahren gestorben sind. Das Papier ist bereits ausgeblichen von Sonne und Regen, fleckig und an den Rändern eingerissen, teils schon überklebt von neueren Anzeigen und sie überdecken wiederum die älteren Blätter. Daneben hängen Maklerangebote für Wohnungen, schlichte Ausdrucke, die billige Mobilfunkverträge anpreisen, und ein ehemals buntes, jetzt aber verblasstes Plakat, das den längst schon vergangenen Besuch eines Zirkusses ankündigt.

In der Stadt ist es noch heißer als auf dem Fluss, die Häuser und der Asphalt spiegeln die Hitze, aber alle Läden, und seien sie auch noch so klein, sind klimatisiert. In den Geschäften ist es kühle 18° und wenn ich wieder auf die Straße trete, verschlägt es mir fast den Atem. Trotzdem gehe ich auf dem Rückweg in jedes Geschäft, mich kurz abzukühlen, und ich kaufe noch eine Flasche Wasser und noch eine, bis ich mit meinen Tüten wieder am Strand ankomme.

Die Männer sitzen noch immer neben dem Boot und als sie mich kommen sehen, stehen sie auf und helfen mir, es wieder zum Wasser zu ziehen.

Am späten Nachmittag lässt die Hitze etwas nach, das Ufer ist steil und dicht bewaldet, über mir kreisen zwei Störche und ab und an fährt ein Fischerboot vorüber.

In Stanevo lege ich neben der Fähranlegestelle an, baue das Zelt auf einer Wiese auf und gehe den Weg hinauf zum Ort. Es ist ein staubiger Pfad zwischen Feldern, in denen Grillen zirpen und Mücken sirren. Es dämmert und ich bin schon sehr zerstochen, als ich am Ortseingang an eine Kneipe gelange, und die Männer, die davor sitzen, lachen, als sie sehen, wie ich um mich schlage.

»Mücken«, sagen sie. »Viele Mücken!«

Ich gehe in das Häuschen. Wie halten das die Männer vor der Tür nur aus?

Es ist eine kleine, schlichte Dorfkneipe, ein kahler Raum, nicht viel größer als fünfzehn Quadratmeter, in dem lediglich drei Tische und Bierbänke stehen und in dem Kühlschrank hinter der gläsernen Tür eine Menge gleich aussehender Bierflaschen.

Auf jedem der grünen Etiketten steht »Almus«.

Gut, dass mich Nick hier nicht sieht, denke ich und bestelle ein Bier bei der älteren Frau, die hinter dem Tresen steht.

Das »Almus« schmeckt gar nicht schlecht und ich mache mir ein paar Notizen, als einer der Männer zu mir kommt und mich um eine Zigarette bittet.

Als ich nach einer Stunde wieder aus der Kneipe komme und zum Zelt gehen will, steht er auf und deutet auf den alten Lada, der neben dem Haus steht.

»Komm«, sagt er auf Englisch. »Steig ein, ich fahre dich. Du willst doch zum Fluss, oder?«

»Ja, woher weißt du das?«, frage ich ihn.

»Niemand kommt nach Stanevo«, sagt er und lacht. »Nur ab und an ein Paddler, und du bist von rechts den Hügel heraufgekommen, vom Fluss.«

Direkt neben dem Zelt hält er an, ich schenke ihm die noch halbvolle Zigarettenschachtel und er nimmt sie, bedankt sich und fährt davon. Er winkt noch einmal zum Gruß mit der Hand aus dem Fenster und dann verschwindet das Auto hinter einer Biegung im Maisfeld.

Der Himmel ist grau verhangen und am späten Vormittag zieht ein Gewitter auf. Als die Wellen zu groß werden und die ersten Tropfen fallen, fahre ich ans Ufer und setze mich unter einen Baum. Es stürmt von Nordosten. Über dem Fluss blitzt es, aber es regnet nur wenig und unter meinem Baum bleibe ich trocken. Der Wind zerrt an den Ästen, Blätter und Zweige fliegen durch die Luft und das Handtuch, das ich zum Trocknen aufgehängt habe, flattert waagerecht an seinem Aststumpf.

Blitze zucken über der Donau, die Wellen haben Schaumkronen und klatschen ans Ufer, eine Möwe fliegt gegen den Wind und kommt kaum voran, bis sie abdreht und eine Bö sie schnell davonträgt.

Unter den Bäumen gehe ich am Ufer entlang und sammle ein paar Muscheln. Es sind gut fingerlange Flussmuscheln, grünbraun, weiß und im Innern perlmuttfarben, die zuhauf am Strand liegen.

Nach einer Stunde hat sich das Gewitter nach Westen verzogen und ich fahre weiter. Es ist dunstig und noch immer hängen dunkle Wolken über dem Fluss, es ist kühler geworden und die Donau dampft. Ich kann nur ein paar hundert Meter weit sehen und das linke Ufer verschwimmt in nebligem Blaugrau.

Ich bleibe nahe am rechten Ufer und lasse die große Insel links liegen. Der Nebenarm ist schmal und es dämmert. Der Flussarm verengt sich und nach etwa drei Kilometern teilt er sich. Soll ich links oder rechts fahren? Ich weiß es nicht, denn auf der Karte sind keine Nebenarme eingezeichnet, nur eine große Insel in der Mitte des Flusses. Ich glaube, dass der linke Arm breiter ist und schneller fließt als der rechte und fahre nach links.

Wieder teilt sich der Fluss und der Arm wird schmaler. Doch wenn das Wasser fließt, denke ich, dann kann es kein toter Arm sein, dann muss der Weg auch wieder zurück auf den Hauptstrom führen.

Der Fluss verengt sich immer mehr, wieder teilt er sich und ich weiß nicht, in welche Richtung ich fahren soll, entscheide mich erneut für den größeren und schneller fließenden und paddle immer schneller. Ich will hier raus, ich will auf den offenen Fluss, denn langsam wird es dunkel und links und rechts stehen Wald und Gestrüpp und nirgends gibt es eine offene Stelle, an der ich anlegen und mein Zelt aufbauen könnte, um vielleicht morgen einen Weg hinaus aus dem Gewirr von Nebenarmen zu suchen. Ich muss es heute noch schaffen.

Die gegenüberliegenden Ufer nähern sich, Äste ragen über das Wasser und bald kann ich den Himmel über mir kaum mehr erkennen. Immer wieder muss ich mich ducken, so tief hängen die Zweige, bis mir ein paar überspülte Weiden und ein umgestürzter, quer im Fluss liegender Baum ganz den Weg versperren.

Das Wasser sprudelt durch das Dickicht.

Natürlich, denke ich, natürlich kann der Fluss auch dort fließen, wo ich mit meinem Boot nicht mehr hindurchkomme. Das hatte ich nicht bedacht, und ich drehe auf der kleinen Wasserfläche, die gerade noch so groß ist, dass ich das Boot in mehreren Zügen wenden kann. Äste schlagen mir ins Gesicht und Blätter, Zweige und Rindenstückchen fallen auf das Verdeck.

Ich muss gegen die Strömung fahren und dann entweder den rechten Arm nehmen oder aber die ganzen fünf Kilometer zurückfahren bis zum Beginn der Insel. Dann aber würde ich es nicht mehr vor dem Einbruch der Nacht bis nach Ostrov schaffen.

Ich fahre zurück zum rechten Arm, paddle schnell und weiß, dass der Rückweg, wenn auch dieser Weg unbefahrbar ist, wegen der Strömung mehr als doppelt so lange dauern wird. Nebel steigt auf und die Mücken kommen aus dem Unterholz.

Nach einer Stunde lichtet sich der Wald und ich sehe den Hauptstrom wieder vor mir liegen. Breit und gemächlich fließt er voran, ein Frachtschiff fährt in weiter Entfernung und ein Fischer rudert zum Ufer.

Ein Stück flussabwärts stehen am rechten Ufer Häuser in einer Bucht, ein paar Straßenlaternen leuchten schwach wie Glühwürmchen zwischen den Bäumen und dünner Rauch steigt aus Schornsteinen auf. Dunst liegt über der Bucht, es ist ganz still und in der bläulichen Dämmerung weiß ich mit einem Male nicht mehr, wo ich bin. Wie unter Wasser, wie tauchend, wie schwebend fahre ich durch den jedes Geräusch verschluckenden, blauen Nebel und weiß nicht mehr, wo oben ist und wo unten, wo links und wo rechts. Ich fahre auf einen Ort zu und weiß nicht, ob es ein serbisches oder ein bulgarisches Dorf ist, ein ungarisches oder ein deutsches. Ich bin irgendwo und nirgendwo, vielleicht irgendwo in Europa und vielleicht an irgendeinem anderen Ort auf der Welt, überall und nirgends zugleich. Rote

Ziegeldächer schimmern zwischen blaugrünem Wald, die Hügel dampfen und wie in einem Traum gleite ich über den Fluss.
Es ist schon dunkel, als ich in Ostrov anlege. Neben der Fähranlegestelle stehen Bierbänke unter einem Zeltdach und es gibt Köfte, Pommes und Bier. Aus großen Boxen erschallt laute, bulgarische Popmusik und ich setze mich auf die Treppe der Fähranlegestelle. Die Steine sind noch warm von der Hitze des Tages und ein paar Stufen unter mir gleitet eine olivgrüne, schwarzgemusterte Schlange zum Wasser hinab.

Am Morgen fahre ich weiter und als ich, noch weit hinter mir, das Geräusch eines großen Schiffsdiesels höre, drehe ich mich um. Die »Wilson« aus Bratislava ist ein Containerschiff, wie sie auf Ozeanen fahren, und über dem Bugwulst hebt sich einen Meter hoch das Wasser.
Ich bleibe nah am rechten Ufer und sehe mich ab und an nach dem Riesen um.
Die »Wilson« fährt in der Mitte des Stroms und dürfte bald an mir vorübergezogen sein, denke ich, aber als ich mich das nächste Mal umdrehe, sehe ich, dass sie genau auf mich zuhält. Ich paddle immer schneller in Richtung Land und blicke mich dabei immer wieder hektisch nach ihr um.
Ich bin nur etwa hundert Meter vom Ufer entfernt, aber das Schiff kommt schnell näher und an der Reling steht ein Mann, der mir mit heftigen Handbewegungen klar macht, dass ich verschwinden soll.
Ich paddle so schnell ich kann und hinter mir wird das Schiff immer größer, es beginnt laut zu hupen und ich kann schon die weiße Brücke nicht mehr sehen, sondern nur noch den haushohen, rot und blau gestrichenen Bug. Als sie nur noch etwa fünfzig Meter vom

Ufer entfernt ist, dreht die »Wilson« ab und fährt flussaufwärts. Das Wasser am Heck schäumt und das Boot hebt und senkt sich um mehr als anderthalb Meter auf den Wellen.

Am Nachmittag treiben plötzlich Muscheln im Wasser. Es sind hunderte Flussmuscheln, die knapp einen Zentimeter aus dem Wasser ragen, die braungrünlichen Schalen leicht geöffnet, zwischen denen das Fleisch hellrosa schimmert. Es scheint, als seien sie alle gemeinsam aus der verborgenen Tiefe des Grundes an die Oberfläche gestiegen und würden nun flussabwärts wandern. Einige sind fingerlang, andere fast so groß wie meine Hand.

Wohin schwimmen sie? Gibt es Muschelwanderungen? Ich weiß es nicht.

Neben dem Fähranleger von Zagraždens stehen ein paar Wohnwagen. Sie sind frisch gestrichen und verziert mit Blumenkästen und -töpfen, mit Satellitenschüsseln und Anbauten, mit Kaminen, gemauerten Schornsteinen und Gartenzwergen.

Ein dicker, braungebrannter Mann in Badehose und Basecap sitzt in einem Liegestuhl und liest Zeitung.

Ob ich auf der Wiese neben seinem Häuschen zelten dürfte, frage ich ihn, und der Mann sieht auf, mustert mich und wiegt dann bedächtig den Kopf.

Nachdem das Zelt aufgebaut ist, gehe ich in den Ort. Der geteerte Weg liegt etwas erhöht und die tieferliegenden Wiesen sind von einer Schlammschicht überzogen. Vor Kurzem muss die Donau auch hier weite Flächen überflutet haben.

Die Sonne steht schon tief und taucht alles in ein mildes Abendlicht. Mücken tanzen und nicht weit vor mir fliegen drei Störche über den Weg, Schwalben sitzen auf Stromleitungen und hinter der weiß gestrichenen, orthodoxen Kirche mit ihrem roten Ziegeldach steht ein Esel auf der Wiese und sieht mich an.

Im Ort gehe ich in den Laden, der kleine Raum ist sehr voll, es gibt nur wenig und ein paar alte Frauen bezahlen nicht mit Leva, sondern mit einer Art Kupons.
Ich kaufe Brot, Büchsenfisch und eine Flasche Bier und setze mich an einen der Tische vor dem Laden. Ein graugetigertes Kätzchen hockt sich vor meinen Stuhl und wartet, dass ich ihm etwas zu Fressen zuwerfe. Sein rechtes Auge ist grün und klar, das linke grautrüb und matt. Das Kätzchen ist halbblind und ich gebe ihm ein Stückchen Fisch.
In der Ferne knallt es und dann ertönt ein Dröhnen. Das Geräusch erinnert an einen überlauten Rasenmäher, es wird lauter und nach einer Weile nähert sich ein schwarzer Pick-Up, der langsam durch den Ort fährt. An den Türen ist das Rote Kreuz zu sehen und auf der Ladefläche ragt ein armdickes Rohr nach hinten, das aussieht wie ein Geschütz. Aus dem Rohr kommt dicker, weißer Qualm, ab und an knallt es wie bei einer Fehlzündung und dann schießt eine Stichflamme aus dem Zylinder.
Der Rauch zieht direkt unter das Dach, unter dem ich sitze, und ich springe auf, halte den Daumen auf meine Bierflasche und renne hustend und spuckend davon. Der Nebel riecht und schmeckt sehr giftig.
Der Wagen fährt weiter und nach einer Weile ist das Dröhnen kaum mehr zu hören.
Als ich zurück zum Zelt gehe, ist mir übel, ich habe Kopfschmerzen und muss mich in den Straßengraben übergeben.
Danach setze ich mich vor das Zelt und sehe über den Fluss.
Seit drei Wochen bin ich nun schon wieder unterwegs und etwas mehr als tausend Kilometer gefahren. Ich habe noch zwei Wochen Urlaub und es sind noch mehr als sechshundert Kilometer bis zur Mündung. Ich müsste jeden Tag sechzig Kilometer fahren, um es bis

ans Meer zu schaffen, aber das ist nahezu unmöglich, denke ich, die Sonne geht unter und ich lege mich in den Schlafsack.

Am Morgen schwimmen wieder hunderte Muscheln im Fluss. Am rechten Ufer erheben sich steile, weiße Felsen, die immer größer werden, die bei Nikopol schon mehr als fünfzig Meter hoch sind und an die Kreidefelsen auf Rügen erinnern.
Am Nachmittag sind die Muscheln ebenso plötzlich, wie sie aufgetaucht sind, auch wieder verschwunden und am Abend fliegt ein Hubschrauber am Ufer auf und ab. Er trägt ein Stahlrohrgestänge an seinen Kufen, wahrscheinlich wird am ganzen Ufer weitflächig gegen die Mücken gesprüht, und ich fahre ein Stück weiter in die Mitte des Flusses.
In einer Bucht mit Sandstrand bei Belene lege ich an.
Zwei Männer, der eine ist klein und dick, der andere groß und schlank, legen ein Netz im Wasser aus. Als sie fertig sind, kommen sie zu mir, aber sie sprechen weder Englisch noch Deutsch, und ich kann kein Bulgarisch. Ein dritter Mann kommt hinzu, der mich auf Englisch einlädt, am Abend in den Garten der beiden zu kommen, zu einer Party. Er ist knapp dreißig Jahre alt und trägt ein schlafendes Baby in einem Tuch vor seiner Brust.
Der kleine Dicke wiegt den Kopf, hebt ein imaginäres Glas zum Mund und legt den Kopf in den Nacken.
»Party«, sagt er und grinst.
Dann gehen sie den Hügel hinauf.
Ich schwimme im Fluss und baue das Zelt auf einer Anhöhe auf einer frisch gemähten Wiese auf, dann gehe ich den beschriebenen Weg zum Garten und drei Männer sitzen an einem Tisch, vor sich ein paar Teller mit geräuchertem Fisch und etliche Flaschen. Es sind

die beiden, die das Netz ausgelegt haben, und ein Dritter, den ich noch nicht kenne.
Keiner von ihnen spricht Englisch oder Deutsch, aber sie zeigen mit dem Finger auf ihre Brust und stellen sich vor.

»Ilja«, sagt der kleine Dicke, »Hristo«, der große Schlanke und »Emil«, der dritte Mann.

»Daniel«, sage ich.

Dann deuten sie auf den Fisch und stellen ein Glas mit Schnaps und eins mit Eistee vor mich. Den Fisch haben sie selbst geräuchert, so viel können sie mir mit Händen und Füßen erklären, und dann machen sie vor, wie es geht. Erst isst man einen Happen Fisch, dann trinkt man einen Schluck Schnaps und zum Schluss spült man mit Eistee nach. Ich tue es ihnen gleich und sie wiegen die Köpfe und grinsen zufrieden.

»No problem, Hans!«, sagt der kleine, dicke Ilja und schlägt mir auf die Schulter.

»Daniel«, sage ich, nicke und deute mit dem Finger auf mich. »Nicht Hans, Daniel!«

»No problem, Hans!«, sagt er, wiegt den Kopf und deutet auf den Teller mit dem Fisch.

»Blagodaria!«, sage ich, »Danke!«

Sie schenken immer wieder nach, wir trinken Schnaps und sind sehr schnell ziemlich betrunken.

»No problem, Hans!«, sagt Hristo und grinst, hebt sein Glas und sieht mich an.

»Danke!«, sage ich und wir stoßen an.

Dann kommt Ilja eine Idee und er erklärt den beiden anderen etwas, was ich nicht verstehe, aber sie grinsen und er verschwindet im Häuschen.

Als er wiederkommt, hat er eine gelbe Warnweste in der Hand, die er mir feierlich überreicht. Ein Geschenk. Sie bestehen darauf, dass ich sie anziehe. Auf dem Rücken der Weste steht »Драгажден Флот ›Истр‹ АД«, »Baggerarbeiten Flotte ›Istra‹ AG«.

Die drei lachen.

»Danke!«, sage ich.

»No problem, Hans!«, sagt Hristo und hebt sein Glas.

»Sheriff«, sagt Ilja und deutet auf Emil. »Sheriff Dunav.«

Der wiegt den Kopf und zeigt ein aufgenähtes Emblem auf seinem Hemdsärmel, das einen Fisch zeigt. Er hält die Hände, als hielte er eine Angel, und deutet dann auf mich.

»Riba?«, fragt er und sieht mich streng an. »Fisch? Du Fisch?«

»Nein«, sage ich auf Russisch und nicke. »Ich nicht Fisch.«

Die drei lachen.

»No problem, Hans!«, sagt Ilja und hebt sein Glas.

»Danke!«, sage ich und wir stoßen an.

Es ist fast Mitternacht, als ich aufstehe und den Hügel hinauf zu meinem Zelt schwanke.

Am Morgen packe ich meine Sachen zusammen und gehe noch einmal in den Garten.

Die drei Männer stehen neben einem ramponierten, rostigen Bauwagen und Ilja hat eine Bohrmaschine in der Hand. Als sie mich kommen sehen, zeigen sie mir den Schaden. Ganz offensichtlich wurde die Tür aufgebrochen, aber die drei sind guter Dinge und deuten auf ein etwa zwei Millimeter starkes Stahlblech, Ilja hält es an die Tür und zeigt mir, wie sie ihren Wagen damit einbruchsicher machen wollen.

Hristo deutet auf den kleinen, dicken Ilja und reckt den Daumen in die Höhe.

»Profesionalen«, sagt er. »Expert!«

Danach wollen sie, dass ich sie vor dem Boot fotografiere, und wir gehen hinunter zum Fluss, sie hocken sich neben das Boot und halten die Daumen in die Höhe.

»No problem, Hans!«, sagen sie und schlagen mir auf die Schulter, als sie das Bild betrachten, und wir verabschieden uns, ich steige ins Boot und fahre weiter.

Der Campingplatz von Svištov, »mit Freiluftduschen«, wie der Wasserwanderführer schreibt, ist eine schmale Wiese, geteilt von einem kleinen Bach. Es gibt weder Duschen noch eine Rezeption und auch kein einziges Zelt steht am Ufer. Der Campingplatz ist kein Campingplatz, aber ich baue trotzdem das Zelt auf.

Bei Svištov erreicht die Donau ihren südlichsten Punkt und im Wald hinter der Wiese steht ein Museum, das aber geschlossen ist. An dem mit Sandstein verkleideten Haus steht eine Inschrift, aber viel kann ich nicht entziffern. Nur die Jahreszahl 1877 und dass Svištov im russisch-osmanischen Krieg von den Russen befreit worden ist.

Hinter dem Museum steht auf einem kleinen Hügel ein Triumphbogen, mehr ein Turm als ein Tor, mehr als zwanzig Meter hoch und an den Wänden ein Relief mit stilisierter, russischer Kavallerie wie in der Kuppel des Völkerschlachtdenkmals in Leipzig.

Ich gehe hinauf zur Hauptstraße und auf dem Asphalt sitzt eine grüne Smaragdeidechse. Ein LKW donnert vorüber und danach ist auf der Straße nur noch ein blutiger Fleck.

An einer Bushaltestelle warten drei ältere Frauen, ich gehe in das Häuschen aus löchrigem Wellblech und sehe keinen Fahrplan, aber ich stelle mich einfach dazu und nach ein paar Minuten kommt ein Bus. Er ist mindestens vierzig Jahre alt und der Fahrer schwitzt, während er das große Lenkrad dreht und den schwergängigen Schalthebel bewegt. Auf der Abdeckung des Motorblocks liegt ein buntbesticktes Deckchen und neben dem Fahrer sitzt die Schaffnerin, die nach jeder Station durch den Bus geht und Fahrscheine verkauft, und all das erinnert an gelbstichige, ausgeblichene Fotos aus einem Reiseführer oder einem Bildband der 1970er Jahre.

Nach ein paar Stationen steige ich in der Innenstadt aus.

Svištov hat ein gepflegtes Zentrum, einen kleinen Park mit Bänken und Brunnen, Kirchen und bronzene Denkmäler, eine Fußgängerzone und Geschäftsstraßen.

Ich kaufe ein und danach gehe ich zurück zur Bushaltestelle und warte. Nach ein paar Minuten kommt ein Bus, ein moderner Reisebus, klimatisiert und keine fünf Jahre alt, und der Fahrer kassiert an jeder Station selbst.

Als ich am Fluss ankomme, stehen zwei Männer in Badehosen am Strand, sie sind etwa fünfzig Jahre alt und rufen mir etwas zu.

»Ich verstehe kein Bulgarisch«, sage ich auf Russisch und die Männer grinsen.

»Bulgarisch kannst du nicht, aber Russisch verstehst du?«, sagt der eine. »Der da kann auch Russisch«, sagt er, deutet auf den zweiten Mann und der wiegt den Kopf und lächelt.

»Der da kann auch Deutsch«, sagt der zweite Mann auf Deutsch und deutet auf sich. »Und der da auch«, sagt er und deutet auf den ersten Mann.

Sie lachen.

»Ist das dein Boot?«, fragen sie.

»Ja«, sage ich und wiege den Kopf.

»Jaja, das ist schön«, sagt der eine. »Es ist schön am Fluss. So oft ich kann, bin ich hier und schwimme.«

»Er ist ein Fisch!«, sagt der andere.

»Nein!«, ruft er empört, »ich bin Widder«, und sie lachen. Dann gehen sie schwimmen.

Am Morgen höre ich vom anderen Ende der Wiese das Geräusch eines aufheulenden Motors und das Singen von durchdrehenden Reifen. Ich gehe hinüber.

Ein vielleicht zehnjähriger Junge sitzt am Steuer eines Vans und sein Vater versucht, den Wagen aus dem Schlamm zu schieben.

Als er mich erblickt, hält er inne und richtet sich auf.

»Ich wollte meinem Sohn nur mal zeigen, wo ich die schönste Zeit meines Lebens verbracht habe und jetzt haben wir uns festgefahren«, sagt der Mann erst auf Bulgarisch und dann auf Englisch, als ich ihn ansehe und mit den Achseln zucke.

Ich fasse mit an, aber das Auto steckt fest. Auch zu zweit schaffen wir es nicht und ratlos stehen wir neben dem Wagen.

»Ich bin Kamil«, sagt der Mann. »Ursprünglich komme ich aus Bagdad, aber ich lebe schon seit Jahren in Varna. In Svištov habe ich studiert und hier am Strand hatten wir die besten Partys. Diesen Ort wollte ich meinem Sohn zeigen und nun stecken wir fest. Aber wir müssen nach Varna, meine Frau wartet auf mich. Was soll ich ihr erzählen?«

»Wir schaffen das schon«, sage ich, bin mir aber nicht sicher, ob das stimmt.

Kamil telefoniert und ich lege Äste und Zweige unter die Reifen, damit die Räder nicht mehr im Schlamm durchdrehen, aber auch das bringt nichts.

Nach einer Weile kommt ein Mann mit einem Kleintransporter und einem Seil und fünf Minuten später ist das Auto frei.

Kamil besteht darauf, mich auf einen Kaffee einzuladen, und ich steige in seinen Wagen, wir fahren zu einem sehr teuer aussehenden Hotel, nur etwa zwei Kilometer vom Denkmal entfernt, und nehmen auf der Terrasse neben dem Swimmingpool Platz. Die Kellnerin bringt Kaffee, Wasser und frisch gepressten Orangensaft.
Danach fährt er mich zurück und bedankt sich noch einmal, er fährt winkend und hupend davon und ich steige ins Boot und fahre weiter.
Am Abend erreiche ich Ruse und kurz bevor ich die Einfahrt zu dem großen Hafen am oberen Stadtrand passiere, knackt es im hölzernen Bootsgerüst und das Boot sackt unter mir etwa fünf Zentimeter in sich zusammen.
Der Boden des Bootes ist mit einem Male nicht mehr fest und hart, sondern weich und nachgiebig wie bei einem Schlauchboot. Ich habe Angst, dass eine scharfe Kante die Bootshaut aufreißt, denn dann würde ich es kaum mehr bis ans Ufer schaffen, das Boot würde schnell voll Wasser laufen und ich müsste an Land schwimmen.
Das Ufer ist eine in steilem Winkel ins Wasser abfallende, glatte Mauer und ich paddle so schnell ich kann.
Rechts führt ein Kanal in das Hafenbecken und an einem Haus steht »Yacht Club Ruse«, aber ich fahre weiter und ein paar hundert Meter weiter lege ich an einem kleinen Kiesstrand an, ziehe das Boot an Land und sehe mir den Schaden an. Es ist zwar nicht ganz so schlimm, wie ich befürchtet hatte, aber die Sperrholzschichten des Kielbretts haben sich voneinander gelöst und sind angebrochen.
Das war's, denke ich, die Reise ist zu Ende, und setze mich auf einen Stein.
Eine Treppe führt hinauf zur Uferpromenade und im Gebüsch steht ein weißer Pfahl, daran ein großes, rostiges, schwarzes Schild, auf dem steht »495«.

Ein Hund springt herum und trägt mir ein Stöckchen zu, aber ich habe gerade andere Sorgen und der Hund sieht mich eine Weile erwartungsvoll an, dann trottet er davon.
Eigentlich hätte ich noch fast zwei Wochen Zeit, denke ich, aber auch in diesen zwölf Tagen hätte ich nicht die fünfhundert Kilometer geschafft, die die Donau noch fließt, bevor sie sich ins Schwarze Meer ergießt, und ob die Reise nun in Ruse endet oder in Silistra, in Cernavodă oder in Galați, das ist dann eigentlich auch egal.
Ich gehe die Treppe hinauf und stehe an der Strandpromenade. Dahinter erstreckt sich eine Wiese mit ein paar Bäumen und auf einem Hügel steht das Hotel »Riga«, ein zwanzig Stockwerke großes Hochhaus.
Ich werde wohl hier zelten müssen, denke ich, und deprimiert baue ich das Zelt auf der Wiese unter dem Hotel »Riga« auf.

Am Morgen setze ich mich auf eine Bank an der Strandpromenade und sehe über den Fluss.
Und wenn ich einfach versuchen würde, an einem der hier liegenden Schiffe zu fragen, ob sie mich vielleicht ein Stück mitnehmen? Fragen kann man ja mal, denke ich, fragen kostet nichts, und ich gehe entlang der Uferpromenade in Richtung Hafen, wo etliche große Frachter liegen.
Auf einem Schiff steht ein Mann und angelt.
Ich gehe zu ihm.

»Natürlich spreche ich die Sprache Goethes und Schillers«, sagt er auf meine Frage und sieht mich streng über den Rand seiner Brille an.

»Der Kapitän kommt in einer halben Stunde wieder, aber ich denke, es wird kein Problem sein, dich mitzunehmen. Ich weiß allerdings nicht, wohin er fährt.«

Nach einer Weile kommt der Kapitän und der Mann übersetzt ihm meine Frage. Der Kapitän wiegt den Kopf.

»Das müsste schon gehen«, sagt er, »aber ich weiß noch nicht, wohin ich fahren muss. Das erfahre ich erst nachher auf der Reederei. Die schicken uns kreuz und quer, wir Kapitäne sind doch auch schon lange keine Herren unserer Schiffe mehr. Wir sind doch nur noch Angestellte, die man herumschubst. Aber komm in einer Stunde wieder, dann kann ich dir mehr sagen.«

Ich setze mich auf eine Bank und nach einer Stunde kommt der Kapitän zurück, sieht mich bedauernd an und nickt.

»Vidin«, sagt er. »Dort liege ich eine Woche und warte auf die Fracht, damit fahre ich dann wieder zurück nach Ruse«, und er zeigt auf ein Gebäude. »Die Reederei. Der Chef.«

Er zuckt die Achseln, verabschiedet sich und verschwindet auf der Brücke. Aber ich habe Mut gefasst, gehe hinüber zur Reederei und klopfe auf gut Glück an der ersten Tür links.

Ein Mann öffnet mir und ich erzähle ihm die ganze Geschichte, dass ich aus Budapest mit dem Faltboot gekommen bin, dass das Boot kaputtgegangen ist und dass ich nun eine Mitfahrgelegenheit auf einem großen Frachtschiff suche.

Der Mann blickt finster.

»Ich bezahle natürlich dafür«, sage ich und er nickt.

»Das ist unmöglich, das geht nicht«, sagt er. »Das geht auf gar keinen Fall. Der Fluss ist die Grenze und es gibt Gesetze. Man kann nicht einfach als Passagier auf einem Frachtschiff mitfahren.«

Ich gehe hinaus und setze mich wieder auf die Bank.

Bliebe noch die Yacht da hinten, denke ich. Sie ist groß und weiß, sie hat dunkle, hölzerne Planken und eine chromblitzendende Reling und ihre Besitzer sind mit Sicherheit echte Millionäre.

Ich gehe zu dem Boot und frage die etwa fünfzigjährige Frau, die im Schatten auf dem Deck sitzt, woher sie kommt, ob sie Englisch spricht und wohin sie fahren wird.

»Wir kommen aus den Niederlanden«, sagt sie, »natürlich spreche ich Englisch und mein Mann und ich, wir fahren zum Delta.«

Ich erzähle auch ihr die ganze Geschichte und frage sie dann, ob es vielleicht möglich sei, mich ein Stück mitzunehmen.

»Nein«, sagt sie, das sei nicht möglich. Die Passagierliste, die Grenze, die Gesetze, die Formalitäten. Leider, leider, sie bedaure das sehr, aber das sei ganz und gar unmöglich.

Ich nicke und wünsche ihr eine gute Fahrt.

Wahrscheinlich hätte ich mich selbst nicht mitgenommen, denke ich, so wie ich gerade aussehe, unrasiert und mit zerrissener und dreckiger, kurzer Hose, mit einem Strohhut auf dem Kopf und einem Schweinszahn an einem Zwirn um den Hals, und ich gehe hinüber zum Yachtklub. Hinter dem Zaun kläfft ein Hund und nach einer Weile kommt ein Mann. Er ist etwa vierzig Jahre alt und hat einen rotblonden Schnauzbart, er trägt nichts als eine kurze Hose und Sandalen, er ist braungebrannt und sein Gesicht ist mit Sommersprossen übersät. Der Hund verstummt und der Mann bittet mich hinein.

»Ich habe dich gestern Abend schon gesehen. Von hier aus sieht man alles«, sagt er auf Englisch, grinst und deutet hinauf zu dem Balkon.

»Ich bin Bojko und du kannst gerne hier bleiben«, sagt er. »Brauchst du Hilfe mit dem Gepäck? Ich rufe meine Tochter an.«

Ich gehe zurück und baue das Zelt ab, packe alles zusammen und kurz darauf kommt ein Kleintransporter mit einer jungen Frau am Steuer auf die Wiese gefahren. Neben ihr sitzt Bojko und er steigt aus, öffnet die Heckklappe und ich werfe das Gepäck hinein.

Als wir am Hafen vorbeifahren, deutet Bojko hinüber.

»Auf der Werft habe ich zehn Jahre lang gearbeitet, bis ich entlassen wurde. Früher waren wir 4000 und heute arbeiten gerade einmal noch 400 Männer dort. Jeden Monat bauen sie einen Tanker, die gehen alle nach Russland.«

Das Auto hält vor dem Yachtklub und wir gehen hinein.

»Wo ist dein Boot und wie lange willst du bleiben?«

»Es liegt direkt am Kilometerschild 495, am Strand«, sage ich. »Aber es ist kaputt.«

»Das kann ich dir reparieren, das ist kein Problem. Ich bin Bootsbauer.«

»Sehr gut!«, sage ich. »Und wenn das Boot hier bei dir in guten Händen ist und du etwas damit anfangen kannst, dann gehört es ab heute dir. Einverstanden?«

»Ja, sehr gut!«, sagt er und lacht. »Abgemacht. Bleib, solange du willst.« Er gibt mir den Schlüssel zum Haus. »Ich muss jetzt gehen, meine Frau wartet mit dem Essen auf mich. Das Boot holen wir heute Abend um sieben. Bis dann!«

Er geht und ich steige die Leiter hinauf zum Balkon. Dahinter liegt ein kleiner Raum, es ist sauber und aufgeräumt.

Ich gehe in die Stadt und suche ein Internetcafé, setze mich an einen Rechner und finde tatsächlich noch einen freien Platz in einem Flugzeug über Stuttgart nach Berlin. Übermorgen um kurz vor Mitternacht startet der Flieger in Bukarest und ich reserviere ein Ticket.

Am Abend gehe ich zurück zum Boot und knöpfe die Spritzdecke auf. Das Paddel liegt noch immer genauso darin, wie ich es gestern zurückgelassen habe, Kinder baden und auch der braune Hund ist wieder da und springt den Steinen hinterher, die zwei Jungs auf dem Wasser springen lassen.

Nach einer Weile höre ich ein Motorengeräusch, ziehe das Boot ins Wasser und steige ein. Ohne Gepäck kann ich problemlos fahren und das gebrochene Brett biegt sich nur ein ganz klein wenig durch. Wir binden das Kajak an das Motorboot, ich steige um und wir fahren zum Yachtklub. Das Motorboot fährt schnell und die bulgarische Fahne flattert am Heck.
Im Hafen heben wir das Boot auf den Steg, wir tragen es die steile Treppe hinauf und Bojko sieht sich den Schaden an.

»Das ist kein Problem«, sagt er. »Das kriege ich wieder hin.«

»Dann gehört es dir«, sage ich und wir geben uns die Hand.

Zwei Tage darauf verabschiede ich mich von Bojko und steige in ein Taxi, fahre hinauf zum Bahnhof und kaufe mir eine Fahrkarte nach Bukarest, setze mich auf dem Bahnsteig auf eine Bank und warte. Der Zug nach Bukarest kommt aus Istanbul, aber es ist nicht der Orient-Express, sondern zwei Waggons, die seit den 1950ern in Betrieb zu sein scheinen, gezogen von einer etwa ebenso alten, rostbraunen Lok.
Der Zug ist fast leer.
Zuerst geht es ein Stückchen durch die Stadt und dann fahren wir über die einzige Brücke, die Bulgarien und Rumänien miteinander verbindet, über die Donau. Der Fluss ist etwa einen Kilometer breit und ich stehe am Fenster und blicke hinunter.
Danach kontrollieren Grenzer den Pass, vereinzelt stehen Ölpumpen im flachen Land, ein Pferdefuhrwerk fährt auf einem Feldweg und an kleinen Bahnhöfen steigen viele Menschen zu.
Bukarest. Menschen, Hektik und dichter Verkehr auf vierspurigen Straßen.
In einem Laden versuche ich einzukaufen, und auf die Frage, welchen Käse ich denn möchte, sage ich einfach »Määäh!«

Der Verkäufer lächelt, überlegt einen Moment und fragt dann »Määäh sau Möööh?«
Ich zögere.

»Muuuh?«, fragt er und grinst.

»Nein!« Ich schüttle den Kopf und sage »Möööh!«
Er nickt zufrieden und reicht mir den Schafskäse.
Die Nektarinen und die Tomaten, das Brot, die Paprika und den Wein bekomme ich immer dann erst von ihm ausgehändigt, wenn ich das rumänische Wort, das er mir dazu sagt, richtig ausgesprochen habe, und als er mir den Preis nennt, kriege ich einen Schreck. Es ist viel teurer als in den bulgarischen Dörfern und ich bezahle beinahe genauso viel wie zu Hause in Leipzig.
Als ich aus dem Laden komme, spricht mich ein Mann an.

»Brauchst du ein Taxi?«, fragt er auf Englisch.

»Nein«, sage ich. »Heute Abend geht mein Flugzeug, ich brauche kein Taxi, ich fliege wieder nach Hause, nach Deutschland.«

»Wie lebt es sich eigentlich«, frage ich ihn, »als Taxifahrer in Bukarest?«

»Viel Arbeit und wenig Geld«, sagt er und seufzt. »Ich arbeite sechs Tage in der Woche und jeden zweiten Sonntag. Damit kommen wir gerade so über die Runden. Rumänien ist sehr teuer geworden, seit wir Mitglied der Europäischen Union sind. Fast alles wird importiert, selbst Lebensmittel! Fleisch, Milch und Butter kosten in Bukarest genau so viel wie in Budapest oder in Berlin. Dabei verdiene ich, wenn es gut läuft, nicht viel mehr als 1 800 Lei, das sind gerade einmal 450 Euro im Monat. Aber ich habe eine Eigentumswohnung und meine Tochter macht im nächsten Jahr Abitur!«
Er nimmt das Portemonnaie aus der Tasche und zeigt mir stolz das Bild eines Mädchens mit langen, schwarzen Haaren. Sie blickt ernst.

Eine Familie mit schweren Koffern geht auf sein Taxi zu und er verabschiedet sich schnell, läuft zu seinem Wagen und öffnet den Kofferraum.

Ich gehe in den Bahnhof und kaufe mir den neuesten SPIEGEL, er ist von der vorletzten Woche, aber das ist mir egal, für mich ist er neu, und ich setze mich auf eine Bank in den Schatten, lese und warte.

Am Abend fahre ich mit dem Bus zum Flughafen, in der Nacht fliege ich nach Stuttgart und habe dort eine Stunde Aufenthalt bis zum Flieger nach Berlin.

Mit meinem Strohhut stehe ich in dem kleinen Raucherkabuff und ein rotgesichtiger Mann in Hawaiihemd zieht an einem Zigarillo und mustert mich.

»Komsch vo Safari?«, fragt er und lacht.

»Ja«, sage ich. »So etwas in der Art.«

Danach steige ich in das Flugzeug nach Berlin und am nächsten Morgen, langsam wird es hell, fährt der Zug in den Leipziger Hauptbahnhof ein. Als die Sonne aufgeht, komme ich zu Hause an und stelle die Packsäcke in eine Ecke.

Ich bin verdreckt und verschwitzt, unrasiert und erschöpft und setze mich in den Sessel.

Da bin ich also wieder, denke ich, sehe mich um und das wieder zu Hause sein fühlt sich noch ganz fremd und seltsam an.

Sommer 2011

50 km
100 km
Siret
Rumänien
Olt
Oltenița
Tutrakan
Rjachovo
Ruse
(km 495)

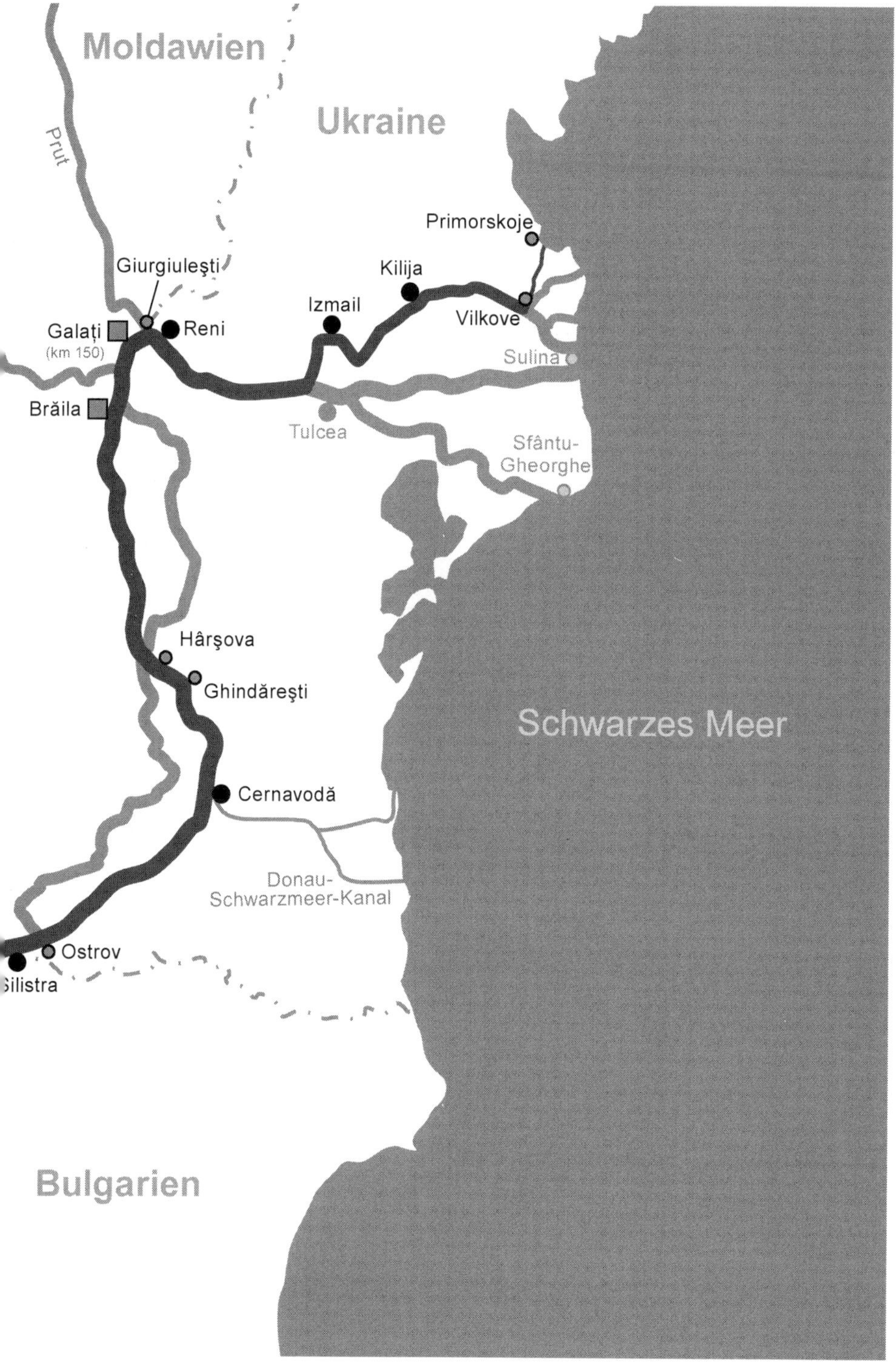

Moldawien
Ukraine
Prut
Primorskoje
Giurgiuleşti
Kilija
Izmail
Vilkove
Galaţi
(km 150)
Reni
Sulina
Brăila
Tulcea
Sfântu-
Gheorghe
Hârşova
Ghindăreşti
Schwarzes Meer
Cernavodă
Donau-
Schwarzmeer-Kanal
Ostrov
Silistra
Bulgarien

Im Mai schreibe ich Bojko eine Mail. Ob das Boot repariert sei, frage ich, und ob ich es mir für den letzten Teil der Reise noch einmal ausleihen dürfte.

»Das Boot ist in einem sehr guten Zustand«, schreibt er noch am gleichen Tag zurück. Zurzeit würden es zwar die Studenten der Sportschule regelmäßig benutzen, aber wenn ich es mir im Sommer noch einmal für drei oder vier Wochen ausleihen wolle, dann sei das selbstverständlich überhaupt kein Problem.

Danach schreibe ich Mails an verschiedene deutsche Reedereien und frage, ob es vielleicht möglich sei, Anfang August auf einem Frachtschiff stromaufwärts als zahlender oder auch mithelfender Passagier mitzufahren.

Herr Füßl von der Würzburger Mainschifffahrts-Genossenschaft MSG e.G. antwortet als Einziger noch am gleichen Tag.

»Das ist prinzipiell möglich«, schreibt er, doch müsste ich mich mit dem jeweiligen Kapitän über Preis und Bedingungen einigen. Die Routenplanung sei allerdings sehr kurzfristig, aber er hätte sich meinen Wunsch und meine Telefonnummer notiert und würde mich Ende Juli anrufen, wenn er Genaueres wüsste.

Ich hätte auch fliegen können, natürlich. Aber Bahnfahren ist preiswert in Südosteuropa und das Ticket von Leipzig nach Ruse kostet mit einhundertfünfzig Euro, Reservierung und Schlafwagen inklusive, auch nicht mehr als ein Flug.

Das rhythmische Geräusch der Räder auf den Gleisen macht schläfrig. Städte ziehen vorüber, Berge und Ebenen, Dörfer, Straßen und Flüsse, und mir ist, als sei mit jedem Grenzübertritt, mit jedem Land, durch das der Zug fährt, meine Wahrnehmung eine andere, als hätte sich mit dem Dortsein, mit dem Dasein, auch der Mittelpunkt

meiner Weltsicht verschoben.
Von Tschechien aus gesehen wirkt Deutschland mit einem Male bedrohlich, erdrückend groß und preußischkalt, in der Slowakei scheint der südliche Nachbar plötzlich begierig seine Hände nach der magyarischen Minderheit im Grenzgebiet auszustrecken und in Ungarn kann ich den Wunsch, sich mit den Landsleuten jenseits der Grenzen wiederzuvereinigen, nachvollziehen und halte ihn für ein legitimes und selbstverständliches Ansinnen.
Bei Štúrovo sehe ich zum ersten Mal wieder kurz die Donau und bei Visegrád glitzert sie blau und silbrig zwischen den Bäumen hindurch. Ja, denke ich, hier kommt die kleine Linkskurve und dann hinter der Burg auf dem Kegelberg der große Knick nach Süden, das Donauknie. Ich glaube, ich kann mich tatsächlich an jeden Flusskilometer erinnern.
Am Abend steht ein großer, orangeroter Mond über dem weiten, flachen und baumlosen Land und im Nachtzug ist bis Mitternacht Party in den Abteilen und im Gang. Menschen mit Bierflaschen in der Hand stehen an offenen Fenstern, sie reden und lachen, Musik ertönt aus einem Radio und niemand schert sich um das Rauchverbot. In meinem Abteil sitzen fünf rumänische Studenten, die nur kurz ein paar Worte miteinander wechseln und dann ihre Laptops aufklappen, sich Kopfhörer in die Ohren stecken und Filme sehen.
Am frühen Morgen ist es neblig und hellgraue Felsen ragen hunderte Meter senkrecht in den Himmel, ein Wasserfall ergießt sich milchigweiß neben dunklen Fichten und die Sonne geht rot im Dunst über den Südkarpaten auf.
Am Nachmittag gehe ich über den polierten, hellen Marmorboden des alten Hauptbahnhofs von Ruse, öffne die großen, hölzernen Schwingtüren mit ihren geschliffenen Glasscheiben und den glänzenden

Messinggriffen und steige die Treppenstufen hinunter.
Ich stehe auf dem Platz vor dem Bahnhof, alles ist so vertraut und mir ist beinahe, als sei nur eine Woche vergangen oder ein Monat.
Am Yachtklub steht die Tür offen und Bojko kommt aus dem Haus.

»Da bist du ja«, sagt er und deutet auf den Schuppen. »Das Boot liegt hier hinten.«
Er hat das Verdeck genäht und das gebrochene Kielbrett geklebt.

»Gut sieht es aus«, sage ich.

»Das muss es auch«, sagt Bojko. »Das wird ein harter Trip.«

»Es sind doch nur noch fünfhundert Kilometer«, sage ich. »Letztes Jahr waren es mehr als tausend. Das wird schon.«
Bojko sagt nichts.
Am Abend sitze ich vor dem Haus in der Abendsonne, als ein braungebrannter und rüstiger, etwa siebzigjähriger Mann mit weißen Haaren und blauen Augen zu mir kommt.

»Hallo, ich bin Jack«, sagt er auf Deutsch, gibt mir die Hand und setzt sich neben mich. »Eigentlich Jakob, aus Holland. Aber mit neunzehn bin ich nach Amerika ausgewandert und seitdem heiße ich Jack. Seit fünf Jahren bin ich mit der ›Fleet Wood‹ unterwegs«, sagt er und deutet hinunter auf das Wasser, wo eine schlanke, braune Yacht liegt, am Heck ein großes Solarpaneel und eine amerikanische Flagge, und er erzählt mir, dass er mit dem nur knapp zehn Meter langen Schiff bereits den Atlantik und den Pazifik überquert hätte.

»Nein, das ist nicht mutig«, sagt er und winkt ab. »Im Winter, wenn es keine Zyklone und keine Wirbelstürme gibt, ist das völlig ungefährlich. Man muss wissen, worauf man sich einlässt, man muss das Risiko kalkulieren. Anders machst du das doch auch nicht, oder?«
Er lächelt.

»Ich bin 74 Jahre alt und seitdem ich Rentner bin, habe ich die beste Zeit meines Lebens. Keine finanziellen Sorgen und keine Verpflichtungen, endloser Urlaub und noch bin ich gesund. Jetzt bleibe ich noch ein paar Tage hier bei Bojko, repariere ein paar Teile und dann fahre ich weiter die Donau hinunter. Vielleicht begegnen wir uns ja irgendwann noch einmal.«

»Vielleicht«, sage ich. »Viel Glück und eine gute Reise!«

Er steht auf und geht die steile, schmale Treppe hinunter zu seiner Yacht. Ich bleibe vor dem Schuppen sitzen.

Die grauverwitterte Holzwand hat die Hitze des Tages gespeichert und ist noch ganz warm. Es dämmert, unten am Fluss beginnen ein paar Frösche zu quaken und die ersten Fledermäuse fliegen durch den abendlichen Himmel.

Mit Bojko trage ich am Morgen das Boot hinunter zu den schwimmenden Stegen, schiebe die Packsäcke in Bug und Heck, steige ein und fahre aus dem Hafenbecken hinaus auf den Fluss. Die Strömung nimmt mich auf und ich treibe an der Hafenpromenade von Ruse vorüber und weiter zur großen Brücke am unteren Stadtrand.

Der Fluss ist breit und ruhig und es ist wieder ganz ungewohnt, im Boot zu sitzen. Es schaukelt und wiegt sich in den Wellen und der Fluss ist mir fremd geworden, ich kenne ihn nicht mehr und habe das Gefühl für seine Strömungen und Wellen verloren, für seine langsam und stetig dahinfließende Kraft. Diese Fremdheit macht mir Angst, doch sie wird wieder weichen nach ein paar Stunden oder morgen oder nach ein paar Tagen.

Ich werde mit dem Wasser treiben und paddeln, links, rechts, links, die Sonne wird über den Himmel wandern, von Osten nach Westen, und ich werde wieder fahren, Kilometer für Kilometer,

stundenlang, tagelang, zum Meer. Doch noch halte ich das Paddel fest umklammert und fahre vorsichtig durch die Strudel und in die Wellen der großen Schiffe.
Die Donau führt weniger Wasser als im letzten Sommer, die Strömung ist mit kaum drei Kilometern in der Stunde sehr schwach und wenn ich ein Stück vom Ufer entfernt fahre, dann habe ich fast das Gefühl, auf der Stelle zu stehen und mich gar nicht vorwärts zu bewegen.
In der Mittagshitze paddle ich nicht mehr und lasse mich nur noch treiben, liege im Boot und ziehe den Hut tief in die Stirn, Schweiß läuft mir in kleinen Rinnsalen über den Bauch und das Sonnenlicht ist grell und blendet.
Träge fließt der Strom unter der flirrenden Hitze nach Osten, blau, kühl und gesäumt von Wald an flachen Ufern. Die nächste Flussbiegung kommt langsam näher und dann wird der Blick wieder frei und das Blau des Himmels verschwimmt mit dem des Wassers am in weiter Ferne liegenden Horizont.
Braunweiße Regenpfeifer trippeln am Ufer entlang, auf einem Ast sitzt ein Eisvogel und aus dem Uferwald ertönt Vogelgezwitscher, fremd und exotisch.
Gelegentlich durchschneiden die monoton und rhythmisch im Sekundentakt auf das Wasser aufschlagenden Hölzer, mit denen die Fischer Welse anlocken, den stillen Julinachmittag, bis ich an den ankernden Booten vorbeifahre, das Geräusch leiser wird und irgendwann nicht mehr zu hören ist.
Als am Abend der Bootsrumpf im Ufersand vor Rjachovo knirscht, hüpfen hunderte Frösche in den Fluss. Sie sind klein und schwarz, wie Münzen, die zu lange im Wasser gelegen haben.
Vor den Häusern Rjachovos wachsen in den Gärten Wein, Mais und Bohnenstauden, ein Esel steht grasend am Wegrand und die

ausgetretenen Betonplatten des Bürgersteigs sind gesäumt von Pfirsichbäumen. Unter ihnen liegen kleine, rotgelbe Früchte aufgeplatzt und zertreten und riechen fauligsüß.

Wie wenig es doch braucht, ein Haus zu bauen, denke ich, als ich durch das Dorf spaziere. Vier Wände aus einfachen und zum Teil sogar schon gebrauchten Ziegeln, nicht mehr als jeweils sechs oder acht Meter lang, und darauf ein flaches Pyramidendach.

Im Zentrum ein großer Platz und lange Schatten im warmen Abendlicht, zwei kleine Läden und eine Bushaltestelle mit eingeworfenen, zersplitterten Glasscheiben.

Auf hölzernen Bänken sitzen die Alten vor ihren Häusern und sehen mir neugierig schweigsam nach. Die Zehnjährigen fahren mit ihren Fahrrädern über den Dorfplatz und bremsen scharf, dass die Reifen knirschend über den Sand rutschen, und die Fünfzehnjährigen stehen flirtend unter den Bäumen auf dem Spielplatz neben dem Denkmal.

Auf einem Hügel steht ein Fernsehturm, darunter weiße Häuser, Plattenbauten und Bäume, am Fluss eine lange, schräg ansteigende, steinerne Mauer und davor ein breiter Sandstrand, an dem Menschen neben ein paar alten, schwarzgeteerten Fischerbooten unter Sonnenschirmen liegen.

Ich lege an und ein etwa fünfzigjähriger Mann kommt zu mir.

»Izmail«, sagt er, tippt sich mit dem Finger auf die Brust und gibt mir die Hand. Er legt die zwei großen, hölzernen Ruder ab, die er unter dem Arm trägt, und besieht sich mein Boot.

»Woher?«, fragt er und ich schreibe ihm in kyrillischen Buchstaben die Namen der Städte, die Kilometer und die Jahreszahlen mit dem Finger in den feuchten Sand.

»Mein Sohn Hamburg, Arbeit, schon sechs Jahre«, sagt er auf Deutsch und klopft mir auf die Schulter, nimmt die Ruder wieder in die Hand und winkt mir, ihm zu folgen.

An einem zerbeulten Kleinwagen bleibt er stehen, schließt ihn auf und schiebt die Ruder hinein.

»Centr«, sagt er und deutet den Hügel hinauf, verabschiedet sich und fährt davon.

»Das Fischerdorf ist das einzig erhaltene seiner Art an den Ufern der Donau«, steht auf einer mit Bulgarisch und Englisch zweisprachigen Informationstafel. »Dieses Architekturdenkmal hält die Erinnerung an Zeiten wach, in denen Tutrakan das Zentrum der Fischerei an der Donau gewesen ist und seine Produkte bis nach Wien und Istanbul lieferte. Mehr als 5 000 Fischer lebten damals in der Stadt und es gab mehr als tausend Fischerboote.«

Die Renovierung wird mit Geldern der Europäischen Union gefördert und hinter dem Schild stehen auf Sockeln aus hellem Sandstein leuchtendweiße Häuser mit schwarzen, hölzernen Fensterrahmen, die flachen Dächer mit roten Ziegeln gedeckt. Einige sind frisch renoviert, an anderen wird gebaut und ein paar sind schon fast gänzlich verfallen. An ihnen ist der Putz großflächig abgebröckelt und das Fachwerk mit seinen grauverwitterten Balken und den Ausfachungen aus schmalen, terrakottafarbenen Ziegeln tritt hervor.

Nach einer Weile fahre ich weiter und am Abend lege ich an dem breiten Sandstrand einer großen Insel an, irgendwo zwischen Rumänien und Bulgarien gelegen, genau auf der Grenze, im Niemandsland. Der Strand ist flach und weiß, Federn liegen im Sand und in einiger Entfernung sitzen Möwen und Kormorane und beäugen mich. Hinter dem Strand beginnt ein Dickicht aus Weiden

und Büschen, vor dem ich das Zelt aufbaue.
Ein leichter, warmer Ostwind weht mir in den Rücken und ich sehe in den Sonnenuntergang. Am linken Horizont liegt Tutrakan und rechts Oltenița, dazwischen glitzert der Fluss und der Sand unter meinen nackten Füßen ist körnig, weich und warm.
Ein hell erleuchtetes, großes, weißes Kreuzfahrtschiff fährt vorüber. Es ist viel schneller als die Frachter, an Deck stehen Menschen und leise Musik ist zu hören. Kurz darauf ist es hinter der nächsten Flussbiegung verschwunden und große Wellen schwappen ans Ufer.
Ich sitze im Sand und esse würzigen Schafskäse und weißes Brot, grüne Paprika und saftige Tomaten und die Dämmerung senkt sich über den leise murmelnden Fluss.

Auf einer Insel sitzen neben hunderten schwarzbrauner Kormorane ein paar große, weiße Vögel.
Ich schaue durch das Fernglas. Es sind tatsächlich acht Pelikane.
Im Zoo wirken sie beinahe unscheinbar neben all den anderen Tieren, aber hier auf dem Fluss kann ich mir kaum einen schöneren Anblick vorstellen als diese gewaltigen, weißen Vögel. In weiter Entfernung treibe ich an ihnen vorbei und greife immer wieder zum Fernglas und schaue zu ihnen hinüber.
Als ich um eine kleine Landzunge treibe, sehe ich in etwa fünfzig Metern Entfernung ein Tier am Ufer stehen und trinken. Es ist zu muskulös, zu kräftig und zu grau für ein Reh und zu schlank, zu braun und zu hochbeinig für ein Wildschwein. Der Wind kommt mir entgegen und das Tier kann mich nicht riechen, es trinkt und sieht nicht auf.
Ich glaube, es ist tatsächlich ein Wolf.
Dann hebt das Tier den Kopf, schaut mich an und ist im nächsten

Augenblick im Wald verschwunden.
Der Ostwind bläst mir ins Gesicht und die Wellen werden immer höher, ich komme kaum voran und Wasser schwappt im Boot, aber ich muss paddeln und kann es nicht aufwischen.
Die Wellen sind nun einen guten halben Meter hoch und das Boot liegt nicht mehr fest und steif im Wasser. Das Kielbrett biegt sich durch und mir ist beinahe, als säße ich in einem Schlauchboot. Ich fühle mich nicht mehr sicher auf dem Wasser, aber ich kann auch nirgendwo anlegen, kilometerweit zieht sich der Wald am Ufer und ich sehe keine Bucht und keine Sandbank.
Bisher lagen die Städte und Dörfer am Ufer nur selten mehr als zehn oder fünfzehn Kilometer auseinander, nun sind es meist zwanzig bis fünfundzwanzig und bald werden es mehr als achtzig Kilometer sein. Wegen der geringen Strömung schaffe ich am Tag nur etwa dreißig Kilometer, ich bin ganz alleine auf dem großen und breiten Fluss und würde mich sicherer fühlen, wüsste ich Menschen in meiner Nähe.
Nach zwei Stunden Fahrt finde ich kurz vor Silistra einen kleinen Kiesstrand, lege an und ziehe das Boot an Land, entlade es und drehe es um, damit das Wasser herauslaufen kann.
Am Ufer liegen von den Bäumen gebrochene Äste, zwei ausrangierte Autoreifen und etliche Plastikflaschen. Der Himmel ist grau und der Wind zerrt am Zelt. Noch ist es trocken, aber bald schon zucken die ersten Blitze am Horizont, es donnert und nach einer Weile setzt der Regen ein. Ich lege mich ins Zelt und das Gewitter kommt näher.
Hoffentlich schlägt keiner der Blitze in eine der Pappeln ein, unter denen das Zelt steht, denke ich, liege wach und habe Angst, dass mich ein Baum oder ein Ast erschlagen könnte, doch irgendwann hört das Gewitter auf, der Sturm lässt nach und ich schlafe ein.

Am Morgen klebe ich die kleinen Risse in der Bootshaut mit Sekundenkleber und Gafferband und sehe, dass das Kielbrett erneut angebrochen ist. Die Sperrholzschichten lösen sich wieder voneinander und es ist kein Wunder, dass sich das Boot in den Wellen biegt.
In Silistra werde ich ein Brett kaufen, denke ich und reiße eines der karierten Blätter aus dem Notizbuch, messe mit den Kästchen Länge und Breite und schreibe die Maße auf.
Ab heute Nachmittag werde ich keine Karte des Flussverlaufs mehr haben, denn der Donau-Radwanderweg führt von Silistra weiter in Richtung Osten, nach Constanţa, der Fluss aber fließt nach Norden.
Ich habe zwar noch eine Karte von Rumänien, 1 : 850 000, aber ebenso gut hätte ich auch einen Globus mitnehmen können, und einen Ausdruck des Deltas, 10 000 Quadratkilometer auf einer A4-Seite, und der Wasserwanderführer begnügt sich damit, die letzten zehn Städte aufzuzählen: Silistra, km 375, Cernavodă, km 300, Ghindăreşti, km 260, Hârşova, km 253, Brăila, km 170, Galaţi, km 150, Reni, km 128, Izmail, km 90, Kilija, km 47, und Vilkove, km 17.
Neben dem Polizeischiff in Silistra lege ich an, steige aus dem Boot und versinke bis zu den Waden im Schlamm.
Ein Polizist steht an der Reling und sieht mir zu.

»Passport!«, ruft er.

»Ja«, rufe ich zurück, schwenke meinen Pass und steige die steile Uferwand empor.

Der Polizist geht über die Gangway hinauf zum Kai.

»Sprechen Sie Englisch?«, frage ich ihn und er nickt.

»Kollega«, sagt er und wir warten.

Nach einer Weile kommt Kollega und blättert im Pass.

»Sei vorsichtig und pass auf dich auf!«, sagt er. »Einen Stempel brauchst du nicht.«

Er klappt den Pass zu und gibt ihn mir zurück.

»So«, sagt er und deutet auf meine schlammverschmierten Füße, »so kannst du nicht in die Stadt gehen. Komm mit!«, und ich folge ihm, die Sandalen in der Hand, in das Polizeigebäude.

Er führt mich zur Toilette und zeigt auf das Waschbecken.

»Mach dir die Füße sauber«, sagt er. »Und willkommen in Silistra!«

Er lächelt und geht.

In einer Buchhandlung frage ich nach einer Donaukarte. Die Verkäuferin wiegt den Kopf und führt mich zu einem Regal, zieht eine Karte heraus und reicht sie mir. Es ist eine Europakarte, Maßstab 1:5 000 000.

»Nein«, sage ich. »Vielen Dank, aber das nützt mir nichts.«

Eine Tischlerei oder einen Laden, in dem ich ein Brett kaufen kann, finde ich nicht in Silistra und fahre weiter.

Große Inseln liegen im Fluss und ich orientiere mich an den Bojen, ich fahre allein nach Sicht und das Boot schwankt und wiegt sich in den Wellen.

Nach der lückenhaften Kilometrierung in Serbien und Bulgarien steht in Rumänien nun wieder fast jeden Kilometer eine große Tafel, weiße Zahl auf schwarzem Grund, zwischen den Bäumen am Strand. Immerhin.

Ein paar hundert Meter vom Ufer entfernt sitzt das Boot plötzlich fest. Ich steige aus, ziehe es von der Sandbank und taste mich vorsichtig und Schritt für Schritt über den Grund. Der Fluss hat den Sand in unter Wasser verborgenen Dünen aufgespült und nach einer immer seichter werdenden Untiefe folgt ein jäher Abhang. Ich steige wieder ins Boot, steuere in Richtung Flussmitte und fahre von nun an dicht an der Schiffsrinne.

In Ostrov frage ich in einem Laden nach einer Tischlerei und ein etwa vierzigjähriger Mann zuckt die Achseln, nimmt sein Handy, telefoniert und reicht es mir dann.

»Hallo«, höre ich eine Stimme. »Mein Vater sagt, Sie sprechen kein Rumänisch, aber Englisch?«

»Ja«, sage ich und erkläre, was ich suche.

»Okay«, sagt die Stimme. »Ich habe verstanden. Geben Sie das Telefon jetzt wieder meinem Vater. Ich werde es ihm erklären und er wird Sie zu einer Tischlerei fahren.«

Der Mann nimmt das Telefon und hört sich alles an, nickt und winkt mir dann, ihm zu folgen.

Wir steigen in sein Auto, das keine Rücksitze hat. Stattdessen stehen dort Kisten mit großen, roten Tomaten neben Säcken mit grünen Paprika und wir fahren zum nächsten Geschäft.

»Moment«, sagt der Mann und trägt das Gemüse in den Laden. Ich zeige auf die Säcke und Kisten und deute an, mit anpacken zu können, aber er schüttelt den Kopf.

Als er fertig ist, steigt er wieder ein und wir fahren den Hügel hinauf. Am Ortsausgang bremst er und fährt auf den Hof des letzten Hauses.

Das Haus ist eine kleine Baustoffhandlung und ich nehme den Zettel aus der Hosentasche und reiche ihn dem Verkäufer. Er sieht sich die Zeichnung an, nickt und wir gehen auf den Hof. Unter einem Wellblechdach liegen Bretter, Bohlen und Balken und er zieht ein Brett hervor, wir messen und er drückt mir eine Säge in die Hand. Ich schneide das Brett zu, kaufe Sandpapier, Kleber und Schrauben und dann fährt mich der Mann zurück zum Fluss. Den Geldschein, den ich ihm geben möchte, nimmt er nicht, er winkt noch einmal, hupt und fährt davon.

Ich entlade das Boot und ein etwa fünfundvierzigjähriger Mann kommt zu mir und sieht mir zu. Er hat einen akkurat geschnittenen, schwarzen Schnurrbart, er trägt ein weißes Poloshirt, kurze Hosen und Sandalen. Ich zeige ihm die gebrochene Stelle und er hilft mir, das Brett einzupassen.

Der Sekundenkleber ist in einer Plastikhülle verpackt. Er reißt sie auf und wirft den Müll in Richtung Wasser.

»Nein«, sage ich und hebe die Schnipsel wieder auf. »Ich habe hier eine Tüte, in der sammle ich den Abfall. Es schwimmt schon viel zu viel davon im Fluss.«

Er schaut mich etwas ungläubig an, nickt dann aber bedächtig und als wir fertig sind, zeigt er auf ein Häuschen am Fluss in etwa hundert Metern Entfernung.

»Dort wohne ich«, sagt er. »Wenn du Hilfe brauchst, findest du mich dort.«

Er gibt mir die Hand und geht.

Ein kräftiger Westwind weht und lässt das Boot auf den hohen Wellen schaukeln. Trotz des reparierten Kielbretts ist das Boot noch immer recht instabil und ich habe Angst. Angst, dass vielleicht noch etwas bricht, Angst, wieder auf einer Sandbank aufzusitzen, und Angst vor dem Ungewissen, in das ich fahre.

Es sind noch dreihundertsechzig Kilometer bis zur Mündung, zehn Tage Fahrt ungefähr, vielleicht auch mehr. Wenn das Boot jetzt kaputtginge, dann wäre die Fahrt zu Ende und ich weiß plötzlich nicht mehr, ob mir diese Ausrede nicht vielleicht doch ganz gelegen käme.

Wenn nur alles schon vorbei wäre, denke ich, und zum ersten Mal denke ich daran, aufzugeben.

Aber ich paddle und werde auch morgen paddeln und übermorgen und in der nächsten Woche. Kilometer um Kilometer, Stunde um Stunde, Tag um Tag.
Ich weiß nicht, was mich auf der restlichen Strecke erwartet und ob ich nach einem oder nach zwei oder vielleicht auch erst nach drei Tagen die nächste Stadt, das nächste Dorf erreichen werde, oder ob wirklich nur noch die neun Orte, die der Wasserwanderführer nennt, am Ufer liegen, und mein Handy ist schon ein paar Jahre alt und kein Smartphone. Ich kann damit telefonieren, SMS verschicken und ein paar Fotos aufnehmen. Ins Internet komme ich mit ihm nicht.
Mit einem modernen Gerät könnte ich mir Karten und Satellitenaufnahmen ansehen und meine Position genau bestimmen und mir ist klar, dass in ein paar Jahren meine heutige Art des Reisens und der Orientierung so altmodisch anmuten wird, als sei sie aus dem neunzehnten Jahrhundert. Und vielleicht ist sie das auch heute schon.
Am Nachmittag bin ich so erschöpft, dass ich mich am Ufer ins struppige, verdorrte Gras lege und eine Stunde lang schlafe, bevor ich weiterfahre.
Pelikane sitzen in Gruppen auf Sandbänken. Es sind vielleicht fünfzig Tiere und in einem weiten Bogen fliegen sie auf. Den gelben Schnabel auf den geschwungenen Hals gelegt, schlagen die großen und an Land so schwerfällig wirkenden Vögel langsam und kraftvoll mit den Flügeln und bald darauf ziehen sie, hoch oben am blauen Himmel schwebend, weite Kreise.
In einem kleinen Ort lege ich neben Fischerbooten an. Ein Mann treibt eine Herde Kühe vom Ufer hinauf zum Dorf und ich gehe über ausgewaschene Sandwege durch den Ort.
Gärten und flache Häuser liegen hinter Holzzäunen und auf einem Hügel steht eine große, orthodoxe Kirche. Ein kleiner Hund läuft

mir entgegen, bellt und knurrt. Er umspringt mich, zieht die Lefzen hoch und fletscht die Zähne. Ich schimpfe laut und drohe ihm mit der Faust, aber er bleibt davon völlig unbeeindruckt, er versucht mich ins Bein zu beißen und bleibt als kläffender Sieger auf der staubigen Straße zurück.
Ein Huhn mit aneinander gebunden Füßen trippelt entlang eines Gartenzaunes über den Weg, beinahe wie ein Mädchen in zu engem Rock und zu hohen Schuhen, aus einem Lautsprecher ertönt blechern und laut rumänische Volksmusik, Pferdewagen fahren vorüber und ein etwa sechzehnjähriger Junge parkt seine Kutsche vor der Kneipe so rasant wie ein Motorrollerfahrer. Er bringt das Pferd mit einem kräftigen Ruck der Zügel zum Stehen und die Räder rutschen in den Stand, Kies knirscht und eine Staubwolke steigt auf. Dann springt er lässig ab.

Unter der Eisenbahnbrücke von Cernavodă wühlen ein paar Schweine im Uferschlamm, sie grunzen und quieken und ihre Beine, Bäuche und Rüssel sind schwarzgrau, ihre Rücken hell rosafarben.
In der Stadt akzeptiert erst der dritte Geldautomat meine EC-Karte, eine Buchhandlung finde ich nicht und vor einem Minimarkt sitzen ein paar Männer auf einer Bank und trinken Bier. Bei dieser Hitze ist mir das vollkommen unbegreiflich. Ich wäre wahrscheinlich nach einer halben Flasche betrunken und kaufe mir stattdessen eine große Flasche Wasser, setze mich in den Schatten und trinke, wische mir ab und an den Schweiß von der Stirn und warte, bis die größte Hitze vorüber ist, bevor ich wieder zum Fluss gehe und weiterfahre.
Am Abend ziehen dunkle Wolken auf und in einer breiten Bucht vor hügeligen Wiesen gehe ich an Land.
Vor einem Wäldchen stehen zwei Zelte und ein weißer Dacia, hinter einer Burgruine liegen die roten Ziegeldächer einiger, kleiner Häuser

und ein Schäfer treibt seine Herde am Ufer entlang. Er trägt eine schmutzige, gelbe Regenjacke, Jeans und einen Filzhut, er ist etwa vierzig Jahre alt und hat rote, vom Wetter frühzeitig gealterte Haut. Er kommt zu mir und bittet mich um eine Zigarette. Ich gebe sie ihm und er nickt, raucht und sieht mir zu, wie ich Zelt, Isomatte und Schlafsack aus dem Boot hole, hebt die Hand zum Abschied und geht dann seinen Tieren hinterher, die schon langsam weitergezogen sind. Ein junger Mann in kurzen Hosen und mit freiem Oberkörper kommt den Hügel herunter und gibt mir die Hand.

»Ich bin Nicu«, sagt er, »wir haben gegrillt«, und er deutet zu den Zelten neben dem weißen Dacia. »Wenn du magst, dann komm zu uns, wir laden dich ein.«

»Später gern«, sage ich, »wenn das Zelt aufgebaut ist.«

»Bis dann«, sagt er, nickt und geht den Hügel hinauf.

Ich baue das Zelt auf und in dem kleinen Laden im Ort kaufe ich ein, komme mit zwei Tüten voll Tomaten und Paprika, Käse und Bier zurück und stelle sie neben der Decke ab, auf der drei Pärchen um die dreißig und ein Mädchen von etwa fünf Jahren um Schüsseln mit Fleisch und Brot sitzen. Nicu stellt uns vor und wir spielen Volleyball, dann essen wir und trinken Bier und als es dämmert, suchen wir Holz im nahen Wald. Es liegen nur ein paar wenige Äste herum und Bogdan, braungebrannt und das lange, schwarze Haar zum Zopf gebunden, fällt kurzerhand einen etwa fünf Meter hohen Baum. Seine Axt ist scharf geschliffen und wir tragen die halbmeterlangen Klötze auf die Wiese und stapeln sie neben der Decke.

»Wir sind fast jedes Wochenende hier, grillen und sitzen am Fluss«, sagt Nicu, als das Feuer brennt. »Aber für mich ist es das letzte Mal. Nächste Woche fliege ich nach Schweden, dort habe ich Arbeit gefunden. Ich bin dreißig Jahre alt, Ingenieur, und in Rumänien verdiene ich einfach zu wenig. Ich habe studiert, aber ich kann mir nicht einmal eine eigene Wohnung leisten und lebe noch immer bei meinen Eltern in meinem alten Kinderzimmer. Das Leben hier ist extrem teuer geworden, seit wir in der EU sind. Wir zahlen dreißig Prozent Steuern, für nichts und wieder nichts! Gas, Strom, Miete, alles ist so teuer geworden, dass man es mit einem normalen Job einfach nicht mehr bezahlen kann. Wer kann, der versucht eine Arbeit im Ausland zu finden.«

Die anderen nicken und schweigen.

»Ja, das stimmt«, sagt Bogdan. »Der EU-Beitritt hat uns nichts gebracht. Gar nichts.«

»Überall stehen doch die Schilder«, sage ich. »Hier wird mit Geldern der EU gebaut.«

»Jaja, die Schilder stehen da«, sagt Nicu und winkt ab. »Aber das hier ist Rumänien und die Hälfte versickert in irgendwelchen dunklen Kanälen. Keiner weiß wohin, aber schau dir die ganzen dicken Autos in Bukarest oder in Constanța an. Dann weißt du, wo das Geld landet.«

»Ich arbeite auch nicht bei einer rumänischen Firma«, sagt Bogdan. »Ich bin Steuermann bei einer österreichischen Reederei. Drei Wochen bin ich auf der Donau unterwegs und zwei Wochen habe ich frei. Der Verdienst ist gut und so lässt es sich dann einigermaßen leben.«

»Rumänien ist Scheiße«, sagt Nicu. »Ich bin froh, dass ich bald weg bin.«

»Ich finde es eigentlich sehr schön hier«, sage ich.

»Ja, schön ist es«, sagt er. »Wir haben herrliche Landschaften, die Berge, das Meer, die Donau. Aber es kotzt mich an, was für einen schlechten Ruf Rumänien in Europa hat. Überall in Europa denken die Leute sofort an Zigeuner, an Korruption und an Kriminalität, wenn sie Rumänien hören. Kein Mensch denkt an die Karpaten oder an Skiurlaub oder an die schönen Städte.«

»Genau«, sagt Bogdan. »Nimm dich vor den Zigeunern in Acht. Das sind alles Diebe und Verbrecher. Die grinsen dich noch freundlich an, während sie dir gleichzeitig den Geldbeutel aus der Tasche ziehen.«
Gegen Mitternacht beginnt es zu regnen und wir legen uns in die Zelte.

Am Morgen haben sich die Wolken verzogen, die Sonne scheint und als ich aus dem Schlafsack krieche, sind der Dacia und die Zelte schon nicht mehr da.
Ich gehe hinunter zum Boot.
Die Spritzdecke ist offen und das Paddel, das ich am Abend immer in das Boot schiebe, liegt quer darüber. Daneben liegen der Strohhut und das durchweichte Sitzkissen im Schlamm, im Boot steht zehn Zentimeter hoch das Wasser und es ist leer. Die Packsäcke sind weg. Ich sehe mich um, ob sie nicht vielleicht irgendwo neben dem Boot liegen, aber sie sind und bleiben verschwunden.
Scheiße!, denke ich und schöpfe das Wasser aus dem Boot, wringe das Kissen aus und lege es zum Trocknen in die Sonne.
Danach gehe ich in den Ort.
Auf der Straße liegt ein toter Hund. Auf den ersten Blick sieht es aus als ob er schläft, aber dann sehe ich die hellrote Blutlache unter seinem Kopf und die offenen Augen mit dem leeren Blick.
Im Laden sage ich der Verkäuferin, dass mein Gepäck gestohlen wurde, und ich sage es mehr, um überhaupt etwas zu sagen oder um mich für meinen griesgrämigen Gesichtsausdruck zu entschuldigen, als irgendetwas damit zu bezwecken, aber sie schlägt die Hände über dem Kopf zusammen und ruft ihren Mann.

»Polizei«, sagt sie mit ernster Miene und gibt ihm das Telefon.
Er spricht schnell und gestikulierend.
Sie steht neben ihm.

»Geld, Pass?«, fragt sie mit sorgenvollem Blick.

»Nein«, sage ich und zeige auf die Fototasche und den kleinen Rucksack. »Das Wichtigste ist noch da.«
Sie nickt mir aufmunternd zu und ich bestelle einen Kaffee, setze mich an einen Tisch auf der Terrasse und nehme das Notizbuch aus dem Rucksack.
Zwei wasserdichte, blaue Packsäcke, ein Stativ und zwei Wörterbücher: Bulgarisch-Deutsch und Russisch-Deutsch, eine Landkarte von Rumänien, ein Topf und ein Gaskocher, Ersatzkartusche und Besteck, Kaffeekanne, Tasse und Lebensmittel, eine lange und eine kurze Hose, Hemden und Unterhosen, zwei Pullover, Badehose und Handtuch, Verbandspäckchen und Lebensmittel.
Ich schlage das Wörterbuch auf und schreibe die rumänischen neben die deutschen Worte.

»Die Polizei kommt gleich«, sagt die Frau und schaut mich mitleidig an.
Mein Pech hat sich schon herumgesprochen und die Männer am Nebentisch zeigen mir mit Gesten, was sie mit den Dieben zu tun gedenken. Entweder erschießen oder aufhängen.
Erst einmal müssten wir sie haben, denke ich, aber ihr Mitgefühl tut gut und tröstet. Über die Strafe sind sie sich zwar noch nicht ganz einig, aber dafür wissen sie ganz genau, dass es Zigeuner waren.

»Ich habe sie nicht gesehen«, sage ich. »Ich weiß nicht, wer es gewesen ist.«

»Doch!«, sagt ein Mann. »Kein Rumäne würde dich bestehlen, so etwas machen nur Zigeuner«, und die anderen nicken.

Trübsinnig rühre ich in meinem Kaffee. Immerhin habe ich noch den Fotoapparat, das Handy und den Pass, den kleinen Rucksack mit Fernglas und Sonnenmilch, den Füller, das Notizbuch und den Wasserwanderführer, das Zelt, die Isomatte und den Schlafsack.
Ein paar billige T-Shirts und Unterhosen werde ich mir schon irgendwo kaufen können.
Nach einer halben Stunde steigen aus einem alten Dacia ein Polizist in Uniform und ein Mann in Zivil, der sehr gut Deutsch spricht. Der Dolmetscher.

»Die Leute hier sind sehr arm«, sagt der Dolmetscher und hebt entschuldigend die Arme. »Die Chancen, Ihre Sachen wiederzufinden, stehen schlecht. Aber wenn Sie möchten, dann fahren wir Sie nach Constanța. Dort können Sie Anzeige erstatten.«

»Nein«, sage ich. »Das ist wirklich sehr nett von Ihnen, doch das wäre zu umständlich. Und wenn ich Pech habe, dann fehlt auch noch der Rest, wenn ich wieder hier bin.«

»Wir haben uns alles notiert«, sagt der Mann und nickt. »Ich schreibe mir jetzt noch Ihre Telefonnummer auf. Wir werden nach Ihren Sachen suchen, aber machen Sie sich keine großen Hoffnungen. Mehr kann ich leider nicht für Sie tun. Sie müssen besser Acht geben. Die Verlockung eines vollbeladenen Bootes aus dem Westen ist einfach zu groß für manche Leute hier.«
Er zuckt die Achseln und gibt mir die Hand.
Dann gehen sie zurück zum Auto und fahren davon.
Zum ersten Mal auf der Reise ist mir etwas gestohlen worden und was mich fast am meisten ärgert, ist, dass damit das Klischee bestätigt worden ist. Dabei bin ich in den letzten Jahren immer wieder in Rumänien gewesen und noch nie ist mir etwas geklaut worden.

Lustlos und unentschlossen packe ich das Zelt und den Schlafsack ins Boot und paddle weiter. Was sollte ich auch sonst tun?
Nun kann mir eigentlich nichts mehr passieren, denke ich. Die anderen Sachen trage ich ja immer bei mir, aber ich fühle mich trotzdem unsicher und habe plötzlich eine unbestimmte und diffuse Angst. Das legt sich schon wieder, versuche ich mir einzureden, in ein paar Tagen werde ich mich wieder so sicher fühlen wie bisher, glaube aber selbst nicht recht daran.
Ein paar Kilometer weiter sehe ich vier Kanus am Ufer liegen und fahre zu ihnen.
Zwei Männer sitzen am Strand neben den Booten. Sie sind etwa fünfzig Jahre alt und tragen teure Outdoorbekleidung.

»Franz und Peter«, antworten sie etwas einsilbig auf meine Frage, »aus Trier.«

Als ich ihnen erzähle, dass mir das Gepäck gestohlen wurde, nicken sie nur.

»Jaja, hier ist nichts sicher«, sagt Franz. »Die klauen wie die Raben. Uns haben sie eine Kamera und zwei Taschenlampen aus den Booten gestohlen. Wenn man nur einen Moment nicht aufpasst, dann ist alles weg.«

»Seit es ebay gibt, ist hier nichts mehr sicher«, sagt Peter und nickt. »Die verkaufen den ganzen Kram im Internet. Deswegen lassen wir die Boote auch nicht mehr unbeaufsichtigt. Wir bleiben hier und die anderen sind einkaufen im Dorf.«

Dann schweigen sie.
Ich freue mich, Deutsche zu treffen und Deutsch mit ihnen sprechen zu können, aber sie, die nicht alleine reisen, sagen nur wenig und bleiben maulfaul und nach einer Weile erstirbt das Gespräch.
Vier Frauen und zwei Männer, sie sind einige Jahre jünger als Franz

und Peter, kommen den Hügel hinunter und stellen ihre Einkäufe ab, holen eine große Flasche Bier aus einer der Tüten und schenken allen, auch mir, einen Becher ein.

»Wir sind vor zwei Tagen in Silistra gestartet«, sagt Edith, »und nehmen den Sankt-Georgs-Arm. Jeden Tag fahren wir etwa fünfzig Kilometer und in einer Woche wollen wir am Meer sein.«

Franz schaut in den Beutel.

»Kein Nutella?«, fragt er.

»Nein«, sagt der junge Mann. »Es ist Sonntag, es gab nicht einmal Brot. Nur Wurst, Schokolade und Bier.«

»Das ist echt Dritte Welt hier«, sagt Franz.

Peter nickt.

»Dritte Welt und hinter den Ortschaften stinkt der Fluss die nächsten fünf Kilometer erst einmal nach Scheiße«, sagt er. »Die haben noch nicht einmal Kläranlagen, die lassen das alles einfach in die Donau laufen.«

Dann steigen sie in ihre Boote und fahren davon.

Nicht weit entfernt sitzt eine Gruppe junger Leute an einem Tisch, auf dem Flaschen, Gläser und Teller stehen.

»Komm her«, ruft mir ein junger Mann zu. »Komm her, die Suppe ist fertig!«, und ich gehe zu ihnen, er bietet mir einen Platz an und stellt einen Teller Suppe vor mich.

»Rot oder weiß?«, fragt er und stellt zwei Plastikflaschen auf den Tisch. »Das ist selbstgemachter Wein«, sagt er. »Welchen möchtest du?«, und ein anderer Mann gießt mir aus einer dritten Flasche ein Glas ein.

»Beim Țuică gibt es nur eine Sorte«, sagt er und zwinkert mir zu.

Der Schnaps ist scharf und alle lachen, als ich husten muss.

»Rumänien ist ein sehr gefährliches Land«, sagt der junge Mann.

»Und auch die Donau ist sehr gefährlich. Du solltest auf keinen Fall alleine weiterfahren. Du musst unbedingt versuchen, die Deutschen, die vorhin hier abgefahren sind, einzuholen und mit ihnen fahren. Hier bei uns bist du sicher, wir sind gute Menschen, aber es gibt viele schlechte Menschen in Rumänien, Diebe und andere Verbrecher. Vor allem nimm dich vor den Zigeunern in Acht. Du darfst dein Boot nicht einen Augenblick aus den Augen lassen. Hier wird dir das Zelt unter dem Arsch weggestohlen, während du drinliegst und schläfst.«
Die anderen lachen und nicken und ich verspreche es ihm, aber wir sitzen und essen, wir trinken und reden und als ich mich von ihnen verabschiede, sind fast zwei Stunden vergangen.
Sie geben mir noch zwei Halbliterflaschen Rotwein mit auf den Weg und als ich ablege, stehen sie alle am Ufer und winken mir zu.
Die Paddler sind längst schon weit flussabwärts und ich hole sie nicht mehr ein.
Am Abend sehe ich auf einem Felsenvorsprung ein weißes, etwa fünf Meter hohes, russisch-orthodoxes Kreuz.
Ghindăreşti oder Novenkoje, wie es auf Russisch heißt, ist, obwohl das Dorf in Rumänien liegt, eine russische Siedlung. Die Frauen tragen Kittelschürzen und Kopftücher, einige der Männer gegürtete, halblange Kittel und lange Vollbärte und aus den Gärten höre ich russische Worte und Gesprächsfetzen.
In einem Laden kaufe ich ein Bier und setze mich an einen der Tische vor der Tür.
Drei Männer setzen sich zu mir und ein rundgesichtiger, blonder Mittdreißiger fragt mich aus nach dem Woher und dem Wohin. Dann sieht er mich grinsend an.

»Soso, mit dem Boot also«, sagt er vergnügt, »und das Gepäck haben sie dir auch schon gestohlen. Das müssen Lipovaner gewesen sein, denn wir sind bekannt dafür, dass wir Piraten sind. Bekannt und berüchtigt. Nicht als die Piraten der Karibik, sondern als die Piraten der Donau!«

Er lacht und nimmt einen tiefen Schluck aus seiner Bierflasche.

»Und du Witzbold glaubst, dass dein Boot noch da ist, wenn du wieder zum Fluss gehst?«, sagt er. »Das wird alles weg sein, du kannst froh sein, wenn du selbst nicht geklaut wirst. Denn hier ist nichts sicher, Nichts und Niemand. Glaub mir, dein Boot ist schon lange weg und in deinem Zelt schläft ab heute ein anderer.«

Er lächelt zufrieden und die anderen Männer nicken.

»Überall im Delta leben Lipovaner«, sagt ein alter Mann. »In Tulcea und in Sulina. Auch in Brăila.«

Lipovaner sind die Nachkommen russischer Altgläubiger, die sich im 17. Jahrhundert einer Kirchenreform verweigerten. Um einer Verfolgung als Kirchenspalter zu entgehen, flohen sie aus Russland in das damals zum Osmanischen Reich gehörende und schutzbietende, unzugängliche Donaudelta. Etwa 100 000 von ihnen leben noch heute in Rumänien und in der Ukraine.

Aber die Männer sehen nicht besonders gefährlich aus, sie wirken vielmehr recht gemütlich, lächeln freundlich und trinken Bier, und ich beschließe, die Rede des Blonden für einen Scherz zu halten. Nach einer Weile verabschiede ich mich von ihnen und gehe den Hügel hinunter.

Auf der Straße spricht mich ein Junge an. Er ist etwa fünfzehn Jahre alt.

»Sprichst du Englisch?«, fragt er. »Ich bin Stefan. Und ich liebe die englische Sprache. Aber ich habe nicht so viele Gelegenheiten, sie zu sprechen.«

Er nimmt sein Handy und telefoniert kurz.

»Komm mit«, sagt er dann und wir gehen auf den Dorfplatz.

Vor der Kirche steht ein junger Mann und scheint auf uns gewartet zu haben. Er ist groß und hat dunkle Locken, er ist etwa Mitte zwanzig und etwas dicklich.

»Adam«, sagt er und gibt mir die Hand.

»Das ist mein Lehrer«, sagt Stefan. »Adam ist Amerikaner und unterrichtet an der Schule von Ghindăreşti Englisch.«

»Mein Jahr ist um«, sagt Adam, »und am Mittwoch fliege ich wieder zurück nach Hause. Madison, Wisconsin.«

»Ich war noch nie im Ausland«, sagt Stefan. »Aber ich sehe mir immer die amerikanische Handball-Liga im Fernsehen an. Ich spiele auch Handball, ich bin sehr gut und wenn ich erwachsen bin, dann will ich in der amerikanischen Profiliga spielen!«

Er springt um uns wie ein junger Hund und will uns beeindrucken mit seinen Englischkenntnissen, eben noch will er mir den Ort zeigen und gleich darauf den Laden, den er gemeinsam mit seiner Schwester führt.

»Ach nein«, sagt er plötzlich. »Jetzt ist es zu spät, der Laden hat geschlossen. Aber morgen, morgen früh, da musst du unbedingt in meinen Laden kommen und einkaufen. Alles ist bei mir viel billiger als bei den anderen und viel besser. Sieh mal, dort, hinter dem großen, grünen Eisentor. Kommst du morgen zu mir? Wirst du den Weg wiederfinden? Versprichst du es mir? Bitte!«, sagt er und ich nicke und verspreche es ihm.

»Adam, Daniel! Los, gehen wir baden!«, ruft Stefan. »Kommt, wir nehmen die Abkürzung zum Fluss. Es ist nicht weit, los, kommt!«

Wir gehen durch eine dunkle Gasse und nach ein paar Minuten stehen wir auf den Felsen neben dem weißen, orthodoxen Kreuz. Stefan führt uns eine schmale Schlucht zwischen den Steinen hinunter und kurz darauf stehen wir am Strand.

Am Fluss ist es ganz dunkel und still und wir ziehen uns aus, gehen ins Wasser und schwimmen. Der Mond und die Sterne leuchten am schwarzen Himmel und Stefan steht bibbernd im Wasser.

»Adam«, sagt er plötzlich leise. »Ich will nicht, dass du zurück nach Amerika gehst.«

»Ich weiß«, sagt Adam, »aber ich muss zurück. Und ich möchte auch zurück. Dort gehöre ich schließlich hin.«

»Du musst hierbleiben!«, ruft Stefan. »Ich habe doch sonst niemanden, mit dem ich Englisch sprechen kann!«

»Ich weiß«, sagt Adam leise.

»Du bist mein Freund, Adam!«, ruft Stefan. »Und du wirst immer mein Freund bleiben! Auch wenn du weggehst! Aber Freunde gehen nicht einfach weg.«

»Ich weiß«, sagt Adam.

»Ich werde dir schreiben!«, ruft Stefan. »Jede Woche werde ich dir eine lange Mail schreiben, ich werde dir alles schreiben, was in Ghindăreşti passiert!«

Schweigend ziehen wir uns wieder an.

Am Morgen ist das grüne Eisentor geöffnet und im Laden steht hinter der Theke eine junge Frau.

»Wo ist Stefan?«, frage ich.

»Der schläft noch«, sagt sie und ich kaufe ein, trage die Tüten zum Boot und fahre weiter.

Seit einer Woche bin ich nun wieder auf dem Fluss unterwegs, die Strömung ist schwach und hinter mir liegen gerade einmal 235 Kilometer. Als ich in Hârşova anlege, steht eine Romni in einem roten Kleid am Ufer und wäscht Wäsche. Neben ihr spielt ein dreijähriger Junge im Sand, er ist nackt bis auf ein T-Shirt, verrotzt und strahlt mich an.

Ein etwa fünfzehnjähriges Mädchen, das bei ihnen steht, kommt zu mir und verlangt Geld. Sie bettelt nicht. Sie stellt sich einfach vor mich hin, hält die Hand auf und sieht mich fordernd an. Ich gebe ihr zwei Lei, sie betrachtet den Schein und ich kann nicht erkennen, ob sie zufrieden ist oder nicht. Sie dreht sich um und geht zurück.
Die Frau sieht auf, lächelt und ruft mir etwas zu.
Ich zucke die Achseln und sage, dass ich sie nicht verstehe.

»Ah, Tourist«, sagt sie und lächelt.

Ich nicke und hebe die Hand zum Gruß, drehe mich um und gehe den Hügel hinauf in die Stadt.
In einem Geschäft erkläre ich der Verkäuferin, wonach ich suche.

»Mein Gepäck wurde gestohlen«, sage ich. »Und nun brauche ich Ersatz. Er sollte nur recht billig sein.«

»Das Gepäck gestohlen?«, sagt sie ohne jede Überraschung in der Stimme. »Jaja, das ist normal in Rumänien. Das waren die Zigeuner. Billige Sachen bekommen Sie am besten dort drüben«, sagt sie und deutet auf einen Laden gegenüber.
Im zweiten Geschäft sieht mich die Verkäuferin ohne die geringste Überraschung an.

»Jaja, das ist normal, das ist Rumänien, das waren die Zigeuner«, sagt sie und breitet ein paar Sachen vor mir aus. Ich kaufe die billigste Unterhose und ein einfaches, weißes T-Shirt.
Als ich wieder am Fluss ankomme, ist das Boot halb ins Wasser gezogen und die Spritzdecke aufgeknöpft. Das Verdeck ist mit Schlamm verschmiert und selbst im Boot liegen Haufen von schmutziggrauem Matsch. Es sieht ganz danach aus, als hätte es jemand, wütend darüber, dass es sich kaum mehr lohnt, es auszurauben, mit Dreck beworfen. Der Strohhut und das Sitzkissen liegen daneben und zwei Männer hocken am Ufer.

»He, was macht ihr zwei Hanswürste da an meinem Boot?«, rufe ich auf Deutsch.

Die Männer stehen auf.

»Wir haben die Polizei gerufen«, sagt der eine. »Sie müsste gleich hier sein. Wir dachten schon, du wärst ertrunken.«

Das Boot ist leer. Der Schlafsack, das Zelt und die Isomatte fehlen und auch die beiden Weinflaschen sind nicht mehr da.

Kurz darauf kommt ein großer, brauner Geländewagen und zwei Polizisten steigen aus.

Die beiden Männer erklären ihnen die Situation, der eine Polizist macht sich Notizen und der andere sieht sich das Boot an.

»Haben Sie jemanden gesehen«, fragt er mich. »Zigeuner?«

»Ja«, sage ich. »Eine Frau und zwei Kinder. Aber ich kann mir nicht vorstellen, dass sie es waren.«

»Wie sah die Frau aus?«

»Klein und schlank, vielleicht Mitte dreißig«, sage ich. »Sie hatte ein rotes, buntes Kleid an«, und in dem Moment wird mir klar, dass ich gerade eine Täterbeschreibung abgebe und nicht weiß, welche Folgen das für die Frau haben wird.

»Sie war klein«, sage ich deshalb, »das heißt, kleiner als ich. Und vielleicht war das Kleid auch blau. Bunt jedenfalls. Ich kann mich nicht erinnern, ich habe einfach nicht darauf geachtet.«

»Steigen Sie ein«, sagt der Polizist.

Wir fahren durch die Gassen des Romaviertels und das ist wie die Fahrt eines Sheriffs durch ein Indianerreservat. Der Jeep rollt langsam über unbefestigte, vom Regen ausgewaschene und holprige Wege und durch die getönten Scheiben sehe ich aus Gärten und hinter Fenstern gelegentlich furchtsame und zornige Blicke in Gesichtern, die schnell wieder hinter der nächsten Tür oder hinter einer Gardine verschwinden.

Die Uniformen und das Auto verheißen ganz offensichtlich nichts Gutes für die Menschen, die hier leben. Sie ahnen, dass sie wahrscheinlich Handschellen tragen, sollten sie jemals auf meinem ledergepolsterten Platz in dem klimatisierten Nissan sitzen, und ich hoffe, dass wir nichts und niemanden finden werden.

Niemand weiß, wie viele Roma in Europa leben. Die Schätzungen reichen von zwei bis zwölf Millionen und das Berlin-Institut für Bevölkerung und Entwicklung geht von ungefähr neun Millionen Menschen aus. Hätten sie einen eigenen Staat, dann hätte er wahrscheinlich mehr Einwohner als Bulgarien, als die Schweiz oder Österreich. Aber sie haben keinen eigenen Staat, sie leben in allen Ländern des Kontinents, manchmal geduldet und oft genug ausgegrenzt, verfolgt oder vertrieben. Während des Porajmos – das ist Romanes und heißt »Das Verschlingen« – wurden 220 000 bis 500 000 Sinti und Roma in den nationalsozialistischen Konzentrations- und Vernichtungslagern ermordet.

In der zweiten Hälfte des zwanzigsten Jahrhunderts gab es in Südosteuropa etliche Versuche, eine Verbesserung ihrer Lebensbedingungen und eine Integration der Roma in die Mehrheitsgesellschaft zu erreichen. Am ehesten ist das wohl in Jugoslawien gelungen, wo der Alphabetisierungsgrad der Roma in dieser Zeit deutlich angestiegen ist und sich dadurch auch ihre Aufstiegschancen erheblich verbessert haben, aber seit den Umwälzungen von 1989/90 hat sich ihre Lage in ganz Mittel- und Südosteuropa wieder dramatisch verschlechtert.

Ein dunkelhäutiger Mann läuft die Straße entlang und sieht uns misstrauisch aus den Augenwinkeln an. Das Auto hält und der Polizist lässt die Scheibe herunter, winkt ihn heran und fragt ihn etwas auf Rumänisch. Der Mann schaut uns an mit einem Ausdruck von Unsicherheit, Trotz und Angst. Er zuckt die Achseln, ist einsilbig und schüttelt den Kopf.

Wir fahren weiter und vor einem Haus steht ein etwa zehnjähriger Junge in kurzen Hosen. Der Polizist befragt auch ihn und der Junge sieht uns mit dem gleichen verschlossenen und harten Blick an wie der Mann.

Der Polizist dreht sich zu mir um.

»Es hat keinen Sinn«, sagt er und seufzt. »Sie sehen es ja selbst. Die reden nicht mit uns. Und wir können leider auch nicht alle Häuser durchsuchen. Wenn Sie einverstanden sind, dann fahren wir jetzt in die Stadt, damit Sie sich ein neues Zelt kaufen können.«

»Ja«, sage ich. »Das wird das Beste sein, haben Sie vielen Dank.«

Wir fahren durch Hârşova und immer wieder hält der Wagen an, einer der Polizisten steigt aus, läuft schnell in ein Geschäft und kommt kurz darauf langsam, kopfschüttelnd und mit hängenden Schultern wieder heraus.

Erst im vierten Laden gibt es ein Zelt zu kaufen, ein einziges. Es ist klein und leicht und kostet nur etwas mehr als zwanzig Euro. Einen Schlafsack und eine Isomatte gibt es nicht in Hârşova, aber ganz bestimmt in Brăila oder in Galaţi, wie mir die Polizisten versichern.

»Wollen Sie Anzeige erstatten?«, fragt der Polizist. »Wir würden Sie nach Constanţa fahren«, und ich winke ab.

Sie bringen mich zurück zum Fluss und wir verabschieden uns.

Es sind 83 Kilometer bis Brăila und die Strömung ist schwach.

Am Abend lege ich an einem einsamen Strand an und baue das neue Zelt auf, wasche das schlammverschmierte Verdeck im Fluss und putze das Boot. Dabei sehe ich, dass eine der langen, schmalen Leisten gebrochen ist. Sie ist nach innen abgeknickt und spannt nun die Bootshaut nicht mehr, die an dieser Stelle faltig durchhängt.

Die Nacht ist kühl. Ich decke mich mit der Spritzdecke zu, aber sie ist zu kurz, zu schmal und wärmt mich kaum.

Um zwei Uhr ist es so kalt, dass ich nicht mehr schlafen kann und ich sitze im Zelt, friere und warte vier Stunden lang auf den Sonnenaufgang.

Vor Brăila liegen hunderte, graugestrichene Militärboote. Zu dritt oder zu fünft liegen sie nebeneinander am Kai, auf ihnen Radaranlagen und Geschütze.
Es ist noch nicht einmal Mittag, Galați ist nur noch zwanzig Kilometer entfernt und ich halte nicht in Brăila, sondern fahre weiter.
Hinter der Stadt liegen kilometerweit unzählige Plastikflaschen und Müll am Ufer. Es gibt keinen Quadratmeter Sand, der frei davon ist, und der Wind treibt Plastiktüten vor sich her, bis sie sich im Gestrüpp verfangen. Zwischen dem Abfall trippeln Möwen und hockt ein Silberreiher.
Erst kurz vor Galați sind die Ufer wieder sauber und am Betonkai des Hafens reihen sich ein paar Dutzend gewaltiger Kräne auf. Sie sind mehr als dreißig Meter hoch, gelb oder blau gestrichen, an ihnen steht »TAKRAF« und an einem, Gruß aus der Heimat, »Bleichert, Lipsca«.
In Galați treibt Plastikmüll in Teppichen im Fluss. Styroporbrocken und Flaschen, Kanister und Kleinteile, Kaffee- und Joghurtbecher, Dosen und Zahnbürsten, Shampooflaschen und Tüten, zerfetzt, verformt und zerdrückt, in der Sonne ausgeblichen und von Algen bewachsen, schmutzigbunt und trüb. Das Material wird spröde im Sonnenlicht und zerbröselt, aber es verrottet nicht. Weichmacher werden freigesetzt, deren Zusammensetzung und Molekülstruktur niemand kennt, und immer häufiger werden Seevögel, Robben und Schildkröten gefunden, die mit vollem Magen verhungert sind, weil sie die glitzernden Plastikteilchen für kleine Fische gehalten haben. Es gibt keinen Strand mehr auf der Welt, an dem nicht winzige

Kunststoffteile im Sand gefunden werden, und in den Weltmeeren schwimmt mittlerweile sechsmal mehr Plastik als Plankton.
Selbst im menschlichen Blut lassen sich heute Kunststoffmoleküle nachweisen und die Donau ist der größte Verschmutzer des Schwarzen Meeres.
Jährlich werden weltweit etwa dreihundert Millionen Tonnen Kunststoffe hergestellt. Für jeden Menschen ein knapper Zentner. Pro Jahr und mit stark steigender Tendenz.
Ich sammle meine Abfälle in Plastiktüten, die ich in den Dörfern und Städten in Mülltonnen werfe, aber auch in bin umgeben von Plastik und Kunststoffen. Die Bootshaut besteht aus Polyvinylchlorid und das Verdeck aus einer Mischfaser. Ebenso das Hemd und die Hose. Der Rucksack und die Fototasche sind aus Polyester, die Riemen der Sandalen aus einem lederähnlichen Kunststoff und die Sohlen aus einem synthetischen Gummi.
In Galați suche ich einen Anlegeplatz und sehe die »Fleet Wood« am Kai liegen. Jack kommt gerade aus der Kabine und ich fahre zu ihm, rufe und winke. Er sieht auf und winkt mich heran, ich mache längs an seinem Boot fest, klettere an Bord und gehe in die Stadt.
Einen Schlafsack und eine Isomatte gibt es nirgends in Galați zu kaufen und auch ein Brett finde ich nicht. Stattdessen wollen zwei junge Amerikaner in weißen Hemden und gebügelten Anzughosen, mit je einem kleinen Rucksack und Namensschildchen, die sie als Mitglieder der »Kirche Jesu Christi der Heiligen der Letzten Tage« ausweisen, ein Gespräch über Gott mit mir führen.

»Ich brauche keinen Gott«, sage ich, »ich brauche einen Schlafsack«, und gehe zurück zum Fluss.
An Bord der »Fleet Wood« holt Jack eine Flasche Rotwein aus der Kajüte und sieht mich fragend an. Ich nicke, er gibt mir einen

metallenen Kelch und schenkt ein. Träge schaukelt das Boot im Fluss, es ist früher Nachmittag und wir sitzen an Deck unter dem Sonnensegel im Schatten und trinken.

Neben dem Steuerrad liegt eine deutsche Ausgabe von Hesses »Narziss und Goldmund«.

»Das lese ich gerade«, sagt Jack, als er meinen Blick bemerkt. »Ein sehr gutes Buch. Vielleicht werde ich es meinem Bruder schenken.«

»Wir verstehen uns nicht besonders gut«, sagt er nach einer Weile und sieht traurig aus. »Wir sind sehr verschieden. Er lebt in Holland und wir sehen uns nur einmal im Jahr. Er ist verheiratet und hat ein kleines Häuschen, einen gepflegten Vorgarten und sehr große Angst vor allem, was sein kleines Idyll bedrohen könnte. Ich glaube, er hat Angst vor meinem Lebensstil. Allein dadurch, dass er sieht, dass ein anderes Leben möglich ist, fühlt er sich bedroht. Das ist doch verrückt, oder?«

Er sieht über den Fluss und trinkt einen Schluck Wein.

»Wer weiß, wie lange wir noch leben«, sagt er dann. »Vielleicht noch zehn Jahre, vielleicht auch noch zwanzig. Aber wir sollten uns viel häufiger besuchen und keine Angst voreinander oder vor den Entscheidungen des Anderen haben. Wir sollten sie respektieren. So wie es die beiden im Buch tun.«

Dann schweigt er und als wir die Flasche ausgetrunken haben, steige ich in mein Boot und fahre weiter.

Ein kräftiger Wind weht aus Westen und als ich mich umdrehe, ist der Himmel hinter mir graugelb. Smog oder dicke, tiefhängende Wolken haben die Stadt verschluckt, aber Smog kann es nicht sein, denn eben war die Luft noch klar.

Ich knöpfe schnell die Spritzdecke zu und klemme das Paddel fest unter die Arme, Wellen türmen sich auf, der Wind wird zum Sturm

und treibt mich an, und mein Rücken ist ein Segel, groß genug, mich kräftig anzuschieben.
Die Pappeln am Ufer beugen sich im Sturm und Sand, Blätter und Müll, Plastikflaschen und Fetzen von Einkaufstüten fliegen waagerecht durch die Luft. Ich fahre sehr schnell nur etwa zwanzig Meter vom Ufer entfernt auf einen angeketteten Schubleichter zu, der, achtzig Meter lang und zehn Meter breit, im aufgewühlten Wasser schlingert. Sein Heck treibt abwechselnd weit nach links und nach rechts und mir bricht kalter Schweiß aus.
Ans Ufer kann ich nicht, die Wellen sind zu hoch zum Anlegen, und ich treibe auf den Schubleichter zu, paddle schnell und fahre an ihm vorbei, als er sich nach links, zur Flussmitte neigt.
Danach lasse ich mich wieder treiben und als sich der Sturm nach einer Weile legt, fahre ich auf den flachen Strand und baue das Zelt auf.
Ein Schäfer kommt mit seiner Herde vorbei, gibt mir die Hand und erklärt mit einigen Gesten, dass er im Nachbardorf lebt. Dann geht er weiter und setzt sich ein paar hundert Meter entfernt ins mit Müll übersäte Gras neben seine Schafe.
Ich packe meine Tüten aus. Die Wurst ist zu groß für eine Mahlzeit, denke ich und schneide sie in der Mitte durch, halbiere auch das Brot und gehe zu dem Schäfer.

»Bitte«, sage ich auf Deutsch, »es ist Abendbrotzeit.«
Er schaut mich erst ungläubig an, nimmt dann aber Brot und Wurst, lächelt, nickt und beißt hinein.

Am Morgen überholt mich ein Segelboot. Es ist schlank und braun und noch bevor ich den Namen am Rumpf lesen kann, erkenne ich die »Fleet Wood« am Solarpaneel am Heck. Ich winke und rufe

und nach einer Weile sieht Jack auf und winkt zurück. Dann hisst er das Segel, das sich im Wind bläht.
Das Boot neigt sich zur Seite und nach einer halben Stunde ist es schon hinter der nächsten Flussbiegung verschwunden.
Hinter Galaţi sind die Tafeln, die am Ufer stehen, weiß, und in schwarzer Schrift ist die Entfernung zum Meer nun in Seemeilen angegeben. 81 Seemeilen sind einhundertfünfzig Kilometer, noch fünf Tage ungefähr, und links mündet der Prut in die Donau. Ihr zweitlängster Nebenfluss ist nicht viel mehr als ein fünfzig Meter schmales Rinnsal und die Grenze zwischen Rumänien und Moldawien. Dann folgt die Baustelle des Hafens von Giurgiuleşti und kurz darauf schon eine Mauer, ein Zaun und ein Grenzturm. Moldawiens Anteil an der Donau ist gerade einmal einen halben Kilometer lang und von nun an ist das linke Ufer bis zur Mündung ukrainisch, das rechte rumänisch. Der Fluss ist die Grenze.
Als ich über die Gleise des kleinen Bahnhofs von Reni gehe, ertönt laut eine Durchsage. Die Frauenstimme aus dem Lautsprecher klingt streng, aber sehr blechern und ich verstehe kein Wort. Ob sie mich meint? Ich bleibe stehen und blicke mich um. Niemand ist zu sehen und der Grenzturm sieht zwar bedrohlich aus, scheint aber nicht besetzt zu sein.
Ich zucke die Achseln, gehe weiter und finde am Hauptbahnhof eine kleine Bankfiliale. Der Automat kann meine Karte nicht lesen, in der Bank tausche ich meinen letzten Zwanzigeuroschein in ukrainische Grivna und frage nach der Grenzpolizei. Die Frau hinter dem Schalter bittet mich zu warten und telefoniert.
Nach ein paar Minuten kommt ein Sicherheitsbeamter. Er ist etwa vierzig Jahre alt, groß und muskulös, er trägt eine weite, schwarze Hose und Springerstiefel, ein schwarzes T-Shirt und am Gürtel eine

Pistole, er fragt mich aus nach dem Woher und dem Wohin und wir gehen vor die Tür und warten.

»Du hast ein Problem«, sagt der Mann und hält mir seine Zigarettenschachtel hin.

»Habe ich ein großes Problem oder ein kleines?«, frage ich und gebe ihm Feuer.

»Ein kleines Problem«, sagt er, lächelt und bläst den Rauch aus.

Sein Handy klingelt. Er spricht sehr schnell und ich verstehe nicht viel, nur etwas wie »Extremtourist aus Deutschland mit einem Boot«.

Ich vermisse das Taschenwörterbuch und bin auf den kleinen Wortschatz angewiesen, der mir aus der Schule im Gedächtnis geblieben ist.

»Ich heiße Saša«, sagt er, »und bin auch schon in Deutschland gewesen. Aber das ist lange her. Als Soldat der Westgruppe war ich von 1990 bis 1992 in der ehemaligen DDR stationiert.«

Nach einer Weile kommt ein Kleinbus mit drei Grenzern. Saša spricht mit ihnen und dann wenden sie sich mir zu, lassen sich erklären wo das Boot liegt und einer geht zum Fluss, es sich anzusehen. Die anderen beiden blättern im Pass.

Wir fahren zur Wache, die eher aussieht wie eine Kaserne als eine Polizeistation, und hinter uns schließt ein Posten das drei Meter hohe, graue Eisentor.

Die junge Polizistin spricht sehr gut Englisch. Sie ist noch keine fünfundzwanzig Jahre alt, hat aber schon zwei Sterne auf ihren Schulterklappen und ein eigenes Büro.

»Wir sind die ukrainische Grenzpolizei und zuständig für den Schiffsverkehr«, sagt sie. »Aber eigentlich kommen zu uns nur die Kapitäne der großen Schiffe. Wir prüfen die Crewlisten und die Transportscheine.«

»Das dürfte ja recht schnell gehen in meinem Fall«, sage ich. »Die

Mannschaft bin ich ganz alleine und Gepäck habe ich auch fast keins mehr dabei.«

»Jaa«, sagt sie gedehnt. »Wir sind zwar hier die Grenzpolizei und wir haben auch nichts gegen ihre Einreise, aber auch der Zoll muss noch zustimmen und das kann etwas dauern. Alle Dienste wollen gefragt werden. Doch machen Sie sich keine Sorgen, das ist lediglich ein formales Problem. Es wird nur eine Weile dauern, eine Stunde etwa, vielleicht auch nur eine halbe, aber ein einzelner Kanufahrer ist etwas sehr Ungewöhnliches. So etwas hatten wir hier noch nie.«

Sie telefoniert und ab und an kommt ein Kollege in ihr Büro und sieht mich neugierig an, sie reden miteinander und dann telefoniert sie wieder. Die Zeit vergeht und ich sehe mich um. Der Raum ist vielleicht zwanzig Quadratmeter groß und mit blassgelber Ölfarbe gestrichen. Ein alles dominierender, uralter, hölzerner Schreibtisch nimmt eine ganze Wandbreite ein und in einer Ecke verstauben in einem ansonsten leeren Regal ein Wimpel und ein paar Bücher. Auf einem steht, von Hand und in kyrillischer Schrift geschrieben, »Reni, Oblast Odessa, 2008«.

Auf dem Boden liegt ein altertümlich aussehender Stromverteiler. Ob europäische Stecker in ukrainische Steckdosen passen? Ich weiß es nicht und frage, ob ich mein Handy aufladen dürfte. Die Polizistin nickt und der Stecker passt.

Sie nimmt ein dickes Buch und schreibt etwas hinein, dann überlegt sie, sucht im Computer nach irgendwelchen Dateien und scheint sie nicht zu finden, nimmt ein anderes Buch, schreibt und zwischendurch telefoniert sie.

Nach etwas mehr als zwei Stunden kommt eine etwa vierzigjährige Frau in das Büro. Sie sieht mich unfreundlich an und beginnt beinahe im gleichen Moment, laut auf die Polizistin einzureden.

Die Polizisten tragen Uniformen mit Tarnfleckmuster, Springerstiefel und bordeauxrote Baretts, sie aber eine schwarze Hose und eine hellblaue Uniformbluse mit Namensschild. Sie scheint die Vorschriften, oder doch wenigstens deren strengste Auslegung, sehr ernst zu nehmen, sie redet, schimpft und deutet auf mich, sie ringt die Hände und ich sehe meine Chancen auf eine Einreise schwinden.
Auf dem Namensschildchen der Frau steht »Tatjana«, sie spricht nur Russisch, sie spricht sehr schnell und ich verstehe nicht viel, aber die Polizistin übersetzt.

»Es gibt da ein Problem«, sagt sie. »Der Zoll benötigt eine medizinische Deklaration, ohne die die Einreise nicht möglich ist.«
Tatjana steht neben ihr, sieht mich streng an und nickt.

»Was denn für eine Deklaration?«, sage ich. »Für die Einreise in die Ukraine brauche ich doch lediglich meinen Pass und der liegt hier vor Ihnen.«
Tatjana schüttelt den Kopf und geht.
Draußen höre ich sie laut mit den anderen reden und die Polizistin winkt mir, ihr zu folgen.
Tatjana steht vor der Tür und raucht. Die Polizistin stellt sich neben sie und zündet sich auch eine an.
Tatjana sieht mich finster an.

»Wo ist deine Deklaration?«, fragt sie laut und ungehalten. »Es gibt Gesetze, an die müssen sich alle halten, auch du!«
Ich nehme das Portemonnaie aus der Hosentasche und reiche ihr meinen Blutspendeausweis, um wenigstens etwas guten Willen zu beweisen, aber sie schaut ihn sich nur kurz an und gibt ihn mir dann mit einem verächtlichen Blick zurück.

»Nět!«, sagt sie, »keine Deklaration, keine Ukraine!«
Sie verschränkt die Arme vor der Brust und die Polizistin lächelt.

Ein wenig habe ich den Eindruck, dass weder die Polizistin noch die anderen Grenzer ihre Kollegin vom Zoll ganz ernst zu nehmen scheinen und schöpfe wieder etwas Hoffnung.
Die Polizistin spricht auf sie ein und Tatjana lamentiert zwar noch immer, aber nach einer Weile schaut sie schon etwas milder.
Dann geht sie über den Hof und verschwindet in einem anderen Gebäude. Wir gehen zurück in das Büro, wir setzen uns und die Polizistin beginnt erneut, in ihrem Computer nach einer Datei zu suchen. Zwischendurch telefoniert sie mit einem der drei Handys, die vor ihr auf dem Schreibtisch liegen, und ein Polizist schaut zu uns herein.

»Geht in die Stolovaja«, sagt er zu der Polizistin und deutet auf mich. »Der sitzt doch schon seit drei Stunden hier.«
Es ist halb drei und wir sind die letzten Gäste in der Kantine. Es steht genügend Geschirr bereit und die Polizistin bekommt ihr Essen auf einem Porzellanteller, ich hingegen in einem Blechnapf. Es gibt eine fette Krautsuppe und Brei mit Hackfleisch.
Die Polizistin blickt finster, verzieht das Gesicht und verdreht die Augen.

»Schon wieder Kaša!«
Wir setzen uns und essen und ich weiß nicht, ob ich schon beinahe ein Gefangener bin oder aber ein ganz normaler Kapitän eines ganz normalen Schiffes an einer ganz normalen Grenzkontrollstation.
Die Köchin bringt uns Gurkensalat, einen Becher mit einer Art Sirupwasser, der Polizistin in einer geblümten Porzellantasse, mir in einem angestoßenen Aluminiumbecher, und ein süßes Gebäckteilchen, das noch ganz warm ist. Da hellt sich die finstere Miene der Polizistin wieder auf.

Als wir fertig sind, kommt die Frau vom Zoll und redet erneut auf die Polizistin ein, doch die sieht sie einfach nur mit großen Augen an und spielt mit dem Kragen von Tatjanas hellblauer Uniformbluse.

»Tatjana, Tanja, hör mal«, sagt sie und es sieht nicht so aus, als redeten Kolleginnen miteinander, sondern vielmehr danach, als würde eine Tochter ihre Mutter bitten, am Samstagabend länger ausbleiben zu dürfen.

»Du weißt doch, Mädchen, die Vorschriften«, sagt Tatjana. »Und wenn er nun mal keine medizinische Deklaration hat. Wer weiß, welche Krankheiten er mitbringt!«

»Tanjuška«, sagt die Polizistin.

Tatjana seufzt und wir gehen zurück ins Büro.

»Wohin wollen Sie reisen?«, fragt sie mich plötzlich.

»Ich möchte den nördlichen, den Kilija-Arm befahren«, sage ich. »Denn ich würde gerne alle Länder an den Ufern der Donau kennenlernen. Auch die Ukraine. Wenn ich in etwa einer Woche am Meer angekommen bin, nehme ich den Bus und fahre nach Galați in Rumänien und von dort aus zurück nach Deutschland.«

»Das geht nicht«, sagt sie. »Sie brauchen die Deklaration.«

»In Ordnung«, seufze ich und gebe auf. Es ist jetzt fünf Uhr nachmittags und ich sitze seit halb zwölf auf der Wache. Es hat wohl keinen Zweck mehr. »Ich nehme den Sulina-Arm«, sage ich, »paddle zurück ans rechte Ufer und bleibe in Rumänien. So schade ich das auch finde.«

Die Polizistin schüttelt den Kopf.

»Nein, nein, warten Sie«, sagt sie, »haben Sie ein wenig Geduld.«

»Sie können mit dem Auto oder mit dem Bus in die Ukraine einreisen«, sagt Tatjana. »Aber dann müssen Sie auch mit dem Auto oder mit dem Bus wieder ausreisen. Und wenn Sie mit dem Boot einreisen, dann müssen Sie auch mit dem Boot wieder ausreisen. Anders geht es nicht.«

Die Deklaration scheint keine Rolle mehr zu spielen, aber ich frage lieber nicht nach.

»Ich kann nicht mit dem Boot wieder ausreisen«, sage ich stattdessen. »Es ist ein Paddelboot, ohne Motor, und ich kann nicht einhundertdreißig Kilometer zurück gegen die Strömung fahren. Das ist unmöglich.«

»Dann können Sie nicht einreisen«, sagt Tatjana, setzt sich auf einen Stuhl und sieht die Polizistin triumphierend an. Es ist ein Blick wie: »Siehst du, ich habe mein Bestes gegeben, an mir liegt es nicht!«

»Wie können Sie denn überhaupt das Boot in einem Bus mitnehmen?«, fragt sie dann. »Das geht doch gar nicht.«

»Doch«, sage ich. »Das geht. Es ist ein Faltboot. Und zusammengepackt ist es nicht viel größer als ein dicker Koffer.«

Tatjana steht auf und geht, die Polizistin zuckt die Achseln und wendet sich wieder ihrem Computer zu.

Die Zeit vergeht.

Nach einer halben Stunde kommt Tatjana zurück und schaut mich freundlich an.

»Wir werden uns ihr zusammenklappbares Boot ansehen. Wenn Sie es einpacken, dann kommen Sie sozusagen zu Fuß über die Grenze und wir geben Ihnen Ihren Einreisestempel. Danach können Sie ihr Boot wieder aufbauen und weiterfahren, wohin Sie wollen. Und wenn Sie mit dem Bus ausreisen, dann hat auch alles wieder seine Ordnung.«

Sie lächelt stolz.

Die Polizistin nickt und ich finde das Ganze zwar äußerst umständlich, aber schließlich muss sie ja auch irgendwie das Gesicht wahren, denke ich und nicke auch.

Tatjana steht auf und wirft die Arme über den Kopf.

»Ich habe ja überhaupt nichts gegen Ihre Einreise! Hatte ich nie, in keinem Moment. Aber die Vorschriften, die Bürokratie, die berühmte ukrainische Bürokratie! Wenn es nach mir ginge, dann könnte jeder in unser schönes Land kommen. Sollen sie doch kommen! Alle!«

»Jaja«, sage ich, »die Bürokratie. Es ist doch überall das Gleiche.«

»Haben Sie in Deutschland auch so eine schreckliche Bürokratie?«, fragt Tatjana und sieht mich beinahe mitleidig an.

»Ja«, sage ich. »Manchmal ist es auch ziemlich schlimm.«

Dann geht plötzlich alles sehr schnell. Ich verabschiede mich von der Polizistin und Tatjana führt mich zu einem alten Lada.

Vorn nehmen zwei Polizisten Platz und hinten steigt neben Tatjana und mir noch ein weiterer Zöllner ein.

Unterwegs deutet sie aus dem Fenster.

»Stadtrundfahrt«, sagt sie und lacht. »Das sind unsere Sehenswürdigkeiten. Hier ist der Markt, da ist der Bahnhof und dort vorne steht die Kirche. Das ist unser Zentrum.«

Am Fluss steht der Grenzpolizist neben dem Boot. Er hat fast sieben Stunden hier gewartet und jetzt lässt er sich von seinem Kollegen eine Zigarette geben und zieht den Rauch gierig ein.

Ich beginne das Boot zu zerlegen, aber nach ein paar Handgriffen winkt der Zöllner gnädig ab und öffnet seinen Aktenkoffer.

Ich bekomme einen Stempel in den Pass und trage meine verbliebenen Wertgegenstände in die Zolldeklaration ein: 1 Faltboot = 500 €, 1 Fotoapparat = 500 €, 1 Zelt = 20 €.

Zum Abschied geben wir uns alle die Hand, sie wünschen mir eine gute Reise und ich bedanke mich.

Als sie gegangen sind, sehe ich mir den Stempel an. Er zeigt ein schönes, großes, dunkelrotes Schiff.

Ich baue das Zelt auf und ein Mann kommt zu mir und verlangt meinen Pass. Er trägt Zivil, tritt aber auf, als sei er der Polizeichef persönlich. Als er den Einreisestempel sieht, deutet er mit strenger Miene auf das

rumänische Ufer und legt seine Handgelenke übereinander.
Ich nicke und sage, dass ich ihn verstanden habe.
Danach gehe ich hinauf in die Stadt. In den Seitenstraßen weiden ein paar Ziegen hinter Plattenbauten, Kinder spielen Fußball und eine alte Frau in Kittelschürze und Kopftuch trägt einen geblümten Einkaufsbeutel nach Hause. In einem Gulliloch ohne Deckel steckt ein großer Ast mit grünen Blättern und am Straßenrand verkauft eine Frau aus einem Autoanhänger Melonen. Die Straßen heißen Sovjetskaja, Lenina und Boulevard des Proletariats.
In einem Laden finde ich eine Isomatte, aber keinen Schlafsack.
Neben einem kleinen Spielplatz unter Bäumen steht ein Lebensmittelgeschäft. Die Eingangstür aus Aluminium ist verbeult und innen sieht es ein wenig aus wie in einem Konsum in der DDR. Nur die Auswahl ist größer. Es ist sehr preiswert in der Ukraine, noch preiswerter als in Serbien, und die Verkäuferin steht hinter einem Rechenbrettchen mit bunten Kugeln auf Metallstäben, dessen Funktionsweise ich nicht verstehe, sie schiebt die Kugeln flink hin und her und nennt mir schließlich die geringe Summe.
Als ich wieder am Fluss ankomme, spricht mich ein Junge an. Er ist etwa vierzehn Jahre alt.

»Hallo«, sagt er. »Ich bin Miroslav. Ist das Ihr Boot? Woher kommen Sie?«

»Ja«, sage ich, »das ist mein Boot. Und ich komme aus Deutschland. In Regensburg habe ich meine Reise begonnen.«

»Liegt Regensburg im Schwarzwald?«, fragt er auf Deutsch. »Die Donau kommt doch aus dem Schwarzwald, oder?«

»Ja, das stimmt«, sage ich. »Und du bist der erste Mensch, den ich hier am Unterlauf der Donau treffe, der das weiß. Regensburg liegt ein paar hundert Kilometer weiter flussabwärts.«

»In der Schule lernen wir Deutsch«, sagt Miroslav. »Aber in den Ferien bin ich immer hier am Fluss. Wir haben drei Monate Sommerferien und ich angle jeden Tag«, sagt er und deutet auf die Angel und das Eimerchen in seiner Hand.

»Ich finde das ganz schlimm«, sagt er unvermittelt und zeigt auf die Plastikflaschen. »Überall dieser Müll.«

»Das finde ich auch«, sage ich, »es ist so viel«, und zeige ihm die Tüte, in der ich meine Abfälle sammle.

Er nickt zufrieden, winkt und geht.

Zwei junge Pärchen, etwa zwanzig Jahre alt, die unweit auf einer Decke sitzen, Bier trinken und Karten spielen, rufen, pfeifen und winken mich zu sich heran.

»Setz dich«, sagen sie und gießen mir einen Becher Bier ein. Wir stellen uns vor und ich hole Tomaten und Brot, Käse und Pfirsiche aus dem Rucksack und stelle meine Flasche Bier neben die ihre.

»Kannst du Durak?«, fragt Andrej.

»Nein«, sage ich, sehe ihnen beim Kartenspiel zu und als ich mir eine Zigarette anzünden möchte, hält mir Andrej sein Feuerzeug entgegen.

»Hier, versuch's mal damit. Das ist Russisch Roulette!«

»Dann sollte ich vielleicht besser mein eigenes benutzen?«

»Nein!«

Die vier lachen und ich nehme das Feuerzeug. Es hat zwei identisch aussehende Knöpfe. Einer muss der falsche sein. Ich drehe es ein paarmal hin und her und drücke dann auf einen, bekomme einen elektrischen Schlag und lasse es fallen.

Sie lachen.

»Ich verwechsle es auch ständig«, sagt Andrej, holt ein ganz normales Einwegfeuerzeug hervor und zündet sich eine Zigarette an.

»Deswegen habe ich immer noch das hier einstecken«, sagt er, schiebt es lässig zurück in die Hosentasche und bläst den Rauch aus. »Das andere ist nur für gute Freunde.«

Er grinst und sieht mich fröhlich an.

»Wie lebt es sich eigentlich in der Ukraine?«, frage ich sie.

»Wir leben ganz gut«, sagt Irina. »Wir haben Arbeit und können uns alles kaufen, was wir brauchen.«

Lena nickt.

»Kleidung, Wohnung, Essen, das ist alles kein Problem. Aber wir können nicht ins Ausland fahren. Dort ist es viel zu teuer für uns. Urlaub können wir nur hier in der Ukraine machen.«

»Nicht einmal kurz hinüber auf die andere Seite?«, frage ich und deute über den Fluss nach Rumänien.

»Nein.«

Sie schütteln den Kopf.

»Stört euch eigentlich nicht der ganze Müll hier?«, frage ich und sie zucken die Achseln.

»Den schmeißen die Rumänen in den Fluss und dann treibt er zu uns. Da kann man nichts machen«, sagt Andrej.

Die Sonne geht unter und Mücken umschwirren uns. Die vier stehen auf und packen ihre Sachen zusammen, verabschieden sich und gehen. Die leere Bierflasche werfen sie in Richtung Donau, wo sie am Strand liegenbleibt.

Als sie verschwunden sind, gehe ich hinunter zum Fluss, hebe die eine inmitten von hunderten anderer Plastikflaschen auf, stecke sie zu dem Müll in meine Tüte und komme mir ein wenig lächerlich vor.

Die Nacht auf der Isomatte ist zwar etwas weicher und auch ein bisschen weniger kalt als allein auf dem dünnen Zeltboden, aber ohne Schlafsack friere ich trotzdem.

Am Morgen kommt der Mann, der gestern schon meinen Einreisestempel kontrolliert hat, auf einem Motorrad angefahren. Heute trägt er eine tarnfarbene Uniform und hält an, nimmt den Helm ab und verlangt erneut den Pass.

»Das hatten wir doch gestern schon«, sage ich, aber er hält mit ernstem Gesichtsausdruck die Hand auf.

»Los, los, den Pass! Davai!«, und ich reiche ihn hinüber.

Er sieht sich den gestempelten Pass zum zweiten Mal an, nickt zufrieden und gibt ihn mir zurück, startet den Motor und fährt davon.

Auf dem Bazar finde ich ein kleines Geschäft, in dem ich ein Brett kaufen kann. Sogar eine Säge leiht mir die Verkäuferin und ich bringe es gleich an Ort und Stelle auf die entsprechende Größe.

Am Fluss schiebe ich das Brett unter die gebrochene Leiste, die Bootshaut spannt sich endlich wieder glatt und straff und ich fahre weiter.

Schon nach wenigen Kilometern treibt kein Müll mehr im Wasser und die Ufer sind wieder sauber.

Den ganzen Tag über weht ein leichter Westwind, am Nachmittag verdunkelt sich der Himmel und der Wind nimmt zu. Die Wellen werden größer und in der Mitte des Flusses tragen sie weiße Schaumkronen. Das Boot biegt sich in den Wellen, es ächzt und das Holz knarrt. Es sind Geräusche wie auf einem alten Segelschiff und das Ersatzbrett verrutscht.

Noch ein paar solche Stürme übersteht das Boot nicht mehr, denke ich, und wenn es wirklich zerbricht, dann möchte ich nicht allzu weit vom Ufer entfernt sein, doch dort liegen immer wieder Schiffe, denen ich ausweichen muss. Teils sind es Flusskähne und Schubleichter, im Hafen hinter der Stadt aber auch schon die ersten Hochseeschiffe.

Als ich zwischen einer Gruppe liegender Frachter und einem etwas weiter im Fluss ankernden Schiff fahre, taucht ein Schlepper hinter der Gruppe auf und ich weiß nicht, wohin ich ausweichen soll. Die Lücke ist viel zu schmal für mich und ein Schiff.

Die »Tsar Kaloyan«, ein zehn Meter breites, zehn Meter langes und fünf Meter hohes Schubschiff, besteht allein aus Motor und Brücke, sie fährt schnell und hält genau auf mich zu. Ans Ufer kann ich nicht, da liegen die Frachter. Näher an das Schiff, auf dem Männer an der Reling stehen und zu mir heruntersehen, traue ich mich auch nicht und an der glatten Schiffswand sehe ich, wie hoch die Wellen sind. Das war's, denke ich, diesmal saufe ich wirklich ab und suche an der Schiffswand vergeblich nach einer Leiter, an der ich hochklettern kann, wenn das Boot untergeht.

Die »Tsar Kaloyan« kommt näher.

»Wohin fährt sie?«, brülle ich den Seeleuten an der Reling in Worten zu, die ich für Russisch halte, denn am Heck hängt die ukrainische Fahne. »Wohin?«

»Bist du Bulgare?«, rufen sie und lachen.

»Nein!«, schreie ich, »ich bin kein Bulgare, ich bin Deutscher, aber wohin fährt sie?«

Das Boot hebt und senkt sich in den Wellen, das hölzerne Gerüst quietscht und ächzt und die »Tsar Kaloyan« hält an und lässt mich vorbei.

Ich paddle so schnell ich kann in eine kleine Bucht unter Bäumen. Sand knirscht unter dem Gummiboden und ich springe aus dem Boot, ziehe es ein Stück den Strand hinauf und lasse mich außer Atem neben ihm fallen.

Wellen klatschen ans Ufer und die »Tsar Kaloyan« macht an einem Schubleichter fest, wo sie liegen bleibt.

Ich sitze am Strand und warte darauf, dass der Wind nachlässt. Bei diesen Wellen traue ich mich nicht weiterzufahren, der Himmel ist grau und der Wind weht, ich sitze hier fest und Izmail ist sechzig Kilometer entfernt.
Nach einer Stunde lässt der Wind ein wenig nach und eine halbe Stunde später sind die Wellen etwas kleiner, ich steige wieder ins Boot und am Abend kommt zwischen den Wolken sogar kurz die Sonne hervor.
Kilometerweit wachsen Schilf und Bäume am Ufer und ich finde erst spät eine kleine Bucht, in der ich anlegen kann. Doch auf dem schmalen Fleckchen Sand kann ich nicht zelten, ich binde nur das Boot fest und gehe einen Trampelpfad hinauf, der zu einer Landstraße führt, die parallel zum Ufer verläuft.
Auf der Wiese neben der Straße baue ich das Zelt auf.

In der Nacht werde ich wach. Hell leuchten die Blitze im Abstand von wenigen Sekunden, es donnert sehr laut und sehr nah, die Zeltstangen biegen sich im Sturm und wenn der Wind das Überzelt an den Stoff des inneren Zeltes drückt, läuft Wasser hinunter. In allen vier Ecken haben sich schon Pfützen gesammelt, es ist drei Uhr morgens, es ist kalt und nass und ich wische das Wasser auf, setze mich und warte auf den Tag und darauf, dass das Gewitter endlich abzieht.
Um vier zieht das Gewitter langsam weiter und das Donnern wird leiser.
Um fünf hört der Regen auf und es beginnt zu dämmern.
Um sechs geht die Sonne auf, langsam wird es warm im Zelt und ich lege mich wieder hin und schlafe noch einmal ein.
Als ich zwei Stunden später aus dem Zelt krieche, hält auf der Straße ein Motorrad und ein Polizist setzt seinen Helm ab. Ich ahne schon was jetzt kommt, nehme meinen Pass und gehe zu ihm.

Er sieht sich den Stempel an und behält den Pass aufgeschlagen in der Hand, nimmt sein Handy und telefoniert.
Das Motorrad ist von der gleichen Bauart wie das des gestrigen Grenzers. Es ist eine kleinere Maschine, eine 125er oder eine 150er vielleicht, ein Viertakter, und auf dem chromglänzenden Getriebeblock steht in kyrillischen Buchstaben »Minsk«.
Nach einer Weile gibt er mir den Pass zurück und fährt davon.
Ich packe meine Sachen zusammen, gehe hinunter zum Fluss und fahre weiter.
Ein Patrouillenboot mit zwei Polizisten an Bord kommt langsam auf mich zugefahren.

»Ich habe einen Pass und einen ukrainischen Stempel«, rufe ich ihnen zu, aber die Männer winken ab.

»Nein, nein«, sagt einer der beiden freundlich auf Englisch, als das Boot neben mir hält. »Wir wollen dich gar nicht kontrollieren. Wir haben dich gesehen und wollten dich fragen, ob du auch weißt, was du hier tust. Das Wetter kann schnell umschlagen im Delta und das ist nicht ganz ungefährlich.«

»Ich weiß«, sage ich. »Aber ich fahre nun schon den dritten Sommer. Ich komme aus Deutschland und hinter mir liegen bereits 2 300 Kilometer.«

»Hast du keine Angst?«

»Doch«, sage ich. »Natürlich habe ich Angst, große Angst sogar, aber ich versuche vorsichtig zu sein und jedes Risiko zu vermeiden. Wenn die Wellen zu hoch werden, fahre ich an Land und warte, bis es wieder ruhiger ist.«

»Gut«, sagt er. »Sehr gut. Wir sind nur um deine Sicherheit besorgt.«
Sie sprechen englisch mit einem weichen Akzent und am Heck des Bootes hängt eine blasse, blau-weiß-rote Trikolore.

»Sind Sie Franzosen?«, frage ich ungläubig und deute auf die Flagge.

»Nein!« Die beiden lachen. »Das ist eine rumänische Fahne. Sie ist nur schon etwas ausgeblichen, wir müssen uns mal eine neue besorgen. Wir sind rumänische Grenzer.«

»Sag mal, was kostet eigentlich so ein Boot?«, fragt der zweite Polizist. »Ich überlege nämlich, mir auch so ein Teil zuzulegen. Nur mal so, aus reinem Privatinteresse.«

»Sie sind leider nicht ganz billig«, sage ich. »Gebraucht kann man sie ab etwa fünfhundert Euro bekommen, neu ab ungefähr tausend, und das hier ist wahrscheinlich keine dreihundert mehr wert. Es ist schon ziemlich hinüber.«

»Wenn du Hilfe brauchst«, sagt er und nickt, »dann kannst du die 112 anrufen. Das ist seit Kurzem der in allen Ländern der EU gültige Notruf. Wenn irgendetwas sein sollte, dann ruf an, gib deine Position durch und wir oder unsere Kollegen kommen und helfen dir.«

»Danke«, sage ich, »vielen Dank!«

Sie verabschieden sich und fahren weiter. Erst gleiten sie langsam und vorsichtig ein paar Meter und dann geben sie Gas. Der Bug hebt sich aus dem Wasser und das Boot fährt schnell davon.

Am Nachmittag verdunkelt sich erneut der Himmel und der anfangs leichte Wind wird wieder stärker. Als die Wellen zu hoch werden, fahre ich ans Ufer, setze mich unter einen Baum und sehe über den Fluss. Über einer Sandbank fliegen hunderte Möwen auf und am Ufer stehen abgestorbene Bäume hinter dem Schilfgürtel. In beinahe jeder Astgabel sitzt ein großes Nest.

Die Zeit vergeht und die Vorräte gehen zur Neige.

Nach drei Stunden lässt der Wind etwas nach, die Wellen werden kleiner und ich steige wieder ins Boot.

Am Nachmittag teilt sich der Fluss.

Rechts führt der Sulina-Arm schnurgerade zum Meer und bei Tulcea zweigt von ihm der Sfântu-Gheorghe-Arm ab, der Südarm.
Ich fahre nach links.
Der Kilija-Arm fließt nach Norden. Über ihn entwässern zwei Drittel der Donau ins Schwarze Meer, er ist 116 Kilometer lang und hat eine eigene Kilometrierung, die sogar ziemlich vollständig ist. Beinahe jeden Kilometer steht ein Schild – schwarze Zahl auf weißem Grund, die nun statt der Seemeilen endlich auch wieder Kilometer anzeigt – am Ufer.
Es sind noch 26 Kilometer bis Izmail und wenn ich es schaffe, mit fünf Kilometern in der Stunde zu fahren, denke ich, dann könnte ich gegen zehn in der Stadt sein. Aber um halb neun wird es dunkel und mit dem lädierten Boot kann und will ich nicht durch die Nacht fahren.
Die Vorräte sind aufgebraucht, an beiden Ufern steht kilometerweit Schilf und Wald und nur noch selten begegne ich einem großen Schiff. Die Hauptschifffahrtsroute führt über den Sulina-Arm und auch Fischerboote sehe ich kaum mehr. Das Delta ist dünn besiedelt, ich bin ganz allein auf dem Fluss und es gibt, laut Wasserwanderführer, nur noch drei Städte auf dem Weg zur Mündung. Izmail, Kilija und Vilkove.
Ich paddle so schnell ich kann, komme aber nur langsam voran und am Abend begegne ich einem Fischerboot.
Einer der beiden Männer wirft das Netz aus, der andere rudert einen Halbkreis. Erschöpft lasse ich das Paddel sinken und sehe ihnen zu. Der eine ruft mir etwas zu und ich sage, dass ich nur wenig Russisch verstehe.

»Aber sto gram verstehst du?«, fragt er, grinst und schwenkt eine Flasche Vodka.

»Ja«, sage ich, »sto gram versteht jeder Deutsche!«

Ich fahre zu ihnen, lege neben dem Fischerboot an und halte mich an der Bordwand fest, während der Mann zwei Gläser Vodka einschenkt. Sie fassen tatsächlich nahezu hundert Gramm und wir stoßen an.

»Ich bin Dima«, sagt der Mann und leert sein Glas.

Der Vodka ist mild. Es tut gut sich auszuruhen, und der Schnaps hilft gegen die Verzweiflung. Es tut gut nahe bei Menschen zu sein, und ich fühle mich sicher und aufgehoben bei den beiden.

»Ich heiße Oleg«, sagt der Mann am Ruder, zieht die Riemen durch und sieht mich an. »Wo willst du hin?«

»Nach Izmail.«

»Wir kommen aus Izmail. Wenn du willst, dann ziehen wir dich ein Stück«, sagt Dima.

»Ja«, sage ich, »ja! Danke!«, und bin erleichtert.

Oleg ist einen Halbkreis gefahren, das Netz hat sich geschlossen und nun lehnt er sich zurück und zündet sich eine Zigarette an, gießt sich auch einen Vodka ein und bläst zufrieden den Rauch aus.

Dima holt das Netz ein, kleinere Fische wirft er in hohem Bogen zurück in den Fluss und die großen landen im Boot. Am Ende liegen sieben große Karpfen im schwarzgeteerten, hölzernen Rumpf, in dem das Wasser ein paar Zentimeter hoch steht.

Ich steige um in den Kahn und Oleg hebt den Bug meines Bootes ein Stückchen aus dem Wasser, windet eine Leine darum und bindet sie an einen der Haken für die Ruder. Dima wirft den Motor an und fährt schnell flussabwärts. Er lässt das Ruder los, gießt sich noch einen Schnaps ein und lächelt mich aus glasigen Augen an.

Das Boot hält ziemlich genau auf einen Frachter zu, der schon zu hupen beginnt, und wir sind keine zehn Meter mehr von dem rostfarbenen Stahlrumpf entfernt, als Dima Glas und Flasche vorsichtig abstellt, nach dem Ruder greift und lässig gegensteuert. Das an die

Bordwand gebundene Boot springt auf den Wellen auf und ab und hin und her, Wasser schwappt hinein und ich habe große Angst um mein kleines Boot.

Nach einer knappen Stunde kommt die Silhouette einer Stadt in Sicht und zwei Kilometer vor dem Hafen fahren die beiden ans Ufer. Oleg deutet auf einen Grenzturm und malt sich mit dem Finger Schulterklappen auf sein ausgeblichenes Hemd.

»Die Grenzer«, sagt er. »Das ist alles Grenzgebiet und wir wollen keinen Ärger, weil wir einen Ausländer durch die Gegend chauffieren.«

»Das ist kein Problem«, sage ich. »Ich habe einen Pass und ein ukrainisches Visum. Alles ist in Ordnung.«

»Nein«, sagt Oleg, »wir lassen dich hier raus«, und Dima steuert ans Ufer.

»Danke!«, sage ich. »Vielen Dank!«

Ob ich ein Souvenir für ihn hätte, fragt Oleg. »Irgendetwas Kleines, nichts Wertvolles, ein Erinnerungsstückchen nur«, sagt er und ich überlege.

Eigentlich habe ich ja gar nichts mehr, aber ich möchte den beiden etwas schenken, nehme das Fernglas und gebe es ihm. Er schaut hindurch, er bedankt sich und als ich kurz darauf am Strand unterhalb der Stadt anlege, leuchten im Osten am tiefdunkelblauen Himmel die ersten Sterne. Der westliche Horizont schimmert noch rot und violett.

Am Strand sitzen Menschen in Gruppen und trinken Bier, zwei Männer angeln und ein paar Jugendliche schwimmen, sie spritzen sich mit Wasser voll und lachen. Oben an der Straße liegt eine hell erleuchtete Bar und davor stehen auf einer Terrasse Bistrotische und Stühle.

Ein junger Mann kommt zu mir. Er trägt nichts als eine Badehose und aus seinen Haaren tropft Wasser.

»Artur«, sagt er und gibt mir die Hand. »Woher kommst du?«

»Aus Deutschland«, sage ich.

»Warte«, sagt er und nickt. »Ich bin gleich wieder da.«

Ich habe das Zelt gerade aufgebaut, als Artur wiederkommt und mir einen kleinen Pappkarton in die Hand drückt. Darin liegen ein geräucherter Fisch und eine Tomate, eine kleine Gurke und eine Flasche Wasser.

»Hier«, sagt er. »Bitte!«

»Das kann ich doch nicht annehmen!«, sage ich.

»Doch«, sagt er und lächelt. »Das kannst du. Das ist normal.«

Er dreht sich um und geht.

Ich setze mich vor das Zelt und esse den Fisch. Er schmeckt sehr salzig, aber gut. Es war kein großer Fisch und auch nach der Tomate und der Gurke bin ich noch nicht satt und zähle mein Geld. Ich habe noch hundert Grivna, umgerechnet sind das in etwa acht Euro, aber das müsste reichen für heute Abend, denke ich und gehe den Hügel hinauf. Die Bar wird bewacht von einem Türsteher, aber er lässt mich hinein, ohne mich auch nur anzusehen. In der Bar leuchten blaue Neonröhren vor schwarzen Wänden und ein Fernseher läuft, es ist mehr dunkel als hell und ich setze mich an einen der freien Tische auf der Terrasse. Die Kellnerin bringt mir die Karte, aber ich kann die Namen der Gerichte nicht lesen und kenne die Worte nicht. Preise stehen auch nicht daneben und so klappe ich sie wieder zu und sage ihr, dass ich nur wenig Russisch verstehe und nur noch hundert Grivna habe, dass ich nicht weiß, wo der nächste Bankautomat ist, aber hungrig und durstig bin.

Sie nickt.

»Kein Problem«, sagt sie und lächelt. »Pelmeni?«

»Ja«, sage ich. »Pelmeni wären prima«, und kurz darauf bringt sie mir ein kleines Steinguttöpfchen, aus dem es dampft und sehr gut riecht.

Danach setze ich mich vors Zelt und schaue über den Fluss. Ohne Dima und Oleg hätte ich es heute auf keinen Fall bis nach Izmail geschafft, denke ich sehr dankbar. Ich hätte keinen Fisch und keine Pelmeni essen können und hungrig in irgendeiner Bucht übernachten müssen.

Am Ufer brennen ein paar kleinere Lagerfeuer, um die Gruppen von Menschen sitzen, irgendwo spielt jemand Gitarre und singt und plötzlich steht ein junger Mann vor mir.

»Hallo«, sagt er. »Ich bin Volodja. Magst du dich zu uns setzen und ein Bier mit uns trinken?«

»Ja, gerne«, sage ich, stehe auf und folge ihm.

Er fragt mich aus nach dem Woher und dem Wohin und stellt mich dann seiner Familie vor, der Mutter Jelena Sergeěvna und den beiden Schwestern Aljona und Nina, dem Schwager Vadim, dem Neffen Nikita und den beiden Nichten Anna und Ksenija.

»Unsere Mutter ist das Familienoberhaupt«, sagt Volodja und alle nicken. »Was sie sagt, das wird getan.«

Sie gießen Bier in einen Becher, stoßen mit mir an und die Mutter, eine Frau von etwa fünfzig Jahren, mit einer dicken Brille und in einer blauen Kittelschürze, umarmt mich und küsst mich links und rechts auf die Wange.

»Moloděc!«, ruft sie. »Ganz alleine von Deutschland bis in die Ukraine! So ein Held!«, und alle müssen auf den Helden trinken. Ich fühle mich nicht sehr heldenhaft und bekomme nachgeschenkt, bis alle Flaschen geleert sind.

Jelena Sergeěvna steht auf.

»Wir gehen jetzt nach Hause«, sagt Volodja. »Komm mit, dort gibt es Bier und Vodka und Mama hat auch immer etwas zu Essen im Kühlschrank. Es ist nicht weit.«

Wir gehen zu einem Neubaugebiet in wenigen hundert Metern Entfernung und im ersten Haus in eine Wohnung im Erdgeschoss. In der Küche nehmen alle Platz und die Mutter stellt Bier und Vodka, geräucherten Fisch und Hackfleischbällchen auf den Tisch.

»Iss«, sagt sie, »iss und trink!«, und gießt mir einen Vodka und einen Becher Bier ein. Sie sitzt in ihrer geblümten Kittelschürze auf einem Hocker, schaut mich durch ihre dicke Brille an und strahlt.

»Auf unseren Besuch aus Deutschland!«, ruft sie und erhebt ihr Glas.

Es ist Sonntag, aber die Stadt ist belebt und fast alle Geschäfte haben geöffnet. Ich gehe über den Bazar und durch die Markthallen, in einem kleinen Laden kaufe ich zwei Unterhosen und eine kurze Hose mit graugrünem Tarnfleckmuster, in einem Supermarkt Lebensmittel und Wasser für drei Tage und dann gehe ich zurück zum Fluss.

Als ich mit den Tüten am Strand ankomme, liegen ein Mann und eine junge Frau auf Handtüchern in der Sonne und ein Mädchen von etwa fünf Jahren spielt im flachen Wasser.

Der Mann springt auf als er mich kommen sieht, er ist etwa dreißig Jahre alt, trägt eine Badehose und ist braungebrannt.

»Ist das dein Boot? Wir haben darauf aufgepasst, dass auch nichts wegkommt«, sagt er und gibt mir die Hand. »Sag selbst, sind die Ukrainer nicht die besten Menschen auf der Welt?«, ruft er theatralisch, rollt mit den Augen und umarmt mich. »Wir passen auf dein Boot auf, als wäre es unser eigenes! Wo kommst du her, Freund?«

»Aus Deutschland«, sage ich.

»Moloděc!«, brüllt er, küsst mich links und rechts und ruft »Du Held!«, dass es nur so über den Fluss schallt.

Die Frau ist aufgestanden und kommt zu uns. Sie hat lange, dunkelblonde Locken und ist etwa Anfang zwanzig, sie ist sehr schlank und trägt einen weißen BH und Slip, als wäre es ein Bikini.

»Hast du keine Angst?«, fragt sie mit leiser Stimme.

»Doch«, sage ich. »Ich habe sogar sehr große Angst, aber meine Neugier ist noch ein ganz klein wenig größer als meine Angst.«

Der Mann lacht.

»Ich habe dich gestern schon gesehen«, sagt sie. »Im Nachtklub.«

»In welchem Nachtklub?«, sage ich und sehe sie mit großen Augen an. »Ich war in keinem Nachtklub.«

»Doch«, sagt sie. »Unten, am Strand. Ich arbeite dort. Aber wir haben gleich gesehen, dass du es nicht verstanden hast. Du hattest nicht viel Geld einstecken und wolltest nur etwas essen.«

Sie lächelt.

»Oh«, sage ich und kratze mich verlegen hinterm Ohr. »Ja, das stimmt, da bin ich gewesen, in einem Nachtklub also…«

Das Mädchen fragt, ob sie sich in das Boot setzen dürfte, und ich nicke, die Kleine klettert hinein, setzt sich und nimmt das Paddel in die Hände. Sie lächelt stolz und möchte wissen, wie die Steuerung funktioniert, und ich zeige ihr die Pedale und die Leinen, die zum Ruder führen.

Danach ziehe ich das Boot zum Wasser und der Mann möchte mit anfassen und mir helfen.

»Vielen Dank«, sage ich, »aber es ist besser, ich mache es allein. Das Boot ist schon ziemlich kaputt und ich habe Angst, dass noch mehr zerbricht.«

Ich habe das deutsche Wort »kaputt« benutzt, weil ich dachte, dass es auch im Russischen verstanden wird, aber der Mann biegt sich vor Lachen.

»Kapuutt?!«, brüllt er und lacht. »Gitler kapuutt!«

Ich steige ins Boot und die drei stehen am Ufer und winken.

»Gute Reise!«, brüllt der Mann.

»Danke!«, brülle ich zurück. »Auf Wiedersehen!«

Hinter der Stadt kommt der Hafen in Sicht und große Schiffe liegen am Kai. Sie sind zwar fest vertäut und die Ankerketten hängen im Wasser, aber ich denke an die »Tsar Kaloyan« und mir zittern die Knie. Als ich an ihnen vorbeigefahren bin, stehen acht Kräne auf einer Betonmauer und ich beeile mich, auch sie möglichst schnell hinter mir zu lassen. Noch zehn Minuten, denke ich, dann bin ich an ihnen vorbeigefahren, und dann ist alles wieder gut.

Doch hinter den Kränen liegen Hochseeschiffe paarweise am Ufer. Nachdem ich die »Sergey Gritsevets« und die »Vasiliy Shukshin«, zwei schwarze Ozeanriesen, passiert habe, fahre ich an der »Boris Agapow« und der »Valerian Zorin« vorüber, zwei ebenso großen, rostigbraunen Schiffen, hinter denen die »Yuriy Krymoy« und die »Nikolay Zabolodskiy« liegen. Ihre glatten Rümpfe ragen haushoch über das Wasser und sind mehr als hundert Meter lang. Dann folgt wieder eine Kaimauer, einen guten Kilometer lang, auf der sich erneut zwölf Kräne drehen, und als ich an ihnen vorbeigefahren bin, sehe ich einen rostbraunen Streifen am Horizont.

Als ich näher komme, sehe ich, dass der Streifen aus eng aneinander liegenden Schubleichtern und Lastkähnen besteht, die hier ankern und gut hundert Meter breit den Weg am linken Ufer versperren. Ich fahre vorsichtig weiter und entdecke eine schmale Lücke, fahre hindurch und sehe in etwa einem Kilometer Entfernung die nächste Reihe von Schleppern liegen und dahinter die übernächste. Mehr als zwei Stunden fahre ich an parkenden oder vielleicht auch schon ausgemusterten Schiffen, Kähnen und Schubleichtern entlang, die

hier zu acht oder zu zehnt oder zu zwölft nebeneinander liegen.
Kein Mensch ist auf ihnen zu sehen, die Schiffe liegen verwaist und manche von ihnen sehen schon ganz verrostet aus. Mir ist, als führe ich durch einen Schiffsfriedhof, und nur ein paar Möwen hocken auf der Reling und glotzen mich an.
Danach begegne ich bis zum Abend außer der »Azov«, einem kleinen Ausflugsboot, auf dem ein paar Familien an Deck stehen und mir winken, keinem Schiff und keinem Menschen mehr und als es dämmert, lege ich in einer Bucht unter alten Weiden an.
Am Strand liegen Kiesel und Muscheln im hellen Sand, Zweige und ein paar abgeknickte Schilfrohre und keine Spur von irgendwelchem Plastikmüll.

Ein Eisvogel sitzt auf einem Zweig am Ufer, er fliegt auf und stürzt sich kopfüber ins Wasser. Im Süden kreisen etwa hundert Pelikane in großer Höhe am Himmel und die Sonne brennt. Der Fluss strömt langsam und träge durch das flache Land und am Nachmittag erreiche ich Kilija, binde das Boot an einen Baum und gehe in die Stadt.
In einem Park steht ein frisch gestrichener, silberfarbener Lenin auf einem hohen Sockel aus poliertem Granit, an einem Bankautomaten hebe ich Geld ab und in einem Secondhandladen kaufe ich ein T-Shirt.
Danach gehe ich zurück zum Fluss und steige wieder ins Boot. Ein paar Jugendliche stehen am Ufer, sie winken und rufen, als sie sehen, dass ich mich vom Ufer abstoße, und ich fahre zu ihnen.

»Wohin fahren Sie?«

»Zum Meer«, sage ich.

Die Antwort ruft kein Erstaunen mehr hervor.

»Foto!«, rufen sie. »Machen Sie ein Foto von uns!«, und ich nehme die Kamera in die Hand.

»Jetzt ich alleine«, ruft ein Junge, springt von der Gruppe weg und stellt sich in Positur.

»Gute Reise!«, rufen sie und winken, als ich abdrehe.

Am Abend steht die Sonne flach über dem Horizont und seit Kilija habe ich kein Schiff und keinen Menschen mehr gesehen, kilometerweit ist das Ufer mit dichtem Schilf bewachsen und ich kann nirgendwo anlegen. Erst kurz nach Sonnenuntergang finde ich eine kleine, schlammige Bucht unter Bäumen. Der Platz reicht gerade einmal aus, das Zelt aufzubauen, der Boden ist feucht und sumpfig und hinter der Bucht steht das Schilf zwischen den Bäumen drei Meter hoch.

Am Mittag sehe ich neben einer Bootsanlegestelle ein Schild, darauf groß die Ziffer 19, und gleich danach führt ein etwa zehn Meter breiter Kanal in das Städtchen. Vilkove ist der letzte Ort an der Donau vor der Mündung.

Ich fahre weiter und vorbei an der »Princesa Dnipra«, einem Kreuzfahrtschiff, weiß und blau gestrichen, auf deren Decks Menschen stehen und zu mir herunterschauen.

Zwischen dem Schilf führen viele, kleine Kanäle, in denen Fischerboote liegen, zu Gärten hinter Einfamilienhäusern, danach teilt sich der Fluss und ich weiß nicht recht, was ich tun soll. Ich weiß nicht, ob am Meer eine Stadt liegt, von der aus ich mit dem Bus zurückfahren kann. Soll ich weiterfahren und dann neunzehn Kilometer gegen den Strom zurückpaddeln? Trotz der schwachen Strömung würde ich dafür mindestens einen, vielleicht sogar zwei Tage benötigen.

Aber ich will ans Meer.

Ich fahre in einen der Kanäle, lege neben einem alten Motorboot an und sehe ein Mädchen von etwa zwölf Jahren im Garten neben Bohnenstauden, Tomatenbüschen und einem kleinen Gewächshaus stehen.

»Hallo!«, sage ich. »Darf ich hier anlegen?«

»Ja, na klar«, sagt sie und nickt.

Ich steige aus, stelle mich vor und frage, ob ihre Eltern zu Hause sind.

»Ja«, sagt sie und ruft »Mama!« in Richtung Haus.

Eine Frau von etwa Mitte vierzig, sie hat ein freundliches, rundes Gesicht und trägt eine blaue Kittelschürze mit großen, weißen Blumen, lehnt ihre Hacke an die Hauswand und kommt zu uns.

»Könnte ich mein Boot für eine Weile, für eine Stunde vielleicht, hier liegen lassen?«, frage ich sie. »Ich würde gern in der Stadt Lebensmittel einkaufen.«

»Olga«, sagt sie zu ihrer Tochter, »geh ins Haus, zieh dir etwas Anständiges an und dann zeig ihm den Weg.«

Olga geht ins Haus und kommt kurz darauf in einem bunten Kleid zurück, wir gehen auf die Straße und vor dem Nachbarhaus steht ein Mädchen in Olgas Alter an den Zaun gelehnt und sieht uns neugierig an.

»Warten Sie bitte«, sagt Olga und geht zu ihr.

Sie reden miteinander und dann verschwindet das Mädchen schnell im Haus.

»Das ist Marija«, sagt Olga, als sie zurückkommt, »meine beste Freundin. Haben Sie einen Augenblick Zeit?«

Ich nicke und kurz darauf kommt Marija, nun ebenfalls in einem geblümten Kleid, aus dem Haus. Zu dritt gehen wir die Straße entlang, die Mädchen flüstern miteinander und kichern und bald darauf stehen wir in einem Laden.

»Sucht euch eins aus«, sage ich und deute auf die Eistruhe.

Die Mädchen schütteln stumm die Köpfe.

»Bitte!«, sage ich. »Ihr habt euch die Zeit genommen, mir den Weg zu zeigen. Dafür möchte ich mich bei euch bedanken. Oder möchtet ihr etwas anderes?«

Sie stehen da und sehen zu Boden, schütteln die Köpfe und ich nehme zwei Eistüten aus der Truhe und drücke sie ihnen in die Hand, kaufe mir einen Becher Kaffee und wir setzen uns vor der Tür an einen Tisch im Schatten unter dem Wellblechdach.

»Vanja!«, ruft Olga plötzlich und ein junger Mann bleibt stehen und kommt zu uns an den Tisch.

»Das ist mein großer Bruder«, sagt Olga.

Er gibt mir die Hand, setzt sich zu uns und sieht mich an.

»Ich bin mit dem Boot unterwegs«, sage ich und frage ihn, ob es an der Mündung des Flusses eine Stadt auf der ukrainischen Seite gäbe.

»Nein«, sagt er und schüttelt den Kopf. »Aber du kannst über den Kanal fahren, nach Primorskoje, das liegt direkt am Meer.«

Wir stehen auf und gehen zurück zum Haus.

»Wie kommt es eigentlich«, frage ich ihn, während wir an der hellblau gestrichenen Kirche mit ihren goldenen Zwiebeltürmen vorbeigehen, »dass überall, wo ich bisher gewesen bin, die Menschen Russisch gesprochen haben und nicht Ukrainisch?«

»Wir sind Russen«, sagt er. »Ukrainische Russen. Ukrainisch spricht man im Westen, in Lvov, in Černovci oder in Ternopol, aber nicht hier bei uns im Süden. Es gibt Ukrainer hier, auch Rumänen und Lipovaner, aber nur wenige. Die meisten hier sind Russen.«

Im Garten hat die Mutter unter einem Baldachin schon den Tisch gedeckt, an dem nun auch der Vater sitzt. Er hat kurzes, graues Haar und einen Schnurrbart, er trägt ein helles Poloshirt und kurze Hosen und sie gießt Tee ein. Dazu gibt es Weißbrot und Marmelade.

Vanja erzählt, dass ich zum Meer möchte. An einen Ort, von dem aus ich mit dem Bus zurückfahren kann, und der Vater geht ins Haus, holt Papier und einen Stift und beginnt zu zeichnen.

»Wenn du etwa einen Kilometer zurück stromaufwärts fährst, dann kommst du an den Kanal«, sagt er.

»Ja, den habe ich gesehen«, sage ich. »Neben der Schiffsanlegestelle unter der kleinen Brücke?«

»Genau der«, sagt er. »Den fährst du immer weiter und dann kommst du auf einen See. Er ist ganz flach, aber mit dem Kajak ist das überhaupt kein Problem, und wenn du den See überquert hast, bist du am Meer und siehst links schon Primorskoje liegen. Verstanden?«

»Ja«, sage ich. »Das scheint ja ganz einfach zu sein. Fährt von dort auch ein Bus?«, frage ich ihn und er nickt.

»Nach Odessa, nach Kilija oder nach Kiew«, sagt er. »Wohin du willst. Ich war auch in Deutschland, in der DDR«, sagt er plötzlich. »Als Soldat. Magdeburg und Wittstock, zwei Jahre lang. Aber ich habe nichts gesehen vom Land. Wir saßen ja nur in der Kaserne. Das ist jetzt bald dreißig Jahre her.«

Die Mutter wischt die Erinnerungen ihres Mannes, der nachdenklich aussieht, mit einer Handbewegung fort, steht auf und geht in den Schuppen neben dem Haus.

»Wie lebt es sich heute in Deutschland?«, fragt der Vater. »Was verdienst du dort?«

»Ich habe knapp 1 200 Euro im Monat«, sage ich. »Hier wäre das sehr viel Geld, ich weiß. Aber in Deutschland ist das Leben auch sehr viel teurer als in der Ukraine.«

»Ich verdiene 2 400 Grivna«, sagt er. »Das sind 300 Dollar. Aber wir haben das Haus und den Garten. Wir kommen zurecht.«

Die Mutter kommt mit ein paar Tomaten und Gurken zurück und drückt sie mir in die Hand.

»Hier, nimm«, sagt sie. »Und warte, ich hole dir noch Eier!«

»Nein, nein«, sage ich. »Vielen Dank, aber ich habe doch gar kein

Kochgeschirr. Die Eier kann ich mir gar nicht kochen. Vielen Dank!«

»Bleib doch einfach bis morgen«, sagt Vanja. »Es ist schon Nachmittag und das Meer läuft Dir nicht davon, das ist morgen auch noch da«, und der Vater nickt.

»Ja!«, ruft Olga und klatscht in die Hände. »Bleiben Sie bei uns!«

Ich überlege. Die Familie ist wirklich sehr nett und eine Nacht in einem Bett wäre mehr als verlockend, aber andererseits könnte ich schon heute Abend am Meer sein und schüttle den Kopf.

»Nein«, sage ich. »Vielen Dank, aber ich möchte zum Meer, so lange habe ich mich schon auf diesen Moment gefreut und nun will ich nicht länger warten.«

Der Vater nickt.

»Das verstehe ich«, sagt er.

Alle vier stehen am Ufer als ich ins Boot steige, und wir winken, bis wir uns nicht mehr sehen.

Am Kilometerschild 19 fahre ich in den schmalen Kanal und Vilkove sieht ein bisschen aus wie ein Spreewaldstädtchen. Bunte Boote liegen angekettet an Stegen hinter den Häusern und mit Weidenrutengeflecht befestigtes Ufer wechselt sich ab mit dichtem Schilf.

Der Kanal ist nur etwa zehn Meter breit und gelegentlich fährt ein Motorboot an mir vorbei. Manchmal verlangsamt es seine Fahrt, manchmal auch nicht, und ich fahre so nah am Ufer, wie es nur geht.

Hinter der Stadt ist der Kanal kilometerweit von Schilf gesäumt und nach einer Stunde sehe ich einen Angler in seinem Fischerkahn hocken.

»Wie weit ist es noch bis zum Meer?«, frage ich ihn.

»Fünf Kilometer«, ist die Antwort, »vier oder fünf.«

Gelassen, geradezu gelangweilt spricht er den Satz aus.

In einer Stunde bin ich am Meer!

Ich paddle so schnell ich kann und ab und an halte ich einen Finger ins Wasser und lecke ihn ab, aber es schmeckt noch nicht salzig.
Dann weitet sich der Kanal und ich fahre auf einen See. Nur ein schmaler Weg in der Mitte ist befahrbar, der Rest des Sees ist mit Wasserpflanzen zugewachsen, die an der Oberfläche schwimmen, und am Ufer stehen Schilf und Wald. Der See sieht aus wie ein Binnensee und ich kann keinen Zugang zum Meer entdecken.
Das Wasser ist kaum einen halben Meter tief, Pflanzen hängen sich an das Paddel und ans Ruder und immer wieder stoße ich auf Grund.
Ich fahre aufs Geradewohl nach Osten, nach einer Weile entdecke ich eine Lücke im Schilf und eine Gruppe Schwäne fliegt auf, unter den Wolken scheint die Abendsonne hervor und mit einem Mal erstreckt sich das Wasser bis zum Horizont und schimmert tiefblau.
Das Meer!
Ich fahre an den Strand und springe aus dem Boot, gehe die kleine Düne hinauf und setze mich in den Sand.
Nach drei Sommern, einundsechzig Tagen und 2 400 Kilometern bin ich nun angekommen am Schwarzen Meer.
Es riecht irgendwie faulig, fischig, und ich stehe auf und gehe ein paar Schritte hinab zum Ufer. Schwarzer, stinkender Schlick liegt am Strand und nach einer Weile sehe ich, dass der Schlick dunkelgrün wird, wenn er trocknet. Seetang.
Es dämmert und ich ziehe das Boot noch ein Stück den Strand hinauf, baue das Zelt auf und links leuchten in einer Entfernung von etwa zwei Kilometern die Lichter eines Ortes. Primorskoje.
Ich sitze am Strand und sehe über das Meer. Hinter dem Horizont liegt der Kaukasus und bis Regensburg sind es 1 500 Kilometer. Luftlinie.
Ich habe den Fluss bezwungen.

Nein, denke ich, das ist Quatsch. Ich habe den Fluss nicht bezwungen, man kann einen Fluss gar nicht bezwingen, ich bin mit ihm gefahren, auf ihm, und eine solche Vergewaltigungsmetapher wäre ohnehin ein ziemlicher Blödsinn.

Am Morgen ziehe ich das Boot hinter mir durch die Brandung. Die Wellen werfen es hin und her und ich komme nur langsam voran, aber ich glaube, dass es auch keine bessere Idee wäre, es mit Paddeln zu versuchen, und so schlägt es mir immer wieder gegen die Waden, während ich es nach Norden ziehe, nach Primorskoje.

Ein paar hundert Meter von der Bucht entfernt, in der ich gezeltet habe, liegt kein Schlick mehr am Sandstrand, nur noch ein paar Kiesel und kleine Muscheln. Der Sand ist weiß und das Wasser ist klar und sauber. Es riecht auch nicht mehr faulig, sondern einfach nur noch nach Meer und nach Salz.

Nach einer Stunde erreiche ich die ersten Häuser, ziehe das Boot an Land und gehe zu einer Strandbar, setze mich auf der Terrasse in den Schatten, bestelle einen Kaffee und frage, ob es hier Zimmer zu vermieten gäbe.

Die Kellnerin nickt und deutet auf ein Haus am Rande des umzäunten Geländes, direkt neben dem großen Tor.

»Die Rezeption ist dort«, sagt sie.

Die Übernachtung kostet 210 Grivna, drei tägliche Mahlzeiten im Speisesaal inbegriffen, erklärt mir die Frau an der Rezeption. Zweihundertzehn Grivna sind fast neunzehn Euro und auf dem Gelände verstreut stehen kleine, einstöckige Bungalows mit Wellblechdach. Vor den Häuschen stehen Bänke, der Strand ist nur etwa hundert Meter entfernt und zwischen den Häusern wachsen Kiefern und Pappeln aus dem sauber geharkten Sand.

In meinem Bungalow gibt es drei Räume mit jeweils zwei Betten, aber keines ist belegt und ich bin der einzige Gast. Es gefällt mir, ich möchte zwei Tage bleiben und frage die Frau nach dem Weg zur Bank.

»Es gibt keinen Geldautomaten in Primorskoje«, sagt die Frau. »Die nächste Bank ist in Vilkove. Aber Sie können mit dem Taxi hinfahren. Das kostet nur hundert Grivna. Hin und zurück.«

»Mit dem Taxi?«, sage ich. »Fährt denn kein Bus?«

»Doch«, sagt die Frau. »Aber das dauert eine ganze Stunde und ist sehr unbequem.«

»Gut, dann fahre ich morgen früh mit dem Bus nach Vilkove, hole Geld und zahle dann. Ich kann Ihnen so lange meinen Ausweis als Pfand hierlassen. Einverstanden?«

»Den Ausweis brauche ich nicht«, sagt sie. »Ich weiß, dass Sie bezahlen werden.«

Am Abend gehe ich in den Speisesaal, der ein wenig an den eines FDGB-Ferienheimes in der DDR erinnert, und setze mich an den mir zugewiesenen Tisch mit der Nummer 16. Er ist für drei Personen gedeckt und es gibt gebratenen Fisch, Kartoffelbrei und Krautsalat, dazu ein Gebäckteilchen und eine große, geblümte Tasse mit stark gezuckertem, schwarzem Tee.

Eine elegante Dame von etwa fünfundvierzig Jahren mit kurzen, grauen Haaren und einem braunen Kleid setzt sich mir gegenüber, grüßt nur kurz und beginnt dann, alles von den beiden Tellern in Tupperdosen umzufüllen. Den Tee gießt sie in ein ausgespültes Gurkenglas, dann packt sie die Dosen und das Glas in ihren Stoffbeutel, steht schweigend auf und geht.

Am Abend setze ich mich an einen Tisch in der Strandbar und aus den Boxen kommt laute, russische Popmusik, ich bin der einzige

Gast und trinke Bier, mache mir ein paar Notizen und ein etwa sechzehnjähriger Junge kommt zu mir.

»Hallo, ich bin Serjoša«, sagt er auf Deutsch. »Sind Sie der Deutsche? Ich lerne Deutsch in der Schule.«

»Ja«, sage ich. »Der bin ich, setzt dich doch.«

»Mein Vater ist der Direktor hier«, sagt er, grinst und nimmt sich eine Cola aus dem Kühlschrank.

Die Bar bleibt leer und auch die Kellnerin setzt sich nun zu uns.

»Marina«, sagt sie und gibt mir die Hand. Kurz darauf kommt ihre Schwester Světa, die auch in der Anlage arbeitet, »als Gärtnerin und Mädchen für alles«, wie sie sagt, und Marina steht auf, verschwindet hinter der Bar und kommt mit einer Flasche Likör und vier Gläsern zurück.

Ein junges Mädchen, das ich schon in der Küche des Speisesaals gesehen habe, kommt dazu und stellt einen Teller mit Fisch und einen mit Tomaten, Gurken und Brot auf den Tisch.

»Greift zu«, sagt sie und Marina holt ein fünftes Glas, Serjoša blättert in meinem Tagebuch und freut sich, wenn er ein paar deutsche Worte oder einen ganzen Satz entziffern kann.

»Darf ich mir die Fotos ansehen?«, fragt er dann und ich reiche ihm die Kamera.

»Wo ist denn das? Wie es da aussieht!«, sagt er ganz entrüstet und schüttelt den Kopf, als er die Bilder aus den bulgarischen Dörfern sieht. Versunken sitzt er auf seinem Stuhl und sieht sich die Fotos an.

»Ich gehe jetzt ins Bett«, sage ich nach einer Weile und stehe auf. »Du kannst mir die Kamera später wiedergeben.«

Am Morgen trinke ich einen Kaffee an der Strandbar und Serjoša setzt sich zu mir und gibt mir die Kamera zurück.

»Danke!«, sagt er und lächelt. »Das war sehr interessant! Ich habe noch ein paar Bilder gemacht, vom Sonnenaufgang und von Vasja, meinem Hund, war das in Ordnung?«

»Ja«, sage ich. »Das war völlig in Ordnung, denn damit habe ich nun immer eine Erinnerung an dich!«

Danach gehe ich über den staubigen Pfad zum etwa anderthalb Kilometer entfernten Busbahnhof.

Links liegen Felder und rechts mit Maschendraht umzäunte Campingplätze, auf denen umfunktionierte Bauwagen neben großen und kleinen Zelten stehen.

Der Busbahnhof von Primorskoje ist ein sandiger Platz mit einem großen Bazar und dem Café »Bessarabija«. Busse stehen herum, kommen an und fahren los und hinter den Frontscheiben stehen auf den Armaturenbrettern weiße Pappschilder mit den Zielorten. Cahul, Izmail und Vilkove.

Kurz darauf sitze ich in einem alten, eigentümlich kurzen Bus mit Gardinen an den Fenstern und durchgesessenen, abgewetzten Polstern. Manchmal sind die Schlaglöcher so tief, dass es nur im Schritttempo vorwärts geht, gelegentlich fährt der Bus ein paar Kilometer auf der linken Straßenseite, bis er einem der wenigen, entgegenkommenden Autos ausweichen muss, und in den Dörfern steigen an den hübschen, zum Teil mit Mosaiken farbenfroh verzierten Wartehäuschen Menschen aus und ein.

Auf diese Weise sehe ich sogar noch ein bisschen was vom Land, denke ich, auf den Feldern stehen Störche in Gruppen von bis zu zwanzig Tieren und ab und an brennt irgendwo ein Haufen Stroh, dann wieder ziehen sich Sonnenblumenfelder bis an den Horizont, Schilf steht an Kanälen und am Rande kleiner Teiche und alle zehn bis fünfzehn Kilometer hält der Bus in einem Dorf.

Am Geldautomaten in Vilkove hängt ein handgeschriebener Zettel, »Außer Betrieb«.

Ich gehe in die Bank und frage, wann er repariert sein wird.

»Heute Nachmittag«, sagt die Frau hinter dem Tresen, »vielleicht.«

An einem Schalter stehen ein paar Leute in einer Schlange und ich sehe, dass sie sich mit ihren Karten Geld auszahlen lassen, stelle mich hinten an und nach einer Weile zieht die Frau hinter der Glasscheibe meine Karte durch ein Gerät und sieht mich dann ratlos an.

»Es funktioniert nicht«, sagt sie.

»Warum?«, frage ich.

Sie zuckt die Achseln und gibt mir die Karte zurück, ich gehe hinaus und frage am Busbahnhof nach der nächsten Verbindung in Richtung Kilija. Dort hatte ich vor drei Tagen an der Raiffeisenbank Geld abgehoben und wenn es irgendwo funktioniert, denke ich, dann dort.

Der Bus fährt in zwei Stunden und ich schlendere durch das Städtchen. Vilkove ist, wie alle ukrainischen Städte, die ich bislang gesehen habe, sauber und gepflegt. Kaum eine Kippe liegt auf der Straße und kein Plastikmüll. Frauen in farbigen Warnwesten fegen mit Strohbesen die sorgfältig gepflasterten Gehwege und am Straßenrand sind alle Bäume und hölzernen Strommasten bis in eine Höhe von anderthalb Metern weiß gekalkt.

Vor einem Café am Rande des Bazars setze ich mich in den Schatten. Am Nebentisch sitzt eine Gruppe Touristen, Ukrainer oder Russen, wohlhabende Großstädter offenbar, und sie tragen eine Mischung aus Outdoor- und hippiesker Kleidung. Zwei Männer und zwei Frauen sind um die vierzig, eine junge Frau Anfang zwanzig und die drei Jungs sind etwa fünf, sieben und zwölf Jahre alt.

Eine Frau kommt an ihren Tisch. Sie ist etwa fünfzig und trägt einen langen, bunten Rock, ein Kopftuch und eine Strickjacke über der geblümten Bluse, sie hat Falten im gebräunten Gesicht und auch ein paar Zähne fehlen ihr schon. Laut und selbstbewusst spricht sie sie an und bettelt nach Geld für einen Schnaps. Aber sie ist nicht unterwürfig oder vorsichtig und schaut nicht mit dem Blick eines geprügelten Hundes beschämt zu Boden. Sie sieht sie fordernd und freundlich lachend an, als sei es das Selbstverständlichste auf der Welt, von fremden Menschen Geld für einen Schnaps einzufordern.

»Los, geben Sie mir ein paar Grivna«, sagt sie zu einem der beiden Männer. »Sie haben doch genug davon!«

Sie lachen, der andere Mann klatscht begeistert über ihre Frechheit in die Hände und die Frau schaut zu ihm und grinst ihn verschwörerisch an. Dann steckt sie den Geldschein ein, bestellt bei der Cafébesitzerin, die gelangweilt und mit verschränkten Armen neben der Tür steht, einen Schnaps und fordert im nächsten Augenblick Geld von dem zweiten Mann.

»Na, mein Lieber, haben Sie sich gut amüsiert! Dann zahlen Sie mir etwas und nicht zu wenig! Sie haben doch viel mehr als dieser arme Schlucker, was? Zeigen Sie mir, mein Guter, wie reich Sie sind!«, und er lacht und gibt ihr einen Schein.

Sie redet noch eine ganze Weile mit ihnen, bis sie aufstehen und zahlen, sich verabschieden und gehen.

Die Frau sieht sich um, erblickt mich und kommt zu mir.

»He, mein Lieber«, ruft sie und setzt sich an meinen Tisch. »Geben Sie mir ein paar Grivna, ich will mir einen Schnaps kaufen!«

»Ich verstehe nur wenig Russisch«, sage ich, aber sie winkt lässig ab.

»Sie haben mich schon ganz richtig verstanden«, sagt sie und ich gebe ihr einen Zwei-Grivna-Schein. Sie nimmt ihn, lässt ihn auf den Tisch fallen und sieht mich verwundert an.

»Was soll ich denn mit zwei Grivna, mein Lieber? Können Sie mir das mal verraten? Dafür bekomme ich vielleicht einen Kaffee, aber doch keinen Schnaps. Einen Fünfer müssen Sie schon noch drauflegen«, sagt sie und lächelt unschuldig.

Ich lege einen Fünfer dazu.

»Na also«, sagt sie. »Wusste ich doch, dass Sie ein gutes Herz haben.« Dann sieht sie mich neugierig an.

»Sagen Sie mal, ein junger Mann wie Sie, was sitzt der hier alleine rum? Haben Sie keine Frau? Es gibt so schöne Frauen in der Ukraine«, sagt sie und deutet auf die Cafébesitzerin, die neben dem Eingang steht und der ganzen Szene zuschaut.

»Wie wäre es mit der Schönen da?«, fragt sie. »Oder gefällt sie Ihnen etwa nicht?«

»Doch, doch, sehr«, sage ich und die Cafébesitzerin lächelt. »Aber ich kann nur wenig Russisch und kann mich doch gar nicht mit ihr unterhalten.«

»Papperlapapp«, sagt die Frau. »Jedes Wort verstehen Sie!« Sie lehnt sich zurück und mustert mich skeptisch.

Die Cafébesitzerin kommt an unseren Tisch.

»Gehen Sie jetzt bitte«, sagt sie zu der Frau. »Sie haben Ihr Geld bekommen, aber nun gehen Sie bitte.«

Die Frau steht auf, sie geht etwas gebückt und langsam und schaut aufmerksam nach links und nach rechts, wie ein hungriger Rabe auf der Suche nach Futter, ob nicht doch noch ein fremder Mensch in ihren Blick gerät, den sie nach ein paar Grivna für den nächsten Schnaps anbetteln könnte.

Eine halbe Stunde später sitze ich im schaukelnden Bus, sehe aus dem Fenster und habe ein wenig Angst. Hoffentlich klappt in Kilija alles, denke ich, denn mein Geld würde zwar noch für den Bus zurück

nach Primorskoje und vielleicht auch noch ein bis zwei Tage, keinesfalls aber für das Zimmer oder gar die Rückreise reichen.
Am frühen Nachmittag komme ich in Kilija an und frage mich zur Lenina durch, wo die Raiffeisenbank ihre Filiale hat, aber heute gibt mir der Automat kein Geld, sondern einen Zettel, und darauf steht »falsche Kartennummer«.
Vielleicht habe ich mich ja einfach nur in der Eile vertippt, denke ich und versuche es erneut. Doch der Automat druckt den gleichen Zettel aus. Ich versuche es auch noch ein drittes Mal und gehe danach in die Bank.

»Wenn Sie wirklich eine falsche Zahl statt Ihrer PIN eingegeben haben«, sagt die dicke, freundliche Frau hinter dem Schalter, »dann müssen Sie jetzt eine Stunde warten, bevor Sie es erneut versuchen können.«
Ich gehe hinaus und rufe die Sparkasse an, frage, ob mit meinem Konto alles in Ordnung sei oder ob vielleicht die Karte gesperrt wäre, weil ich mich vertippt habe.

»Ich bin ein bisschen verzweifelt«, sage ich, »denn ich stehe hier mitten in der Ukraine, ich habe kein Geld und weiß nicht, was ich machen soll.«
Mit dem Konto sei alles in bester Ordnung und auch die Karte wäre nicht gesperrt, versichert mir die Frauenstimme am Telefon.

»Aber warum bekomme ich dann kein Geld am Automaten?«

»Das weiß ich auch nicht«, sagt die Stimme. »Vielleicht hätten Sie einmal über eine Kreditkarte nachdenken sollen? Wie wäre es mit einem Termin, wenn Sie wieder in Deutschland sind?«

»Wie bitte?«, sage ich. »Ich will keine Kreditkarte, ich will an mein Geld!«

»Es tut mir sehr leid«, sagt die Stimme. »Vielleicht ist die Karte beschädigt. Ich kann hier jedenfalls nichts für Sie tun.«

Eine Stunde später stehe ich wieder in der Bank und bitte die Frau, mir zu helfen.

»Vielleicht habe ich versehentlich auch nur eine falsche Taste gedrückt«, sage ich, denn der Automat kann nur Russisch, Ukrainisch und Englisch, aber kein Deutsch, doch auch der Frau gibt der Automat kein Geld, sondern wieder nur einen Zettel, auf dem steht »falsche Kartennummer«.

Es ist kurz vor vier und in fünf Minuten schließt die Bank.

»Ich habe bei der Sparkasse angerufen«, sage ich, »in Deutschland, und sie sagen, dass Geld auf dem Konto liegt und die Karte auch nicht gesperrt ist. Was soll ich jetzt tun?«

»Wenn Sie Geld auf Ihrem Konto haben, dann muss der Magnetstreifen kaputt sein«, sagt die Frau und wir gehen wieder in die Bank, sie zieht die Karte durch ein Lesegerät und schaut auf das Display. Ihre Kollegin kommt dazu und lässt sich das Problem erklären.

»Sie scheint tatsächlich kaputt zu sein«, sagt die Frau, probiert es erneut und zuckt die Achseln.

Die beiden sehen mich bedauernd an.

»Es tut uns sehr leid, aber die Karte ist nicht lesbar.«

»Vor drei Tagen ging es doch noch«, sage ich und setze mich.

Mir ist zum Heulen zumute.

Die Frau schaut mich mitleidig an und versucht es erneut.

»Wieviel brauchen Sie denn?«, fragt sie.

»Tausendzweihundert«, sage ich.

»Grivna oder Euro?«, fragt sie, als sei es gar kein Unterschied.

»Etwas mehr als hundert Euro, also 1 200 Grivna«, sage ich, »würden völlig ausreichen.«

Die dritte Kollegin, eine ältere Frau mit dicker Brille, die hinter einem Schalter sitzt, schaut missmutig durch ihre Glasscheibe und sagt etwas.

Die freundliche Frau schaut mich bedauernd an.

»Wir können Ihnen kein Geld geben«, sagt sie. »Alleine mit Ihrer EC-Karte und der PIN geht das nicht. Wir müssten Ihren Pass kopieren, sonst dürfen wir es nicht. Es tut mir sehr leid, die Vorschriften…«

»Aber ich habe meinen Pass doch dabei! Hier ist er! Sie können Ihn gerne kopieren!«, rufe ich.

Die zweite Frau kopiert den Pass und die freundliche Frau zieht die Karte erneut durch das Lesegerät. Es ist zehn Minuten nach vier und ich sitze, das Gesicht in die Hände gestützt, auf einem Stuhl.

»Jetzt funktioniert es!«, ruft die Frau und ich springe auf.

»Das kostet aber zwei Prozent, hier am Schalter«, knurrt die ältere Frau hinter ihrer Glasscheibe und die freundliche Frau sieht mich zögernd an.

»Wir würden Ihr Konto jetzt mit 1 224 Grivna belasten, Ihnen aber nur 1 200 auszahlen. Sind Sie damit einverstanden?«, fragt sie vorsichtig.

»Ja!«, rufe ich. »Natürlich bin ich damit einverstanden!«

Sie zählt mir stolz die Scheine auf den Tisch, die andere Frau bringt mir meinen Pass zurück und ich, das ist sonst nicht so meine Art, aber ich umarme nacheinander die beiden und küsse sie links und rechts auf die Wange und bedanke mich überschwänglich.

Sie erröten und lächeln, halb verschämt und halb stolz, und ich verabschiede mich, winke ihnen noch einmal zu, als ich aus der Tür trete und gehe zurück zum Busbahnhof.

Der Bus schaukelt über die Landstraße, der Fahrer hört laute, russische Rockmusik und plötzlich schmeckt all das wieder nach Abenteuer, nach Lust und Reise.

Ich liege am Strand, als das Telefon klingelt.

»Guten Tag«, höre ich eine Stimme sagen. »Hier ist Füßl, Würzburg. Sie haben Glück«, sagt er. »Ich habe nicht nur eine einfache Mitfahrgelegenheit für Sie, sondern eine Kapitänskajüte auf unserem Flaggschiff, der ›Wilhelm Eugen‹! Sie liegt ab übermorgen bis zum nächsten Mittwoch in Baja, in Südungarn, lädt und fährt dann zurück nach Deutschland. Können Sie rechtzeitig dort sein?«, fragt er mich und klingt sehr zufrieden.

»Ja«, sage ich, »das kann ich schaffen. Vielen Dank!«

Am Abend gehe ich im Speisesaal an meinen Tisch, die schweigsame Dame kommt und setzt sich, füllt das Essen vom Teller in ihre Tupperdosen und den Tee in ihr Glas, steht auf und geht.

Danach kommen zwei Frauen an meinen Tisch. Sie sind etwa fünfzig Jahre alt und sehen mich erwartungsvoll an.

»Guten Tag«, sagt die eine der beiden auf Englisch. »Sind Sie der Deutsche?«

Ich nicke und stehe auf.

»Ja, der bin ich«, sage ich.

»Mein Name ist Valentina und meine Schwester«, sagt sie und deutet auf die zweite Frau, »heißt Ljudmilla. Wir kommen aus Israel, wir sind jedes Jahr hier im Donaudelta und prüfen die Auswirkungen des Baus des Bistre-Kanals auf das Delta, auf seine Vegetation und die Fauna, und wir haben gehört, dass Sie ebenfalls im Auftrag einer deutschen Umweltschutzorganisation das Delta erforschen. Ist das richtig?«

»Nein«, sage ich, »leider nein, ich bedaure. Ich bin lediglich mit dem Faltboot die Donau hinuntergepaddelt, aber ich habe keinen Forschungsauftrag und gehöre keiner Umweltschutzorganisation an, so sehr ich mit Ihrem Anliegen auch sympathisiere.«

»Ah, wie interessant«, sagt Valentina. »Wie heißen Sie eigentlich? Die Leute hier sagen immer ›Der Deutsche‹, aber ›Der Deutsche‹, das ist ja schließlich kein Name, nicht wahr?«
Sie lächelt.

»Nein«, sage ich. »Da haben Sie ganz recht, das ist nun wirklich kein Name. Ich heiße Daniel. Setzen Sie sich doch, bitte!«

»Wir hätten da«, sagt Valentina und bleibt stehen, »noch eine weitere Frage.«

»Bitte«, sage ich.

»Nun, wir haben gehört, dass Sie das Haus Nr. 15 zurzeit ganz alleine bewohnen, und für den Freund meiner Tochter gibt es in unserem Bungalow keinen Platz mehr. Wäre es vielleicht möglich, dass er bei Ihnen übernachtet?«

»Ja, natürlich«, sage ich. »Selbstverständlich ist das möglich.«

»Allerdings gibt es da noch ein kleines Problem«, sagt Valentina und die beiden schauen verlegen zu Boden.

»Was für ein Problem denn?«, frage ich.

»Nun jaa«, sagt sie gedehnt. »Er ist, nun jaa, er ist kein Jude, er ist, er ist Araber…«

»Wenn das alles ist«, sage ich und muss lachen. »Nein, das ist überhaupt kein Problem. Wenn er ein Zimmer sucht, dann soll er zu mir kommen. In meinem Haus ist noch viel Platz und er ist mir jederzeit willkommen.«
Sie bedanken sich und gehen.

Am nächsten Morgen sitze ich im Bus nach Kilija.
Am Busbahnhof steige ich aus und frage die Frau in dem kleinen Häuschen, an dem »Informacija« steht, wie ich nach Galați komme. Sie schüttelt den Kopf und zuckt die Achseln.

Also frage ich sie, wann der nächste Bus nach Reni fährt, kaufe mir einen Fahrschein und setze mich auf eine Bank in den Schatten.
Frauen in Kittelschürzen und Kopftüchern und Männer in alten Anzügen sitzen auf Bänken, vor sich prall gefüllte Plastiktüten, große Säcke oder auch einen Karton, in dem Gänseküken schnattern, und mit meinem dicken und unförmigen Bootsbündel falle ich hier wahrscheinlich gar nicht weiter auf.
Alte, kleine Sowjetbusse mit Gardinen vor den Fenstern stehen neben modernen, klimatisierten Reisebussen, neben neuen, weißen Kleinbussen und uralten, zerbeulten Bussen, die rostzerfressenen Löcher dick mit gelber Ölfarbe übermalt.
In Reni frage ich erneut an der »Informacija« nach einer Verbindung nach Galaţi und auch hier sieht mich die Frau hinter der Glasscheibe nur ratlos an.
Ein dicker, älterer Mann in Jeans, schwarzer Lederjacke und mit einer beeindruckenden Kartoffelnase steht hinter mir in der Schlange.

»Halte dich an mich«, sagt er. »Der Bus dort bringt dich zur Grenze«, und er deutet auf einen Kleinbus, hinter dessen Windschutzscheibe »Cahul« auf einem weißen Schild steht.

»Ich fahre auch mit, halte dich einfach an mich.«
Galaţi ist nur etwa zwanzig Kilometer von Reni entfernt und wo Cahul liegt, weiß ich nicht.
Eine halbe Stunde später hält der Kleinbus an der ukrainisch-moldawischen Grenze vor einem weißen Containerhäuschen und ich soll aussteigen und mein Gepäck ausladen.
Mit dem Pass stehe ich in der Schlange und nach einer Weile bin ich dran, der Pass wird gestempelt, und als ich aus der Tür komme, ist der Bus weg.

»Waffen? Drogen?«, fragt ein kleiner Mann mit Bürstenhaarschnitt. Er trägt eine weite, schwarze Militärhose, Springerstiefel und eine Pistole am Gürtel.

Ich schüttle den Kopf.

»Messer?«, fragt er.

Ich ziehe das Taschenmesser aus der Hose.

»Ein größeres hast du nicht dabei?«

»Nein«, sage ich und er winkt ab, geht weiter und ruft den Mann hinter mir zu sich heran.

»Waffen? Drogen?«

Unten im Tal glitzert die Donau und in kaum zwanzig Kilometern Entfernung liegt Galați. Man kann die Kräne des Hafens und die Hochhäuser am Fluss schon sehen und der kartoffelnasige Mann deutet nach Westen.

»In zwei Kilometern kommt die rumänische Grenze. Du musst einfach den Hügel hinunterlaufen und versuchen von dort aus weiterzukommen«, sagt er.

»Zwei Kilometer?« Ich sehe ihn fragend an. »Ohne Gepäck wäre das ja überhaupt kein Problem«, sage ich, »aber das Boot wiegt fast dreißig Kilo.«

»Dann musst du versuchen hier jemanden zu finden, der dich mitnimmt. Schau mal, da sind Deutsche, frag die«, sagt er, »Germany«, und deutet auf einen schwarzen Mercedes.

Auf dem Nummernschild steht unter den zwölf goldenen Sternen auf blauem Grund »GR«.

Der Wagen ist wie alle anderen voll besetzt und bis unters Dach beladen.

Wir setzen uns zu ein paar Männern an einen rohen Holztisch und der Mann erklärt ihnen, dass ich eine Mitfahrgelegenheit suche.

»Wohin«, fragt einer der drei und sieht mich an.

»Nach Galați«, sage ich. »Eigentlich nach Ruse.«

»Soso«, sagt der Mann. »Nach Ruse also. Und was willst du dort?«

»Vor einem Jahr habe ich das Boot dem Besitzer des Yachtklubs von Ruse geschenkt, für die Fahrt zum Meer habe ich es mir noch einmal ausgeliehen und nun bringe ich es ihm wieder. Danach fahre ich zurück nach Hause, nach Deutschland.«

Er nickt.

»Ich bin aus Ruse. Den Yachtklub kenne ich und Bojko ist ein Freund von mir. Du kannst bei mir mitfahren, wenigstens erst einmal die zwei Kilometer bis zur Grenze. Danach muss ich wieder warten, eine Stunde oder zwei oder zehn. Dann kannst du nach der Grenze trampen und wenn du immer noch dastehst, wenn ich durch bin, dann steigst du wieder bei mir ein. Aber ich weiß noch nicht einmal, wann ich hier weiterkomme. Die prüfen schon seit drei Stunden die Papiere.«

Nachdem das geklärt ist, wenden sie sich wieder den wichtigen Dingen des Lebens zu.

»In der Ukraine kriegst du es für zehn Dollar«, sagt der eine.

»Ach«, winkt ein anderer ab. »Moldawien ist viel besser, da machen sie es dir für fünf. Ohne Gummi!«

Ein Grenzer kommt und reicht dem Fahrer ein Bündel Papiere.

»Komm«, sagt er und steht auf. »Wir können fahren.«

Nach zwei Kilometern reiht sich der LKW erneut in die Schlange der moldawisch-rumänischen Grenze ein und ich steige aus und trage mein Bündel zu dem Containerhäuschen.

Ein Mann in weißem Hemd mit blauen Schulterklappen und einer riesigen, tellerförmigen Uniformmütze, die er weit in den Nacken geschoben hat, steht neben dem Haus und sieht mich an. Er beugt sich zurück, reibt sich die Augen und verschwindet hinter einer Tür. Kurz darauf kommen drei Grenzer heraus und starren mich an.

»Das geht nicht«, sagt der eine, als ich keuchend mein Bündel vor ihnen ablege. »Das geht nicht!«

»Warum denn nicht?«, sage ich. »Transit, nach Rumänien, warum soll das nicht gehen?«, und reiche ihnen den Pass mit dem moldawischen Einreisestempel.

»Du bist mit dem Auto gekommen, du musst auch mit dem Auto wieder ausreisen«, sagt der Grenzer und deutet auf den Stempel im Pass, der ein Auto zeigt.

»Ich habe aber kein Auto«, sage ich und zucke die Achseln.

Dann geht alles recht schnell. Einer der Grenzer hält einen älteren, allein reisenden Mann an und der steigt aus seinem Dacia, öffnet den Kofferraum und der Grenzer winkt mich heran.

Ich lege das Bündel hinein und bekomme meinen gestempelten Pass zurück, setze mich auf den Beifahrersitz und wir fahren weiter zur rumänischen Kontrolle. Dort müssen wir unsere überzähligen Zigaretten in einen Mülleimer werfen.

In der Ukraine kostet ein Päckchen fünfzig Cent, in Moldawien sind sie noch billiger, und in Rumänien fast drei Euro. Pro Person sind zwei Schachteln erlaubt.

Ich werfe drei Schachteln weg, der Mann eine.

Auf der Brücke über den Prut grinst der Mann und öffnet das Handschuhfach. Darin liegt eine ganze Stange und ich grinse zurück, deute auf meinen kleinen Rucksack und zeige zwei Finger. Der Mann nickt zufrieden und gibt Gas. Wir sind in Rumänien.

Vor dem Bahnhof Galați hält er an, ich steige aus und nehme mein Bündel aus dem Kofferraum, gehe hinein und kaufe mir eine Fahrkarte. Ich habe noch neunzig rumänische Lei einstecken und selbst wenn meine EC-Karte hier auch nicht funktionieren sollte, so komme ich doch wenigstens erst einmal bis nach Ruse. Immerhin bin ich jetzt wieder in der EU und alles Andere, denke ich, alles Andere wird sich schon auch irgendwie finden.

Im Zug nach Bukarest, am Fenster auf der anderen Seite des Ganges in dem modernen Großraumwaggon, sitzt eine Frau um die fünfzig und auf dem Bahnsteig steht eine junge Familie. Der Vater hebt seine etwa fünfjährige Tochter hoch und sie winken alle vier, bis der Zug aus dem Bahnhof fährt. Dann wischt sich die Frau eine Träne aus dem Auge.

»Ich habe dem Schaffner eine Büchse Bier gegeben«, sagt der Mann, grinst und lässt sich in den Sitz neben mir fallen. »Jetzt kann ich hinten auf dem Klo rauchen so viel ich will, und er drückt ein Auge zu.«

Er ist Mitte dreißig, er hat eine Bierbüchse in der Hand und ist guter Dinge.

»Deutscher bist du also?«, sagt er. »Dann hör mir mal zu! Wenn zwei Japaner zusammenkommen, was machen die?«

Er sieht mich an.

»Die machen selbstverständlich sofort eine Fabrik für Mikrochips auf! Und wenn sich zwei Deutsche treffen, was machen die? Na, das musst du doch wissen!«, sagt er. »Die gründen natürlich eine Armee. Und zwei Rumänen, was machen die? Ist doch klar, Mann, die gründen eine Verbrecherbande! Mafia, Gangster!« ruft er. »Verstehst du?«

Er zwinkert mir zu und schlägt mir mit der flachen Hand auf die Schulter, er lacht laut über seinen Witz, steht auf und geht nach hinten.

Kurz darauf zieht bläulicher Qualm durch das Abteil.

Die Frau am Nebenfenster steht auf und kommt zu mir, legt wortlos zwei Bonbons und eine kleine Packung Kekse auf das Fenstertischchen vor mir und lächelt. Ich sehe sie überrascht an und bedanke mich, sie geht zurück auf ihren Platz und setzt sich, nickt mir noch einmal freundlich zu und schaut dann weiter aus dem Fenster als sei nichts geschehen und als wären wir zwei Fremde, die rein zufällig im gleichen Zug sitzen und ansonsten nichts miteinander zu tun haben. Und genau genommen sind wir das ja auch.

Am frühen Abend fährt der Zug im Bukarester Gara de Nord ein und ich habe bis zur Weiterfahrt nach Ruse noch ein paar Stunden Aufenthalt, schreibe Bojko eine SMS, sitze auf meinem Bündel und sehe den Reisenden zu, die kommen und gehen. Rumänen und Roma, Backpacker und Geschäftsreisende, Männer und Frauen, Kinder und Greise.

Zwei junge Männer mit je einem großen Rucksack warten auf den gleichen Zug wie ich. Paul und Paul sind zwanzig Jahre alt und kommen aus Marseille, sie studieren BWL und nun sind sie auf Interrailtour und verstehen genug rumänisch, mir die Anzeigetafel übersetzen zu können, auf der steht, dass sich der Zug um eine Stunde verspäten wird.

»Wir sind jetzt seit einer Woche unterwegs«, sagt der eine Paul und der andere Paul nickt. »Wir waren in München, Wien und Budapest und jetzt fahren wir nach Sofia. Dann geht es weiter nach Istanbul«, sagt der eine Paul. »Wir fahren immer nachts und wir warten auf den einen Zug, in dem wir das Schlafwagenabteil betreten und zwei junge, schöne, nackte Frauen uns anlächeln und sagen ›Paul und Paul, da seid ihr ja, wir haben schon auf euch gewartet!‹ Komischerweise haben wir diesen Zug noch immer nicht gefunden. Wir wissen einfach nicht, wo er ist.«

Er hebt die Arme und schaut mich mit großen, fragenden Augen an. Der andere Paul nickt.

»Ihr werdet ihn schon noch finden«, sage ich. »Ganz bestimmt!«

Als es dunkel wird, kommen Männer, Frauen und Kinder in schmutzigen T-Shirts und zerrissenen Hosen in den Bahnhof, sie betteln uns um eine Zigarette an, bieten Handys zum Verkauf und durchwühlen die Papierkörbe nach Brauchbarem. Das Gewimmel im Bahnhof steigert sich zu einem betrunkenen und lauten, zu einem delirierenden Fieberwahn. Gestrandete und Verlorene.

Ein Mann mit einer riesigen, roten Lockenperücke, wie sie amerikanische Clowns oder manchmal Fußballfans tragen, schwenkt eine Weinflasche.

»Meine Freunde«, brüllt er. »Meine französischen Freunde!«

Er lacht und schreit und nötigt Paul und Paul, aus seiner Flasche zu trinken.

»Ich liebe euch, meine französischen Freunde!«

Um Mitternacht vertreiben Polizei und privater Sicherheitsdienst alle, die keinen Fahrschein vorweisen können. Sie zerren an Armen und Jacken, einer rennt, den Gummiknüppel in der Hand, einem Flüchtenden hinterher und nach einer Weile zieht Ruhe im Bahnhof ein.

Mit einer Verspätung von zwei Stunden kommt der Zug, eine alte, ausgemusterte, deutsche Regionalbahn. Die zwei Waggons sind überfüllt mit Interrailern, doch die Schaffner sind gnädig und öffnen auch die erste Klasse.

Es ist zwei Uhr morgens, wir sind müde und möchten schlafen, aber auf den Schalensitzen kann man nicht liegen, sie sind unbequem und es scheint, dass sie mit Absicht so konstruiert sind, dass man auf ihnen zwar sitzen, aber keinesfalls liegen kann. Vorbei die Zeiten, in denen man die gegenüberliegenden Sitze der Sechserabteile einfach zu einem Bett zusammenziehen konnte.

Einige rollen ihre Isomatten im Gang aus und legen sich darauf, andere werfen ihre Schlafsäcke auf die Gepäckablage und klettern hinauf.
Auf dem kalten Boden und auf der harten, aber ebenen Gepäckablage schlafen die Menschen und auf den gepolsterten Sitzen stehen die Rucksäcke nebeneinander aufgereiht.
Um vier Uhr morgens hält der Zug in Ruse, Bojko holt mich ab und wir fahren zum Yachtklub.

Auch in Ruse funktioniert die EC-Karte nicht und ich rufe erneut die Sparkasse an.
Sie überweisen nun Geld von meinem Konto direkt an die bulgarische Bank und am Nachmittag bekomme ich es am Schalter ausbezahlt, die eine Hälfte in Leva, die andere in Euroscheinen, und ich gehe zurück zum Yachtklub.

»Diese Zeit gibt Gott gratis«, sagt der dicke Mann in weißem T-Shirt und kurzer Hose auf Deutsch, als er mich faul in der Abendsonne vor dem Holzhaus des Yachtklubs sitzen sieht, und deutet auf den wolkenlos blauen Himmel. An seinem Fahrrad hängt eine Angel und am Lenker baumelt ein kleiner Plastikeimer.

»Die letzte Zeit von Sommer«, sagt er. »Bist du mit Boot?«, und ich wiege den Kopf.

»Jaja, es ist schön, auf dem Wasser zu spazieren«, sagt er und geht.
Auf meinem Schoß räkelt sich ein schwarzweiß geschecktes Katzenjunges, es hat die Augen geschlossen und schnurrt. Unten am Kai liegen ein paar Yachten, Stahlseile klirren leise an den Masten und ein alter Mann mit einem großen, weißen Vollbart und einer Nickelbrille auf der Nase steigt die Stufen hinauf. Er sieht aus wie ein Weihnachtsmann in Badehose.

»Jaja, Bojkos Katzen«, sagt er auf Englisch. »Wollte er dir auch schon eine andrehen? Ich soll mir eine aussuchen, das sagt er mir jeden Tag, aber ich will keine Katze an Bord. Das bringt Unglück. Ich bin William, aus Kanada«, sagt er, reicht mir die Hand und setzt sich neben mich, ächzt und putzt seine Brille.

»Ich fahre die Donau hinunter, dann bis Istanbul und weiter nach Venedig«, sagt er.

»Nach Venedig? Wie lange werden Sie da fahren?«

»Nun«, sagt er und sieht mich eindringlich an. »Für den Rest meines Lebens!«

Er lacht laut auf.

Am Abend darauf fährt der Zug durch Wälder und entlang kahler und steiler Felsen, durch Ortschaften und vorbei an Wiesen und Bächen, an deren Ufern Müll und Plastikflaschen liegen, und an einer Mauer steht »Bessarabien ist Rumänien!«

Der Zug fährt durch die Karpaten, langsam wird es dunkel und ich klappe das Bett des Liegewagens von der Wand, lege mich hin und schlafe schnell ein.

Am Morgen stehe ich in einer kleinen, roten Regionalbahn am Fenster, wir fahren über die Eisenbahnbrücke von Baja, Südungarn, Flusskilometer 1 480, und ich sehe die »Wilhelm Eugen« am Kai des kleinen Hafens liegen.

Daneben stehen einige Häuser und ein paar große Silos.

Am Bahnhof steige ich aus und gehe zum Fluss.

Zwei junge Männer in Schwimmwesten stehen an Bord des Schiffes und öffnen die Luken zum Laderaum.

»Hallo«, sage ich. »Ich bin der Passagier und suche den Kapitän«, und einer der beiden deutet wortlos auf die Brücke.

Der Kapitän ist ein kleiner, agiler Mann von etwa fünfzig Jahren in T-Shirt, kurzen Hosen und Sandalen.

»Ah, der Passagier«, sagt er, »jaja, ich weiß schon Bescheid, komm mit!«, und öffnet eine Tür auf der Backbordseite unterhalb der Brücke.

»Das ist das Schlafzimmer, hier ist die Küche und da hinten ist das Bad.«

Es ist eine komfortable Zweizimmerwohnung mit Waschmaschine und Duschkabine, mit Herd und Kühlschrank, mit Spülmaschine und Sofa, mit Schreibtisch, Schränken und einem großen Bett. Es ist blitzsauber und die Räume sind sogar klimatisiert, in der Schiffswohnung zieht man die Schuhe aus und alle Türen rasten an Magneten ein.

»Das ist ja großartig!«, sage ich. »Und was würde das kosten, von hier bis Regensburg?«

»Die Tonne kostet fünfzehn Euro«, sagt der Kapitän und sieht mich an als wollte er mein Gewicht schätzen. »Wenn du die Wohnung so hinterlässt, wie du sie vorfindest, dann kostet es gar nichts. Auf dem Schiff ist tagsüber Selbstverpflegung«, sagt er, »und der Steuermann kocht am Abend. Das kostet zwei bis drei Euro, aber da musst du dir mit der Mannschaft einig werden, das geht mich nichts an. Auf dem Vorderschiff ist Rettungswestenpflicht«, sagt er und deutet auf eine schwarze Schwimmweste am Kleiderhaken. »Ich brauche noch deine Unterschrift, dass du die Sicherheitsbestimmungen gelesen hast, wir haften für keine Schäden, du fährst auf eigene Gefahr mit und wenn du dich nicht an die Regeln hältst, dann gehst du sofort von Bord, alles klar?«

Der Kapitän spricht so schnell wie er sich bewegt und ich folge ihm vorsichtig und versuche, nicht über die nur etwa kniehohe Reling ins Wasser zu fallen.

»Ja«, sage ich. »Alles klar. Danke!«

»Nichts zu danken«, sagt er und verschwindet auf der Brücke.
Die »Wilhelm Eugen« ist ein großes, modernes Schiff und ich sehe nicht einen Rostfleck. Alles glänzt und der Anstrich ist neu und sauber in hellblau und weiß, in dunkelrot und schwarz.
Auf dem Vorderschiff stehen die beiden jungen Männer und rauchen. Der eine hat die langen, dunklen Haare zum Zopf zusammengebunden, er trägt einen Bart, ein dunkles T-Shirt und eine blaue Latzhose, der andere nur eine kurze Hose, ein Basecap und eine Schwimmweste über dem nackten Oberkörper. Er ist so braun wie ein Europäer nur braun werden kann.
Ich gehe zu ihnen.

»Hallo! Du bist also unser Passagier«, sagt der Bärtige. »Ich bin Chris, Lehrling Nummer eins. Wir sind hier vier Mann an Bord. Der Käpt'n, der Steuermann und zwei Lehrlinge. Zurzeit sind wir zu fünft. Wir haben noch einen Praktikanten. Weil so viele Lehrlinge vorzeitig abgebrochen haben, müssen jetzt alle Bewerber bei der MSG ein einmonatiges Praktikum machen. Dann wissen die wenigstens, was sie erwartet auf dem Schiff«, sagt er und deutet nach vorne, wo ein vielleicht achtzehnjähriger, braungebrannter, junger Mann steht.

»Die stellen sich das ja ganz anders vor«, sagt er, »viel romantischer. Aber wir sind eher so etwas wie die Hausmeister auf dem Kahn. Schiff saubermachen, Motor warten, einfach alles…«
Er zeigt in den Laderaum, über dem eine schmale Rutsche hängt, aus der sich ein schwarzgrauer Strahl Körner in den Schiffsrumpf ergießt.

»Sonnenblumenkerne. Vorher hatten wir Kunstdünger geladen, da muss nach dem Löschen der Frachtraum saubergemacht werden für die Lebensmittel. Und sauber, das heißt richtig sauber. Zwei Tage haben wir geschrubbt. Das geht hier von früh um sechs bis abends um halb acht. In einer Stunde bunkern wir gut hundert Tonnen. Wenn die da oben hinterherkommen«, sagt er und deutet hinauf zu dem Silo, vor dem drei LKWs stehen. »Das Zeug kommt aus ganz Ungarn. Es passt ja auch 'ne Menge rein in unseren Kahn. Da müssen schon noch ein paar Laster vorfahren. Dann geht es ab nach Neuss, zur Ölmühle.«

»Ich bin Johannes«, sagt der andere, »der zweite Lehrling. Auf dem Schiff bin ich wegen der Frau. Mein Schwiegervater hat auch ein Schiff. Aber die Lehre mache ich nicht bei ihm, sondern bei der MSG. Ich will nicht bevorzugt werden, ich will was lernen. Vorher war ich zehn Jahre beim Bund und jetzt lerne ich eben Binnenschiffer. Danach fange ich bei meinem Schwiegervater an.«

Der Praktikant kommt zu uns.

»Ich bin dann soweit«, sagt er, »kann ich jetzt angeln?«

Die beiden nicken großzügig.

»Ja, das geht in Ordnung«, sagt Chris, »von mir aus mach nur, aber frag vorher trotzdem nochmal den Chef.«

Auf dem T-Shirt des Praktikanten steht in Frakturschrift »Haupt-KampfLinie – RAC since 1996«.

Am Abend sitzen wir auf dem Vorderschiff an einem Biertisch neben einem massiven, stählernen Grill, der Kapitän kommt mit einem Arm voll Bierbüchsen dazu und stellt sie auf den Tisch, es duftet nach Würsten und gebratenem Fleisch und der Steuermann streichelt seinen Bauch.

»So macht Schifffahrt Spaß«, sagt er und lächelt zufrieden.

»Wochenlang haben wir in Sulina so gelegen«, erzählt der Kapitän. »Damals, noch vor der Wende. Vier Wochen Sturm auf dem Schwarzen Meer, kein Schiff kam durch und wir haben uns am Morgen um neun eine Flasche Rum im Intershop geholt, sie ausgesoffen und gepennt. Um fünfzehn Uhr sind wir aufgestanden, zum Intershop gegangen und haben uns die nächste Flasche geholt, sie ausgesoffen und wieder gepennt. Vier Wochen ging das so! Das waren Zeiten… Oder die Piraten in Serbien während des Embargos. Auf Fischerbooten sind die angekommen, dann hattest du plötzlich eine Pistole am Kopf und die haben dir in aller Seelenruhe den ganzen Diesel abgepumpt. Aber am Schlimmsten waren die Lipovaner«, sagt er und legt jedem von uns noch ein großes Steak auf den Teller. »Vor denen hatten alle Angst!«

»Mit dem Enterhaken drauf«, knurrt der Praktikant. »Oder gleich abknallen!«

»Da kannst du deinen Enterhaken steckenlassen«, sagt der Kapitän und winkt ab. »Die sind so schnell, da kannst du nichts machen. Wenn du geladen hast, liegst du keinen halben Meter über der Wasserlinie und bist viel zu langsam. Vergiss es, da hast du keine Chance!«

Der Kapitän springt auf.

»Guckt euch das an!«, schreit er und schaut durch sein Fernglas. »Die Holländer!«

Am anderen Ufer macht ein großer, flussabwärts fahrender Schlepper eine Vollbremsung, dreht sich einmal um die eigene Achse, dass das Wasser schäumt, und bleibt dann in der Strömung stehen.

»Der setzt noch im Drehen die Ankerlichter!«, ruft der Kapitän. »Das gibt's doch nicht!«

»Die fahren wie die Teufel«, sagt der Steuermann. »Vor allem auf dem Rhein ist es schlimm. Die fahren auch bei Nebel keine zwei Meter an dir vorbei. So nah, da kannst du während der Fahrt umsteigen. Die sind verrückt, die Holländer.«

»So, Männer«, sagt der Kapitän und setzt sich wieder. »Wir liegen

hier schon seit fast einer Woche vor Anker. Aber morgen Abend haben wir geladen und übermorgen in der Früh' geht's dann endlich los. Ich starte um fünf und gebe richtig Gummi, in Bamberg haben wir dann einen Tag rausgefahren und bis wir in Neuss sind, zwei.«
Die Männer nicken.

»Bis Samstag hängen wir noch in diesem Drecksnest!«, sagt Johannes. »Ich muss am Mittwoch zu Hause sein. Ich habe diese Scheißfirma, die mir das Haus gebaut hat, verklagt und am Mittwoch ist die Verhandlung. Wir hatten einen Vertrag, schlüsselfertig, mit Termin und Festpreis. Aber weil alles so lange gedauert hat, habe ich gemeinsam mit meinem Vater das Dach selbst eingedeckt. Das Haus ist immer noch nicht fertig und ständig schicken sie neue Einzelrechnungen. Es heißt, dass sie bald pleite sind.«

»Montag Nachmittag gehst du von Bord«, sagt der Kapitän. »Vielleicht sind wir dann schon in Wien.«
Johannes nickt und blickt finster auf seinen Teller.

Auf der Kaimauer geht der Kapitän auf und ab. Er telefoniert, schimpft und gestikuliert.
Fragend sehe ich Chris und Johannes an.

»Probleme«, sagt Chris. »Die Sonnenblumenkerne werden mit Chlor desinfiziert und nun überschreiten sie die Grenzwerte. Wir können nicht laden. Die nehmen sie uns so nicht ab in Neuss.«
Er seufzt.

»So geht das ständig. Man weiß nie wann es weitergeht. Irgendwas kommt immer dazwischen. Aber für jeden Tag, an dem wir fahren«, sagt er, »bekommen wir 0,4 Tage Urlaub. Liegezeit zählt nicht. Deswegen wollen wir alle auch so schnell wie möglich los.«
Johannes nickt.

Der Kapitän kommt zu uns und steckt das Handy zufrieden in die Hosentasche.

»So, die schicken uns jetzt Ladung aus Budapest. Heute Nachmittag sind die LKWs hier und am Abend haben wir geladen! Man muss denen nur ein bisschen Dampf machen, dann klappt das auch!«, sagt er und grinst fröhlich.

Ich gehe hinüber zum nahen Supermarkt und kaufe ein. Mit meinen Tüten komme ich zurück.

»Du hast wohl Angst zu verhungern?« fragt Chris und grinst.

»Das nicht«, sage ich, »aber gestern habt Ihr gegrillt und heute mache ich das Abendbrot.«

»Das soll uns nur recht sein«, sagt der Steuermann und der Kapitän steht neben ihm und nickt.

Ich gehe in die Küche, reibe Kartoffeln und hoble Rotkraut, aus dem Ofen duftet schon langsam der Schweinebraten und im Kühlschrank steht das Eis mit Pfirsichen, Sahne und Schokoladensoße.

Am Abend trage ich Klöße, Fleisch und Kraut hinüber in den Mannschaftsraum und der Kapitän spendiert ein paar Büchsen Bier.

»Mensch, ist denn heute Sonntag?«, sagt der Praktikant.

Auf seinem T-Shirt steht »Unsere Heimat ist NICHT! die brd, unsere Heimat ist das DEUTSCHE REICH!«

Der Steuermann streichelt seinen Bauch und lächelt versonnen.

»Ich weiß nicht, bin ich auf dem Schiff oder daheim?«, sagt er dann.

Danach sitze ich in meiner Kabine auf dem Sofa, stehe auf und gehe zum Kühlschrank und nach einer Weile habe ich auf einer Schokoladenverpackung auch gefunden, was ich suche. Das Symbol des Männchens, das seinen Abfall in einen Mülleimer wirft.

Ich nehme ein T-Shirt aus dem Schrank und male mit dem Füller das Männchen auf die Vorderseite. Statt des Abfalls zeichne ich ein Hakenkreuz und auf die Rückseite schreibe ich »8. Mai: Tag der Befreiung. Wer nicht feiert, hat verloren!«

Am Morgen vibriert um kurz vor fünf das Schiff, die Motoren dröhnen und gleichmäßig stampfen die Maschinen im Schiffsrumpf. Ich springe aus dem Bett, ziehe mich an und setze mich mit dem Kaffeebecher in der Hand auf ein zusammengerolltes Seil, das auf dem Heck in einem Metallkorb liegt, und sehe auf das schäumende Kielwasser.

Langsam fahren wir nach Norden und verlassen Baja, die Landschaft zieht an mir vorüber und das ist wie auf einer Kreuzfahrt, denke ich, nur viel, viel besser.

Mit dem Schubleichter hat das Schiff nun eine Gesamtlänge von 185 Metern und ich ziehe die Schwimmweste über und gehe nach vorn. Auf dem Vorderschiff ist der Motor nicht mehr zu hören und es ist ganz still, nur der Wind weht und das Wasser rauscht an den stählernen Planken. Nach einer Weile gehe ich zurück.

Der Praktikant kommt aus dem Mannschaftsraum.

»Das Klo ist voll«, sagt er zu Chris und steckt sein T-Shirt in die Hose. »Drück mal auf den Knopf.«

Der verschwindet im Maschinenraum und kommt kurz darauf zurück.

»Jetzt kannst du deine Angel auswerfen«, sagt er grinsend. »Die Fische freuen sich gerade.«

»Ihr lasst die Scheiße einfach in den Fluss laufen?«, frage ich ihn.

»Wo soll es denn sonst hin?«, sagt Chris und zuckt die Achseln. »Außerdem ist es ja nicht nur Scheiße. Auf die Essensreste aus der Spülmaschine sind die Fische ganz besonders scharf.«

»Ich dachte, das ist ein geschlossenes System und im Hafen wird es ausgepumpt?«

Er schüttelt den Kopf und aus dem Fluss stinkt es.
Am Abend klopft Chris an mein Fenster.

»Abendbrot«, ruft er, ich ziehe mein beschriftetes T-Shirt an und gehe hinüber.

Der Steuermann verteilt Nudeln aus dem großen Topf und verzieht keine Miene. Der Praktikant schweigt und auch die Lehrlinge lassen sich nichts anmerken. Wir essen, der Praktikant reicht mir den Salat und der Steuermann lehnt sich zurück.

»Ich war ja bei der Marine«, sagt er. »Ein Binnenschiffer, der geht schließlich zur Marine, der fährt keinen Panzer. Das war noch vor der Wende und wir haben vor Fehmarn gelegen. Die NVA kam mit ihren Schiffen, das waren diese Dinger mit den riesigen Abhöranlagen, immer ganz nah an unsere rangefahren. Ich hatte, wegen irgendeiner Eselei wahrscheinlich, mal wieder Küchendienst und musste Kartoffeln schälen. Und da kam so ein Ostdeutscher ganz nah zu uns herangeschippert. Wir waren zu zweit in der Küche und mein Kollege, das war auch so ein Hallodri wie ich. Der Kahn kommt also ganz dicht ran, auf nicht einmal zwanzig Meter, die Luke steht offen, und da haben wir uns nur angesehen, jeder eine Kartoffel in der Hand, und dann haben wir sie damit beworfen. Das hat vielleicht schön geknallt auf dem Blech, sag' ich euch, und die NVAler sind erst mal in Deckung gegangen! Dann sind sie abgedreht.«

Er lächelt zufrieden.

»Zur Strafe mussten wir dann unter Deck die Maschine putzen, aber ich habe nie wieder Küchendienst aufgebrummt bekommen.«

Um halb neun, der Mond ist gerade aufgegangen und es dämmert bereits, kommt Budapest in Sicht. Die Uferpromenaden und die Brücken sind hell erleuchtet und wir stehen an Deck und fotografieren.

»Hast du ein Glück!«, sagt Chris. »So was sieht man nicht alle Tage!«, und er deutet auf die illuminierte Stadt unter dem dunkelblauen, im Osten schon fast schwarzen, im Westen noch violett und blau schimmernden Himmel, an dem hinter ein paar Wolkenfetzen der Vollmond steht.

Den ganzen Tag sitze ich faul in meinem Seilkorb und lasse die Landschaft, die Städte und die Dörfer an mir vorüberziehen. Visegrád, Esztergom und Štúrovo. Berge, Hügel und flaches Land, Wälder, Felder und Wiesen.

In Komárno geht Johannes von Bord. Das Schiff legt nicht einmal an, es hält nur für ein paar Sekunden längs am Kai und er wirft Tasche und Koffer an Land, er springt hinterher und noch bevor er hinter dem Hafengebäude verschwunden ist, fahren wir schon weiter und unter der Brücke hindurch, weiter, immer weiter nach Westen.

Aus dem Mannschaftsraum duftet es nach frischem Brot und am Abend schneidet der Steuermann den noch warmen Laib an.

»An Bord backe ich immer selbst«, sagt er. »Das kostet ja auch fast gar nichts. Strom gibt es auf dem Schiff ohnehin für umsonst und so habe ich immer frisches Brot. Zu Hause mache ich das nicht, da gehe ich zum Bäcker. Der ist ein alter Freund von mir und wir sind schon zusammen in die Schule gegangen. Der muss ja immer so früh aufstehen, der arme Kerl, aber er kommt trotzdem immer mit zum Stammtisch und manchmal gehen wir dann am Morgen zu ihm in die Backstube, er arbeitet und wir trinken weiter. Einmal war er so besoffen, dass er in den Teig gekotzt hat. Aber der hat einfach weitergerührt.«

Er grinst.

»Eine Woche darauf haben wir uns wieder zum Stammtisch getroffen. ›Und?‹, haben wir ihn gefragt. ›Was haben die Leute zu deinem Brot gesagt?‹ ›Ihr werdet es mir nicht glauben‹, hat er gesagt, ›aber die Leute kamen zu mir und haben mich gefragt, wann ich denn mal wieder so ein leckeres Brot backen würde, das hätte so eine feine, säuerlichpikante Note…‹«

Der Steuermann lacht, wir sehen ihn angewidert an und er setzt eine Unschuldsmiene auf.

»Was habt ihr denn?«, sagt er. »Das war doch schließlich durchgebacken…«

Regenwolken ziehen auf und als wir die Staustufe Gabčíkovo erreichen, zucken am Horizont die ersten Blitze.

Die Schleuse hat einen Hub von fünfzehn Metern und weit über uns fegt der Regen über die Betonmauern, Chris und der Praktikant machen die Leinen fest und Wasser läuft in kleinen Rinnsalen die nackten, algenbewachsenen Wände hinab.

Nachdem wir geschleust worden sind, ist auch das Gewitter weitergezogen, es ist dunkel und der beinahe volle Mond steht am Himmel. Fledermäuse fliegen durch die Nacht und die Motoren dröhnen.

Ich stehe an der Reling und das Wasser gluckst unter dem Schiff, es rauscht und gurgelt. Die Schiffslichter fallen auf das Wasser, das von einer undefinierbaren Farbe ist, dunkel, grünlich vielleicht, die genieteten Bleche unter meinen Füßen vibrieren und wir fahren, wir fahren, Kilometer um Kilometer, Stunde um Stunde, Tag um Tag, und ich bekomme ein Gefühl für die Weite, die ich zurückgelegt habe in drei Sommern.

Am Morgen trinke ich meinen Kaffee an der Reling und Chris stellt sich neben mich.

»Moin«, sagt er und grinst fröhlich.

»Du, sag mal, der Kapitän fährt doch schon seit zwei Tagen nonstop von morgens um fünf bis abends um neun, wie macht der das?«, frage ich ihn.

Chris nickt.

»Der würde am liebsten Tag und Nacht durchfahren, aber mehr als sechzehn Stunden erlauben die Vorschriften nicht. Also fährt er sechzehn Stunden, da kannst du die Uhr danach stellen, der Alte fährt einfach gerne. Außerdem müssen wir am Donnerstagabend in Straubing sein. In Straubing ist nämlich Gäubodenfest«, sagt er und zwinkert mir zu. »Das ist eins der größten Volksfeste in Bayern und wir haben es noch nie verpasst. Der Käpt'n kriegt es einfach immer wieder hin!«

Landgang! Das ist in den nächsten Tagen geradezu ein Zauberwort an Bord und das Gäubodenfest muss, den Geschichten nach zu urteilen, die mir Chris und der Steuermann immer wieder erzählen, ein Paradies sein. Ein Paradies mit Schweinshaxen und gegrillten Fischen, mit Bratwürsten und dem besten bayerischen Bier.

Wir fahren auf dem Fluss, wir sehen das Ufer und sind doch ganz allein an Bord. Wir können mit niemandem reden als mit uns, wir treffen keine anderen Menschen, wir lernen niemanden kennen und wir können uns auch nicht aus dem Weg gehen.

Wie schwer muss es da erst sein, denke ich, auf dem Ozean zu fahren und wochenlang kein Land zu sehen.

In Wien bunkern wir Wasser und Treibstoff an einem am Ufer liegenden Versorgungsschiff, einer schwimmenden Tankstelle. Die 1 800-PS-Maschine der »Wilhelm Eugen« hat einen Verbrauch von zwei- bis dreihundert Litern Diesel. In der Stunde.

Passau glänzt und glitzert in der aufgehenden Sonne, Ausflugsdampfer ankern am Kai und die Berge liegen im morgendlichen Dunst. Der Fluss ist schmal geworden und die Schiffsrinne eng, an einigen Bäumen sind die Blätter schon herbstlich gelb, ich putze meine Kabine und am Abend legen wir in Straubing an.
Der Kapitän spendiert ein Taxi in die Innenstadt. Der Praktikant geht zum Bahnhof und der Kapitän und der Steuermann, Chris und ich marschieren auf das Festgelände.
Bierzelte und ein Riesenrad, Losbuden und Autoskooter, Karussells und Bratwurststände, viele Menschen in Trachten und laute Musik. Nach je einem Bier und einer Grillhaxe stehen der Kapitän und der Steuermann auf.

»Wir müssen nochmal an die Maschine und jetzt ist der Motor kalt«, sagt der Kapitän und sie gehen.

»Komm, ich lade dich auf ein Bier ein«, sage ich zu Chris, der zufrieden nickt, und kurz darauf stehen zwei Literkrüge vor uns.

»Du, sag mal, warum hat eigentlich keiner von euch was zu meinem T-Shirt gesagt?«, frage ich ihn.

»Die Sache war prima«, sagt Chris, »und drei Tage lang das Gesprächsthema Nummer eins auf dem Schiff. Der Praktikant hätte kotzen können, aber der durfte ja nichts sagen. Der Steuermann und ich, wir haben uns gefreut. Wir haben ja auch schon versucht, mit ihm zu reden, aber keine Chance, da hat er einfach abgeblockt.«

»Die Runne gehauf mich«, sagt Chris eine Stunde später.

»U jezz lahe ich ich wieher ein«, sage ich, als die Gläser erneut leer sind. Chris nickt und sieht mich aus glasigen Augen an.
Menschen stehen auf den Tischen, sie singen, klatschen und schunkeln und auch wir steigen auf unsere Bänke und klatschen im Rhythmus mit.

»Ichglau, ichmussuschiff«, sage ich. »Ichinmüde un betrunkn.«

»Neee«, sagt Chris und schüttelt den Kopf. »Issoschöhier! Gehsuscho? Ichnich, ichbleinoch!«

Eine halbe Stunde später liege ich im Bett und alles dreht sich.

In der Nacht werde ich wach und höre jemanden kotzen. Dann hat Chris ja auch noch nach Hause gefunden, denke ich zufrieden und drehe mich wieder um.

Am Morgen sieht er grau aus und hat rotgeränderte, verquollene Augen.

»Ist mir schlecht«, sagt er. »Ich war so besoffen, dass ich Angst hatte, die Leiter runterzufallen. Deswegen hab ich neben dem Schiff auf der Wiese gepennt. Aber schön war's!«, sagt er und grinst.

Am Nachmittag verabschiede ich mich von Chris, dem Steuermann und dem Kapitän, steige an der Schleuse Regensburg aus und laufe durch die Stadt, spaziere über die Steinerne Brücke und setze mich auf die Stufen am Wasser.

Genau hier, an dieser Stelle, habe ich vor drei Jahren zum ersten Mal das Boot aufgebaut.

Ich sehe über den Fluss und auf die Brücke und weiß nun auch, dass ein Bergfahrer kein Wildwasserkanute ist, sondern einfach nur jemand, der zu Berg, also gegen die Strömung fährt.

Das Wasser fließt an mir vorüber, langsam, gleichmäßig und ruhig und weiter nach Wien und Bratislava, nach Budapest und Belgrad, durch das Eiserne Tor und weiter nach Ruse und Izmail, bis es sich, in etwa einem Monat, ins Schwarze Meer ergießen wird.

Eigentlich, denke ich, eigentlich könnte man tatsächlich beinahe sagen, Regensburg liegt am Schwarzen Meer.

Schreibweisen, Transliteration und Aussprache

An den Ufern der Donau werden – neben der deutschen Sprache am Oberlauf – mit dem Slowakischen und dem Ungarischen, mit Kroatisch, Serbisch und Bulgarisch, Rumänisch und Ukrainisch sieben Sprachen gesprochen. Dazu kommen noch etliche Minderheitensprachen wie etwa Russisch und Türkisch, Romanes oder Russinisch.

Die slowakischen, kroatischen und rumänischen Ortsnamen und Worte werden im Buch mit der in der Slowakei, in Kroatien und in Rumänien üblichen Schreibweise, das heißt, mit dem lateinischen Alphabet und allen diakritischen Zeichen wiedergegeben. Dasselbe gilt für die serbischen Worte, die ebenfalls mit lateinischen Buchstaben wiedergegeben werden.

Etwas komplizierter wird es mit den bulgarischen, russischen und ukrainischen Worten, Eigen- und Ortsnamen, denn alle drei Sprachen verwenden – mit geringfügigen Abweichungen und Unterschieden – das kyrillische Alphabet.

Ich habe mich für die Wiedergabe der kyrillischen Buchstaben in der Transliteration nach DIN 1460 entschieden, die der Duden empfiehlt. Sie ist zwar für darin ungeübte Leser zum Teil etwas schwieriger lesbar als die aussprachenahe Transkription, aber da sie doch weitgehend den ohnehin bereits im Text vorhandenen slowakischen, kroatischen und serbischen Alphabeten ähnelt, erschien es mir nicht sinnvoll, zusätzlich noch eine zweite, vollständig andere Schreibweise einzuführen.

Das führt nun dazu, dass statt der geläufigeren Schreibweise »Serjoscha« oder »Sascha« nun »Serjoša« oder »Saša« steht, im anderen Falle aber konsequenterweise eben auch »Tchewaptschitchi« statt »Ćevapčići«, »Swischtow« statt »Svištov« oder »Sagraschden« statt »Zagražden« zu lesen wäre, was zum einen mindestens ebenso komisch aussieht und zum anderen eine seit einem guten halben Jahrhundert unübliche und veraltete Schreibweise wäre. Zusätzlich würde dadurch auch der Lautunterschied zwischen dem stimmhaften »z« oder »ž« und dem stimmlosen »s« oder »š« nicht wiedergegeben werden können.

Eine Abweichung von dieser Regel ist die Schreibweise »Slowakei« oder »Moldawien« statt der »v«-Schreibung an Stelle von »w«, da »Slovakei« und »Moldavien« zwar konsequent und demzufolge richtig wäre, der Duden allerdings die Wiedergabe mit »w« vorschreibt.

Ich habe mich zudem dafür entschieden, alle Orts- und Eigennamen und alle Worte in der jeweiligen Landessprache und Schreibweise oder aber in der entsprechenden Transliteration wiederzugeben und stets die Eigenbezeichnung zu verwenden. Es ist also im Text von »Roma« (Sgl.: Romni *f*, Rom *m*, Plur.: Roma) die Rede und nicht von »Zigeunern«. Wenn allerdings in einem Gespräch das Wort »Zigeuner« verwendet wird, gebe ich es selbstverständlich in der gesagten Form wieder.

Ein paar wenige Ausnahmen von dieser Regel sind einige Städtenamen, für die eine für deutsche Muttersprachler leichtere und gebräuchliche Schreibweise existiert, die nur wenig vom Eigennamen der Landessprache abweicht. Es ist also von »Belgrad« die Rede und nicht von »Beograd«, von »Bukarest« und nicht von »București«, nicht allerdings von »Pressburg« statt »Bratislava«, von »Neusatz« statt »Novi Sad« oder von »Konstanza« statt »Constanța«.

Eine weitere Ausnahme sind bulgarische, russische und ukrainische Schiffsnamen, die in kyrillischen *und* lateinischen Buchstaben in einer – der englischen Lautschrift angepassten Form – an den Schiffen stehen. Es ist also beispielsweise von der »Rousse« die Rede, wo ich, wenn nur die kyrillische Version gestanden hätte, in der Transliteration »Ruse« geschrieben hätte oder schreibe, wenn von der gleichnamigen, bulgarischen Stadt die Rede ist.

Aussprache

Ausspracheregeln – der im Text vorkommenden Buchstaben und diakritischen Zeichen – im Slowakischen, Kroatischen und Serbischen und in der Transliteration des Bulgarischen, des Russischen und Ukrainischen

c	C	wie **z** in **Z**ucker
č	Č	wie **tsch** wie in Apa**tsch**e
ě		wie **je** in Ant**je**
ch	Ch	immer wie in A**ch**tung, nie wie in Geschi**ch**te
s	S	**stimmloses s** wie in Schlü**ss**el
st	St	immer wie in Re**st**, nie wie in An**st**and
š	Š	**stimmloses sch** wie in **Sch**ule
v	V	immer wie in **V**ase, nie wie in **V**ogel
z	Z	**stimmhaftes s** wie in An**s**age
ž	Ž	**stimmhaftes sch** wie in **J**ournalist

Nur im Slowakischen

a	A	**kurzes a** wie in J**a**cke
á	Á	**langes a** wie in Br**a**ten
ď	Ď	wie **dj** in Na**dj**a
e	E	**kurzes ä** wie in h**ä**tte
i	I	**kurzes i** wie in M**i**tte
í	Í	**langes i** wie in M**ie**te
o	O	**kurzes o** wie in H**o**ffnung
u	U	**kurzes u** wie in B**u**tter
ú	Ú	**langes u** wie in M**u**t
y	Y	**kurzes i** wie in M**i**tte

Nur im Kroatischen und Serbischen

ć,	Ć	wie **tch** in Brö**tch**en
đ	Đ	wie **dj** in Na**dj**a

Ausspracheregeln im Ungarischen

a	A	ein Laut **zwischen a und o**
á	Á	**langes a** wie in Br**a**ten
cs	Cs	wie **tsch** in Apa**tsch**e
e	E	**kurzes ä** wie in h**ä**tte
é	É	**langes e** wie in R**e**de
gy	Gy	wie **dj** in Na**dj**a
i	I	**kurzes i** wie in M**i**tte
ly	Ly	wie **j** in **J**agd
ny	Ny	wie **nj** in A**nj**a
o	O	**kurzes o** wie in H**o**ffnung
ó	Ó	**langes o** wie in B**oo**t
s	S	**stimmloses sch** wie in **Sch**ule
sz	Sz	**stimmloses s** wie in Schlü**ss**el
u	U	**kurzes u** wie in B**u**tter
ú	Ú	**langes u** wie in M**u**t
v	V	immer wie in **V**ase, nie wie in **V**ogel

Ausspracheregeln im Rumänischen

ă	Ă	wie **e** in Matt**e**
â	Â	ähnlich wie **ü** in M**ü**tze
c	C	wie **k** in **K**anada, vor e und i wie **tsch** in Apa**tsch**e
ch	Ch	wie **k** in **K**anada
g	G	wie **g** in **G**arten, vor e und i wie **dsch** in **Dsch**ungel
gh	Gh	vor e und i wie **g** in **G**arten
i	I	wie **i** in M**i**tte, am Wortende fast unhörbar
ş	Ş	**stimmloses sch** wie in **Sch**ule
ţ	Ţ	wie **z** in **Z**ucker
v	V	immer wie in **V**ase, nie wie in **V**ogel
z	Z	**stimmhaftes s** wie in An**s**age

Ich möchte ganz besonders herzlich danken:

Robert Carol
René Dietz-Lingnau
Anke Duensing
Förderverein Bairische Sprache und Dialekte e.V.
Winfried Füßl
Marie-Luise Haase
Michael Kewitsch
Anna Kuschnarowa
Mainschifffahrts-Genossenschaft MSG e.G. Würzburg
Christin Maiwald
Bojko Nikiforov
Chris Nowag
Gitti Osterburg
Thomas Osterburg
Thomas Riebe
Wolfgang Schmeißer
Otto Stürzer &
Brigitte Weißbrodt.